La Maison qui Guérit
Feng Shui Essentiel

Haruki Nishimura

Booklas Publishing — 2025
Œuvre écrite à l'origine en 2022.

Titre original : *The Healing House - Essential Feng Shui*

Copyright © 2025, publié par Luiz Antonio dos Santos ME.
Ce livre est une œuvre de non-fiction qui explore les pratiques et les concepts fondamentaux du Feng Shui et du design conscient. À travers une approche pluridisciplinaire, l'auteur présente des outils concrets pour harmoniser les espaces de vie, favorisant le bien-être physique, émotionnel et énergétique.
1ère Édition
Équipe de production
Auteur : Haruki Nishimura
Éditeur : Luiz Santos
Couverture : Studios Booklas / Noa Belcour
Consultant : Éloi Marellan
Chercheurs : Tarek Vionne / Marise Detalle / Jonas Caël
Mise en page : Cyril Moudren
Traduction : Isaline Vautrin

1.   **Publication et identification**
La Maison qui Guérit
Booklas Publishing, 2025
Catégories : Développement personnel / Feng Shui / Habitat conscient
DDC : 133.3337 — **CDU** : 133.52

Tous droits réservés à:
Luiz Antonio dos Santos ME / Booklas Publishing
Aucune partie de ce livre ne peut être reproduite, stockée dans un système de récupération ou transmise, sous quelque forme ou par quelque moyen que ce soit — électronique, mécanique, photocopie, enregistrement ou autre — sans l'autorisation préalable et expresse du titulaire des droits d'auteur.

Sommaire

Index Systématique 5
Prologue 9
Chapitre 1 Espace et Vie 13
Chapitre 2 Feng Shui 24
Chapitre 3 Design Biophilique 34
Chapitre 4 Énergie Vitale 45
Chapitre 5 Yin et Yang 54
Chapitre 6 Cinq Éléments 65
Chapitre 7 Tao et Nature 75
Chapitre 8 Esthétique Wabi-Sabi 84
Chapitre 9 Zen et Espace 94
Chapitre 10 Vastu Shastra 103
Chapitre 11 Observation Attentive 113
Chapitre 12 Les Sens de l'Espace 122
Chapitre 13 Intention et Dessein 131
Chapitre 14 Carte Bagua 140
Chapitre 15 Lumière et Couleur 153
Chapitre 16 Matériaux Naturels 163
Chapitre 17 Éléments Vivants 172
Chapitre 18 Son et Arôme 181
Chapitre 19 Art Intentionnel 191
Chapitre 20 Espace Libre 200
Chapitre 21 Nettoyage Énergétique 209
Chapitre 22 Entrée Harmonique 218

Chapitre 23	Salon Harmonieux	227
Chapitre 24	Cuisine Nourricière	237
Chapitre 25	Chambre Tranquille	247
Chapitre 26	Salle de Bain Revigorante	258
Chapitre 27	Bureau Productif	268
Chapitre 28	Espace Sacré	275
Chapitre 29	Jardin Vivant	286
Chapitre 30	Santé et Vitalité	296
Chapitre 31	Créativité Fluide	307
Chapitre 32	Équilibre Émotionnel	315
Chapitre 33	Harmonie Durable	323
Épilogue		330

Index Systématique

Chapitre 1: Espace et Vie - Présente la maison comme un miroir de la vie intérieure et de la psyché de ses habitants.

Chapitre 2: Feng Shui - Introduit l'art millénaire chinois du Feng Shui, basé sur l'observation de la nature et l'harmonisation du flux d'énergie vitale (Chi).

Chapitre 3: Design Biophilique - Explore le design biophilique comme approche pour réintégrer la nature dans les espaces construits, répondant à notre besoin inné de connexion.

Chapitre 4: Énergie Vitale - Définit le concept de Chi (énergie vitale) et son importance pour le bien-être, abordant son flux dans l'espace domestique.

Chapitre 5: Yin et Yang - Présente les principes du Yin et du Yang comme forces complémentaires et explique leur équilibre dynamique dans l'harmonisation des espaces.

Chapitre 6: Cinq Éléments - Détaille la théorie des Cinq Éléments (Bois, Feu, Terre, Métal, Eau) et leurs cycles d'interaction pour l'équilibre énergétique des environnements.

Chapitre 7: Tao et Nature - Aborde la philosophie du Tao comme le flux naturel de l'existence et son lien avec l'harmonie avec la nature dans l'habitat.

Chapitre 8: Esthétique Wabi-Sabi - Explore l'esthétique japonaise Wabi-Sabi, qui valorise la beauté de l'imperfection, de l'impermanence et de la simplicité naturelle.

Chapitre 9: Zen et Espace - Présente la philosophie Zen appliquée à l'espace, mettant l'accent sur la simplicité radicale et le vide essentiel pour la paix intérieure.

Chapitre 10: Vastu Shastra - Introduit le Vastu Shastra, la science indienne ancienne de l'habitat, qui harmonise l'espace avec les lois cosmiques et les énergies universelles.

Chapitre 11: Observation Attentive - Souligne l'importance de l'observation attentive et sensorielle de l'espace comme premier pas pour comprendre et harmoniser son foyer.

Chapitre 12: Les Sens de l'Espace - Aborde comment la maison interagit avec tous les sens (vue, ouïe, odorat, toucher) pour créer l'atmosphère et le bien-être.

Chapitre 13: Intention et Dessein - Discute de l'importance de définir une intention et un dessein clairs pour chaque espace afin d'aligner l'énergie du foyer.

Chapitre 14: Carte Bagua - Présente la Carte Bagua du Feng Shui, un outil divisant la maison en neuf secteurs énergétiques liés aux différents domaines de la vie.

Chapitre 15: Lumière et Couleur - Analyse l'impact de la lumière (naturelle et artificielle) et de la couleur sur l'énergie, l'humeur et le bien-être dans la maison.

Chapitre 16: Matériaux Naturels - Valorise l'utilisation de matériaux naturels (bois, pierre, fibres) pour reconnecter le foyer à l'authenticité et à l'énergie vitale de la nature.

Chapitre 17: Éléments Vivants - Aborde l'intégration d'éléments vivants comme les plantes, l'eau en mouvement et l'air frais pour vitaliser l'énergie du foyer.

Chapitre 18: Son et Arôme - Explore comment le son (musique, silence) et l'arôme (parfums naturels) influencent subtilement l'atmosphère et l'énergie de la maison.

Chapitre 19: Art Intentionnel - Propose l'utilisation de l'art et de la décoration de manière intentionnelle pour exprimer l'identité et cultiver les énergies souhaitées.

Chapitre 20: Espace Libre - Souligne l'importance de l'espace libre et du désencombrement pour permettre la circulation de l'énergie vitale et accueillir le nouveau.

Chapitre 21: Nettoyage Énergétique - Présente le nettoyage énergétique comme un rituel pour purifier la maison des énergies stagnantes ou denses accumulées.

Chapitre 22: Entrée Harmonique - Se concentre sur l'importance de l'entrée comme point principal d'accueil de l'énergie (Chi) dans la maison.

Chapitre 23: Salon Harmonieux - Décrit le salon comme le cœur social de la maison et aborde son harmonisation pour la convivialité et le bien-être.

Chapitre 24: Cuisine Nourricière - Aborde la cuisine comme le centre vital lié à la santé et la prospérité, transformant la préparation des aliments en acte sacré.

Chapitre 25: Chambre Tranquille - Traite de la chambre comme un espace sacré pour le repos et la régénération, essentiel à la santé intégrale.

Chapitre 26: Salle de Bain Revigorante - Reconsidère la salle de bain comme un lieu de purification physique et énergétique et de renouvellement personnel.

Chapitre 27: Bureau Productif - Se concentre sur l'harmonisation de l'espace de travail (bureau) pour favoriser la concentration, la créativité et la productivité.

Chapitre 28: Espace Sacré - Guide la création d'un espace sacré personnel dans la maison pour la méditation, la prière ou la connexion intérieure.

Chapitre 29: Jardin Vivant - Aborde la création et l'entretien d'un jardin (extérieur ou intérieur) comme point de connexion vitale avec la nature.

Chapitre 30: Santé et Vitalité - Explore la relation directe entre l'harmonie de la maison et la santé physique, mentale et énergétique des habitants.

Chapitre 31: Créativité Fluide - Analyse comment l'environnement domestique peut stimuler ou bloquer la créativité, favorisant un flux d'idées et d'expression.

Chapitre 32: Équilibre Émotionnel - Traite de la maison comme un sanctuaire émotionnel qui reflète et soutient l'équilibre intérieur de ses habitants.

Chapitre 33: Harmonie Durable - Aborde la manière de maintenir l'harmonie dans le foyer sur le long terme, comme un processus continu d'écoute et d'adaptation.

Prologue

Il y a des lieux que l'on ne fait que visiter. Et il y a des espaces qui nous habitent.

Ce livre est une carte – non pas de celles qui mènent à une destination, mais de celles qui nous ramènent chez nous.

Je ne parle pas de la maison en tant que construction. Je parle de la demeure essentielle.

Du refuge intérieur qui palpite sous chaque tuile, derrière chaque mur, sous les bruits silencieux du quotidien.

Avez-vous prêté attention à votre maison aujourd'hui ?

Peut-être avez-vous remarqué la porte qui grince, la lumière qui peine à atteindre le coin le plus sombre, ou cette plante qui réclame de l'eau depuis des jours.

Mais avez-vous saisi ce que tout cela révèle de vous ?

Ce livre affirme, avec courage et clarté : la maison n'est pas un décor où la vie se déroule – elle est la vie même sous forme concrète.

Tout ce qui vibre à l'extérieur résonne à l'intérieur. Tout ce qui s'organise dans l'espace, s'organise aussi dans l'âme.

Ici, vous ne trouverez pas de vaines promesses. Vous trouverez des révélations. À chaque chapitre, vous serez guidé pour déchiffrer les messages silencieux cachés dans les objets, les couloirs, les choix inconscients.

La proposition n'est pas de décorer le foyer, mais de l'éveiller. Et, en l'éveillant, de se laisser toucher par lui.

Permettez-vous de comprendre la profondeur d'un miroir mal placé, le silence gênant d'un mur sans vie, l'énergie stagnante d'un coin encombré.

Tout parle. Et ce que ce livre fait, avec une délicatesse tranchante, c'est enseigner à écouter.

Il existe un code invisible qui régit les espaces. Un rythme secret qui relie le son des feuilles au flux du Chi, qui aligne l'orientation du lit sur la fluidité des émotions, qui équilibre le chaos d'une pièce avec le champ mental de ses habitants.

Maîtriser ce code est plus qu'une question d'esthétique – c'est une sagesse vitale.

Vous découvrirez des traditions millénaires comme le Feng Shui, le Vastu Shastra et la philosophie Zen, non pas comme des exotismes orientaux, mais comme des langages ancestraux de guérison.

Vous découvrirez que chaque pièce est un miroir archétypal de la psyché : la cuisine nourrit, la salle de bain purifie, la chambre régénère, l'entrée accueille ou repousse.

Chaque espace contient une énergie primaire, et comprendre cela, c'est commencer à guérir, non seulement la maison – mais l'histoire qui s'y déroule.

Ce livre n'enseigne pas à loger. Il enseigne à habiter. Habiter avec présence, avec révérence, avec écoute.

Chaque mot ici porte une invitation au retour à l'essentiel.

Pour retrouver le sacré qui existe dans le geste d'ouvrir une fenêtre, d'allumer une bougie, de retirer le superflu.

Oui, il y a de la beauté dans le vide. Il y a de l'ordre dans la simplicité. Et il y a du pouvoir dans l'intention.

La sagesse contenue ici ne se limite pas à une culture ou à une époque.

Elle résonne au cœur de ce que signifie vivre avec sens. C'est de la philosophie appliquée. De la psychologie de l'espace. De la médecine du foyer.

Thérapie de la forme. C'est une connaissance qui transforme chaque environnement en un miroir guérisseur, et chaque mouvement en son sein, en un rite d'alignement.

Vous ressentirez l'appel à réorganiser la maison non pas comme une tâche ménagère, mais comme un acte rituel.

Le désencombrement ne concernera plus l'espace physique, mais la libération des traumatismes et des poids invisibles.

La lumière qui pénètre la chambre cessera d'être un phénomène physique pour devenir un symbole de la conscience qui désire éclairer son ombre.

Tel est l'impact réel de l'œuvre que vous tenez entre les mains.

Mais attention : ce n'est pas un livre à lire passivement. C'est un livre-miroir. Un livre-porte.

Un livre qui demande du courage. Le courage de voir ce qui a été ignoré, d'écouter ce qui a été réduit au silence, d'harmoniser ce qui était en conflit.

Car en harmonisant la maison, on harmonise l'âme. En purifiant l'environnement, on purifie le destin.

À chaque page, vous remarquerez quelque chose s'éveiller. Une urgence subtile. Une douce inquiétude.

Un appel à la légèreté, à la vérité, à l'appartenance. À la fin, vous ne serez plus le même – car la maison que vous habitez ne le sera plus non plus.

Alors, lecteur, préparez-vous. Respirez profondément avant d'entamer cette lecture. Non pas parce qu'elle est difficile, mais parce qu'elle est vraie.

Et toute vérité, lorsqu'elle arrive, exige de l'espace. Ouvrez-vous. Observez. Ressentez. Et permettez-vous d'être guéri.

Vous êtes sur le point d'entrer dans La Maison qui Guérit – et, ce faisant, de découvrir que, peut-être, celui qui avait le plus besoin de guérison, ce n'était pas la maison.

C'était vous.

Chapitre 1
Espace et Vie

La maison où nous vivons transcende la simple définition d'un ensemble de murs, de portes et de fenêtres, une scène physique où les jours déroulent leurs routines préétablies. Elle respire, palpite, réagit comme un organisme vivant, accordée aux rythmes subtils, aux joies contenues et aux tempêtes émotionnelles de ceux qui l'habitent. Il existe une connexion profonde, presque éthérée, mais indéniablement concrète, qui entrelace l'environnement qui nous entoure à notre état intérieur le plus intime. Il ne s'agit pas d'une voie à sens unique ; c'est un dialogue constant, un échange silencieux d'énergies et d'influences.

Chaque pièce fonctionne comme une extension palpable de notre psyché, un miroir tridimensionnel où se reflètent non seulement les goûts esthétiques, mais aussi les couches profondes de notre personnalité, nos peurs cachées, nos rêves les plus chers. Chaque objet qui y est disposé, de l'œuvre d'art soigneusement choisie à l'ustensile le plus banal, révèle des histoires non racontées, des choix faits consciemment ou inconsciemment, des silences gardés, des souvenirs qui persistent. La manière dont tout s'organise, ou se désorganise, dans l'espace physique est une carte précise de qui nous sommes, une biographie écrite sans mots, lisible pour qui se dispose à observer avec attention. Notre espace extérieur est, dans cette perspective, une révélation continue et implacable de notre espace intérieur.

Cette pile de papiers oubliée sur le bureau, qui grandit jour après jour sous prétexte du manque de temps, symbolise peut-être bien plus qu'un désordre superficiel. Elle peut être le reflet de décisions reportées, de projets mis de côté par peur de l'échec ou du succès, de conversations difficiles que nous évitons d'avoir, de clartés que nous craignons de trouver. Le canapé affaissé, au tissu usé et aux ressorts fatigués, n'est pas seulement un témoignage de l'usure naturelle imposée par le temps ; il peut être un miroir de notre propre négligence envers le vrai repos, un symbole de la difficulté à nous permettre le confort total, la détente sans culpabilité. Les murs nus, sans couleur, sans tableaux qui racontent des histoires, sans la vibration d'une âme qui s'exprime, parlent peut-être plus fort que nous ne le souhaiterions d'une absence d'expression personnelle, d'une vie vécue en demi-teintes, suspendue dans une attente indéfinie de quelque chose qui l'éveille.

L'environnement physique qui nous entoure n'est pas une toile de fond passive ; il agit comme un participant actif à notre expérience de vie. Les psychologues environnementaux étudient depuis des décennies comment l'architecture, le design intérieur, la présence ou l'absence de nature et l'organisation spatiale affectent notre humeur, notre cognition, notre comportement et notre bien-être général. Un espace chaotique, par exemple, avec un excès de stimuli visuels et de désordre, augmente de manière prouvée les niveaux de cortisol, l'hormone du stress, rendant la concentration difficile et favorisant des sentiments d'anxiété et de surcharge. L'esprit humain recherche des motifs et de l'ordre pour se sentir en sécurité ; le désordre extérieur génère un bruit intérieur constant, une toile de fond de tension qui mine l'énergie vitale.

De même, les environnements sombres, mal éclairés ou sans accès à la lumière naturelle peuvent contribuer à des états de déprime, de léthargie et même de dépression, car la lumière du soleil est fondamentale pour la régulation de notre horloge biologique et pour la production de neurotransmetteurs associés au bien-être, comme la sérotonine. Une maison qui respire, qui accueille la lumière, qui permet la circulation de l'air et qui s'écoule sans obstacles visuels ou physiques révèle, presque invariablement, une âme plus éveillée, plus consciente d'elle-même et de son environnement.

Lorsque nous prêtons attention aux détails, lorsque chaque coin de la maison, aussi simple soit-il, garde une intention claire – que ce soit de repos, de travail, de convivialité ou de contemplation –, la vie commence à se dérouler avec plus de sens, avec plus de dessein. Nous percevons une légèreté inattendue dans nos journées, une plus grande clarté dans les décisions que nous devons prendre, une présence plus intense dans les instants qui composent notre existence. Il ne s'agit pas de mysticisme vide ou de pensée magique ; c'est une constatation empirique qui traverse les cultures et les temps. Des sagesses anciennes, comme le Feng Shui que nous explorerons plus loin, soulignaient déjà cette connexion intrinsèque entre l'homme et son habitat, jusqu'à la psychologie environnementale contemporaine, qui valide avec des données scientifiques l'influence profonde de l'environnement sur notre santé physique et mentale.

Tout ce qui nous entoure, chaque objet, chaque couleur, chaque texture, chaque son ou silence, nous influence de manière continue et cumulative. Et, réciproquement, tout ce que nous touchons, tout ce que nous organisons, tout ce que nous choisissons pour composer notre espace porte en retour notre énergie, notre intention, notre histoire. Il y a un échange constant, un champ vibratoire qui se forme dans cette interaction.

Pour cette raison fondamentale, comprendre l'environnement non pas comme un ensemble inerte de matière, mais comme un langage vivant, vibrant, est le premier pas essentiel pour quiconque souhaite redessiner sa propre vie, en commençant de l'intérieur vers l'extérieur. La transformation de l'espace externe agit comme un catalyseur puissant pour la transformation interne. Changer un meuble de place peut, symboliquement, débloquer une perspective mentale qui était rigide. Nettoyer en profondeur une armoire oubliée peut ouvrir la voie à de nouvelles pensées, à de nouvelles possibilités qui semblaient auparavant bloquées.

La philosophie orientale du Feng Shui, un art millénaire chinois dédié à l'harmonisation des espaces pour promouvoir le flux de l'énergie vitale (le Chi), souligne avec une précision remarquable cette connexion intrinsèque entre l'environnement et le bien-être. Ses principes enseignent que chaque élément présent dans notre foyer, chaque choix d'agencement spatial, chaque nuance de couleur sélectionnée pour un mur, chaque forme d'un objet décoratif, rien de tout cela n'est le fruit du hasard ou d'une simple préférence esthétique. Il existe une correspondance directe, un miroir énergétique, entre la manière dont nous organisons notre environnement physique et les divers aspects de notre existence – émotionnels, mentaux, relationnels et même spirituels.

Vivre immergé dans un espace chaotique, sombre, étouffant, où l'air semble lourd et l'énergie stagnante, ne constitue pas seulement un inconvénient physique ou visuel ; cela fonctionne comme un véritable empêchement au flux sain de l'énergie vitale. C'est une limitation silencieuse, souvent inconsciente, qui contamine l'humeur, la clarté mentale, la productivité et, en fin de compte, même la santé physique. Le désordre extérieur génère un bruit intérieur qui entrave la paix et la concentration.

Habiter un environnement qui respire la lumière, qui permet la circulation naturelle des énergies, où la beauté se manifeste dans la simplicité et l'intention, où l'harmonie et la fonctionnalité vont de pair, n'est pas seulement esthétiquement agréable – cela représente une forme profonde et puissante de soin de soi. C'est comme donner la permission explicite à l'âme de s'épanouir, de respirer librement, de trouver son espace d'expression dans le monde.

Quand nous commençons à regarder notre maison avec ces yeux plus attentifs, plus sensibles, nous découvrons qu'elle nous observe en retour. Elle nous raconte des histoires sur nous-mêmes que nous avons peut-être préféré ignorer. Ce coin oublié au fond du salon, où s'accumulent toujours des objets inutilisés, des boîtes fermées depuis des années, des cadeaux jamais ouverts, peut nous révéler une partie de notre propre vie qui est également abandonnée, négligée, en attente d'attention et de soin. Une zone de notre psyché que nous craignons d'explorer.

Une salle de bain où l'on n'entre jamais avec plaisir, qui semble toujours froide, impersonnelle ou désorganisée, peut symboliser une relation difficile avec son propre corps, avec l'acceptation de soi, ou avec les rituels nécessaires de purification et de renouvellement. La manière dont nous traitons l'espace dédié à la propreté du corps physique reflète souvent la façon dont nous gérons notre nettoyage émotionnel et mental. La chambre mal éclairée, où le sommeil est agité et le réveil fatigué, peut refléter une résistance interne au vrai repos, à l'abandon des tensions accumulées pendant la journée, une difficulté à se livrer au cycle naturel de régénération nocturne.

Et lorsque cette lecture symbolique de l'espace devient consciente, lorsque nous percevons les messages que la maison nous envoie silencieusement, un nouveau cycle de transformation peut enfin commencer. Le pouvoir réside dans le fait de mettre en lumière ce qui était caché dans l'ombre de l'habitude.

La force de la transformation ne réside pas nécessairement dans de grandes réformes ou des investissements coûteux. Elle commence, presque toujours, par de petits gestes chargés d'intention. Déplacer un meuble, brisant un ancien schéma de circulation, peut débloquer une stagnation mentale ou émotionnelle qui semblait insurmontable. Réaliser un nettoyage en profondeur, non seulement superficiel, mais en ouvrant armoires, tiroirs, vidant des boîtes, peut ouvrir la voie à de nouvelles pensées, à de nouvelles idées, à une sensation renouvelée de clarté. Changer la position du lit pour une qui offre plus de sécurité et d'accueil, placer une plante vivante et luxuriante dans le salon pour introduire l'énergie de la nature à l'intérieur, permettre à la lumière du soleil d'inonder une pièce qui vivait autrefois dans la pénombre – ce sont des attitudes apparemment simples, mais qui portent un potentiel immense de redéfinir des récits internes entiers.

La maison cesse alors d'être un décor fixe, immuable, et devient une alliée dynamique, une extension vivante et vibrante de notre parcours personnel de croissance et de connaissance de soi.

Le foyer fonctionne comme un miroir implacable. Il reflète non seulement notre esthétique préférée, mais aussi ce que nous tolérons en nous et chez les autres, ce que nous valorisons profondément, ce que nous nourrissons de notre attention et de notre énergie, et ce que, consciemment ou inconsciemment, nous laissons mourir par manque de soin. C'est aussi notre point de départ et notre port de retour sûr. Tout ce que nous vivons à l'extérieur, sur la scène du monde, commence à être gesté ici à l'intérieur, dans l'intimité de notre refuge. Les décisions les plus importantes sont rarement prises dans le tumulte de la rue ou l'agitation du bureau ; elles naissent dans le calme réflexif de la cuisine pendant que nous préparons un thé, dans le silence introspectif de la salle de bain lors d'un bain prolongé, dans l'intimité accueillante de la chambre avant de s'endormir. Le monde extérieur est, en grande partie, une conséquence du monde que nous cultivons ici à l'intérieur. Et ce monde intérieur commence à prendre forme, à gagner corps, dans l'espace physique que nous appelons maison.

Il y a, résonnant dans ce thème, une question ancestrale profonde, une sagesse qui vibre à travers les temps. Les peuples anciens, dans diverses cultures, savaient instinctivement que l'habitation était un espace sacré, un microcosme qui reflétait le macrocosme. On ne construisait pas une maison au hasard, sans considérer les forces de la nature. On ne positionnait pas l'entrée n'importe comment, ignorant les flux d'énergie. On ne dormait pas dans n'importe quel coin, désaligné avec les rythmes cosmiques. La maison était orientée par les étoiles, par la trajectoire du soleil, par la présence vitale de l'eau, par la direction prédominante des vents. Elle était conçue et habitée comme un temple. Aujourd'hui, en retrouvant cette sensibilité perdue, en recommençant à regarder notre demeure avec révérence, nous lui donnons non seulement un confort fonctionnel, mais une dignité existentielle. Nous recommençons à la traiter avec le respect qu'elle mérite, et elle, en retour, nous rend cette énergie sous forme de vitalité, de bien-être, de clarté et de protection.

Lorsque nous utilisons l'expression « redessiner l'espace et la vie », nous ne parlons pas seulement d'une métaphore poétique ; nous décrivons une vérité fonctionnelle, une dynamique psychosomatique réelle. Repositionner les objets pour créer un flux plus harmonieux, nettoyer ce qui est sale et stagnant, éclairer ce qui vit dans l'obscurité, ouvrir ce qui est enfermé depuis longtemps – toutes ces actions concrètes dans l'environnement physique fonctionnent comme une invitation puissante pour que ces mêmes transformations se produisent à l'intérieur de l'âme. C'est un miroir direct. Il y a ceux qui se plaignent de ne pas pouvoir sortir d'un cycle négatif, de sentir leur vie bloquée, mais ne réalisent pas qu'ils vivent immergés dans une chambre désordonnée, peut-être malodorante, étouffée par le manque d'air et de lumière. Comment l'esprit peut-il s'épanouir, générer de nouvelles idées, trouver des solutions créatives, si le corps physique habite un lieu qui le réprime énergétiquement ? La connexion est directe.

En prenant soin de la maison avec attention et intention, on prend soin de l'énergie qui l'entoure, qui la remplit. Et cette énergie renouvelée, équilibrée, commence à nourrir celui qui y vit. Il n'est pas nécessaire d'entreprendre de grandes rénovations coûteuses ou d'engager des experts onéreux pour commencer ce processus. La véritable transformation commence avec la conscience. Elle commence par le simple geste d'ouvrir une fenêtre et de percevoir, réellement, combien de lumière entre dans cette pièce. Elle commence par l'attitude de s'asseoir par terre, en silence, et d'observer ce que la maison communique à travers ses formes, ses couleurs, ses sons, ses odeurs, ses vides. Et lorsque cette écoute attentive s'installe, lorsque le dialogue silencieux entre l'habitant et l'habitat est rétabli, la magie commence à opérer.

La beauté d'une approche comme le Feng Shui existentiel réside exactement dans ce point : elle unit philosophie profonde et pratique quotidienne. Elle n'impose pas de formules rigides ou de règles universelles, mais invite à l'observation attentive, à la sensibilité, à l'intuition. Elle ne parle pas de modes décoratives passagères, mais de cohérence énergétique, d'alignement entre l'espace et l'être. Elle nous montre qu'il est parfaitement possible de créer des environnements où le corps trouve un repos réparateur, l'esprit trouve la clarté et l'esprit se sent vraiment chez lui, appartenant, en sécurité. Et, ce faisant, en redessinant l'espace avec cette conscience, on dessine, inévitablement, une nouvelle biographie, une nouvelle façon de cheminer dans la vie.

La maison où vous vivez aujourd'hui peut être physiquement la même qu'hier, mais elle ne sera plus jamais pareille après avoir été touchée par un regard conscient, par un geste intentionnel de soin. Et le même principe s'applique à votre vie. La même histoire peut gagner de nouvelles couleurs, de nouveaux flux, de nouvelles significations – il suffit de changer la façon dont on la parcourt, la perspective avec laquelle on regarde les événements.

Un environnement réorganisé, harmonisé avec les principes de la nature, purifié des excès et des énergies stagnantes, devient un territoire fertile pour des changements internes profonds et durables. Parce que, au fond, nous comprenons que le foyer n'est pas seulement l'espace physique où nous habitons. C'est le territoire symbolique où notre vie s'écrit, jour après jour. Et tout espace, comme toute histoire, peut être réécrit – avec une intention claire, avec un respect profond, avec une écoute attentive.

La maison est le lieu où l'être prend forme concrète, où l'invisible devient visible, où notre monde intérieur prend racine, structure, manifestation. Prendre soin de la maison, dans ce sens large et profond, est un acte révolutionnaire de soin de soi, car c'est, en fin de compte, prendre soin de son propre destin, de son propre chemin évolutif.

Chapitre 2
Feng Shui

Aux racines les plus profondes et anciennes de la vaste civilisation chinoise, a fleuri une sagesse silencieuse, une compréhension intuitive du monde qui se transmettait entre générations non pas principalement par des textes écrits ou des dogmes rigides, mais par l'observation délicate, patiente et révérencieuse de la nature et de la manière subtile, mais puissante, dont elle influençait absolument tout alentour – le climat, les récoltes, la santé des animaux et, de manière cruciale, le bien-être et la fortune des êtres humains. De cette observation attentive, de cette profonde syntonie avec les rythmes terrestres et célestes, est né le Feng Shui, un art et une science qui transcendent de loin la simple décoration d'intérieur ou le simple positionnement stratégique d'objets dans un espace.

Le Feng Shui est, avant tout, une manière globale de comprendre le monde comme un système vivant et interconnecté, et la place spécifique que nous, en tant qu'individus et communauté, occupons au sein de ce tissu existentiel complexe et dynamique. Le nom même de cette pratique millénaire révèle beaucoup sur son essence philosophique : « Feng » signifie Vent, la force invisible, le souffle vital qui transporte les graines, façonne les dunes, déplace les nuages et disperse les énergies ; « Shui » signifie Eau, l'élément fluide, adaptable, essentiel à la vie, qui contourne les obstacles, nourrit la terre, reflète le ciel et accumule l'énergie dans son repos. Vent et Eau sont donc deux des forces les plus subtiles et pénétrantes de la nature, mais simultanément capables de modeler des montagnes au fil des millénaires et de creuser de profondes vallées par leur persistance. Dans la pensée du Feng Shui, ils sont considérés comme les conducteurs primordiaux de l'énergie vitale universelle, la force qui anime toutes choses, connue sous le nom de Chi (ou Qi). Ce sont les messagers invisibles qui distribuent cette énergie dans l'environnement, influençant la qualité de vie en un lieu donné.

Avec une histoire qui remonte à plus de quatre mille ans, possiblement entrelacée avec les pratiques chamaniques et l'observation astronomique des premières dynasties chinoises, le Feng Shui est né de la constatation empirique que la disposition des éléments dans un espace – qu'ils soient naturels, comme les montagnes, les rivières et les arbres, ou construits, comme les bâtiments, les murs et les meubles – influence directement le flux du Chi en ce lieu. Et, par conséquent, cette qualité du flux énergétique affecte profondément la santé physique et mentale, la prospérité matérielle, l'équilibre émotionnel, l'harmonie dans les relations et même la dimension spirituelle des individus qui y habitent ou y travaillent. Il ne s'agit pas d'une croyance superstitieuse, mais d'un système complexe qui cherche à comprendre et à appliquer les lois naturelles régissant le flux d'énergie dans l'environnement construit, en résonance avec l'environnement naturel environnant.

Au cœur palpitant du Feng Shui réside le principe fondamental de l'harmonie avec la nature. Dans un monde moderne où, fréquemment, l'être humain tente d'imposer sa domination sur l'environnement, contrôlant, modifiant et souvent détruisant les écosystèmes au nom du progrès ou du confort immédiat, le Feng Shui enseigne exactement le chemin inverse : vivre en syntonie, en dialogue respectueux, en coopération intelligente avec les forces naturelles. Cela implique d'observer attentivement les cycles saisonniers, les flux énergétiques subtils, la présence et le mouvement de la lumière solaire au long de la journée, les chemins naturels préférentiels du vent, la manière dont l'eau se meut et s'accumule dans le paysage. Et, à partir de cette observation profonde, créer des espaces – maisons, bureaux, jardins, villes – qui ne s'opposent pas à ce flux vital, mais qui l'accueillent, le dirigent doucement et le potentialisent pour le bénéfice de tous. C'est une philosophie d'intégration, non de domination.

L'application pratique de cette sagesse ancestrale commence invariablement par le regard. Mais pas un regard superficiel, entraîné seulement à percevoir formes et couleurs esthétiques. C'est un regard qui cherche à percevoir ce qui est invisible aux yeux communs, qui ressent l'énergie du lieu, l'atmosphère qui plane dans chaque pièce. Lorsqu'un environnement semble inconfortable sans raison apparente, lorsque nous ressentons une fatigue inexplicable en restant dans certaines pièces de la maison, lorsque les choses dans la vie semblent stagnantes, bloquées, sans fluidité, le Feng Shui indique que le Chi dans cet espace est probablement obstrué, bloqué ou déséquilibré. Cette obstruction peut être causée par des facteurs apparemment insignifiants : un meuble mal positionné qui interrompt la circulation, une accumulation excessive d'objets sans but qui étouffe l'environnement, une couleur au mur qui déséquilibre énergétiquement l'espace pour sa fonction, une porte qui ne s'ouvre pas complètement, symbolisant des opportunités perdues ou limitées. De petits détails qui, réunis et additionnés au fil du temps, créent de grandes conséquences dans le champ énergétique et, par extension, dans la vie des habitants.

Cette sensibilité à l'énergie de l'espace n'est pas purement subjective ou ésotérique ; elle se manifeste par des résultats concrets et observables dans la vie des gens. Il existe d'innombrables récits d'individus qui, après avoir appliqué consciemment les principes du Feng Shui dans leurs maisons ou lieux de travail, ont observé des améliorations significatives dans divers aspects tels que l'augmentation de la concentration et de la focalisation, la stimulation de la créativité, l'amélioration de la qualité du sommeil et la réduction de l'insomnie, une plus grande clarté mentale pour prendre des décisions importantes, et même un soulagement dans des questions de santé physique et émotionnelle. Cela se produit parce que, selon la théorie du Feng Shui, en supprimant les blocages et en harmonisant l'environnement, l'énergie vitale (Chi) recommence à circuler avec plus de liberté et de vitalité. Et là où l'énergie circule de manière saine et équilibrée, la vie fleurit dans toutes ses dimensions. L'environnement cesse d'être un obstacle passif et devient un soutien actif pour le bien-être et le développement personnel.

Parmi les divers outils que le Feng Shui utilise pour diagnostiquer et harmoniser les espaces, le positionnement des meubles est l'un des plus connus et impactants. Un lit qui tourne directement le dos à la porte d'entrée de la chambre, par exemple, est considéré comme une position vulnérable, car la personne allongée n'a pas de contrôle visuel sur qui entre, ce qui peut générer une sensation inconsciente d'insécurité, d'inquiétude et de difficulté à se détendre profondément. Un bureau tourné vers un mur solide peut, symboliquement, bloquer le flux d'idées, la vision d'avenir et l'inspiration créative. Un grand canapé positionné de manière à empêcher la libre circulation des personnes dans le salon non seulement entrave le mouvement physique, mais peut aussi interrompre le flux de la conversation, de l'interaction sociale et de l'énergie elle-même dans l'environnement. Réorganiser l'espace selon les principes du Feng Shui, comme la « position de commandement » (où l'on a vue sur la porte, mais sans être directement aligné avec elle), ne consiste pas à suivre des règles esthétiques arbitraires, mais à permettre à l'environnement de respirer énergétiquement, d'offrir une sécurité psychologique et de faciliter les flux naturels de la vie.

Les couleurs jouent également un rôle fondamental dans la pratique du Feng Shui. Chaque teinte, chaque nuance, porte une vibration énergétique spécifique, et sa présence dans un environnement affecte directement le champ émotionnel, mental et énergétique de celui qui s'y trouve. Le rouge vibrant, par exemple, active l'énergie de l'élément Feu, stimulant la passion, l'action, la célébration et la reconnaissance ; il doit être utilisé avec prudence, car en excès, il peut générer agitation ou conflit. Le bleu profond apporte le calme et l'introspection de l'élément Eau, favorisant la sérénité, la réflexion et le flux de communication ; idéal pour les chambres ou les espaces de méditation, mais en excès, il peut mener à la mélancolie. Le vert évoque la vitalité et la croissance de l'élément Bois, avec son énergie de renouvellement, de santé et d'expansion ; excellent pour les salons, les cuisines ou les zones d'étude. Le choix conscient des couleurs dans un environnement va bien au-delà du simple goût personnel ou des tendances de décoration ; il est intrinsèquement lié à l'intention énergétique que l'on souhaite nourrir et cultiver dans chaque espace spécifique de la maison, en l'alignant sur sa fonction primordiale.

Un autre recours symbolique et puissant utilisé par le Feng Shui est l'utilisation stratégique d'éléments représentatifs, qui fonctionnent comme des ancrages pour des énergies spécifiques dans l'environnement. Une petite fontaine d'eau intérieure, avec de l'eau propre et courante, n'est pas seulement un objet décoratif agréable ; elle symbolise le flux de l'abondance, de la prospérité et de la fluidité dans la vie, activant l'énergie de la richesse lorsqu'elle est correctement positionnée (généralement dans le Gua de la Prospérité). Un cristal multifacette suspendu à la fenêtre ne reflète pas seulement la lumière du soleil en arcs-en-ciel dans la pièce ; il active le mouvement du Chi, disperse les énergies stagnantes et purifie l'atmosphère subtile du lieu. Un miroir bien positionné ne sert pas seulement à refléter des images physiques ; il peut également être utilisé pour agrandir visuellement l'espace, dupliquer symboliquement des intentions positives (comme refléter une table à manger garnie ou une belle vue), corriger des zones manquantes sur le plan ou rediriger le flux d'énergie de manière bénéfique. Chaque objet peut être imprégné de signification et d'intention.

Au centre de cette pratique millénaire se trouve le concept profond selon lequel chaque environnement, chaque maison, possède une âme propre, une sorte de champ énergétique individuel qui peut être renforcé par le soin et l'intention, ou affaibli par la négligence et la disharmonie. Lorsque l'espace est traité avec respect, avec attention aux détails, avec conscience de son influence, il rétribue par l'accueil, la protection et le soutien énergétique. C'est pourquoi le Feng Shui ne doit pas être réduit à un ensemble de formules toutes faites, à appliquer mécaniquement, ou à des modes décoratives passagères qui perdent rapidement leur sens. Il exige une écoute sensible, une présence attentive et le développement d'une relation intime et personnelle avec l'espace que l'on habite. Il faut sentir le lieu, dialoguer avec lui, percevoir ses besoins énergétiques.

La philosophie derrière le Feng Shui est aussi profondément spirituelle, bien que pas nécessairement religieuse. Elle est intrinsèquement liée à l'idée que tout dans l'univers est énergie à différents états de vibration – personnes, animaux, plantes, objets, formes, couleurs, sons, arômes. Rien n'est neutre. Tout émet et reçoit de l'énergie constamment. Tout vibre en résonance ou en dissonance avec ce qui l'entoure. Et en organisant notre environnement physique, nous ne faisons pas que déplacer des chaises, peindre des murs ou accrocher des tableaux ; nous reprogrammons, en réalité, le champ subtil de notre propre existence, réalignant les énergies qui nous entourent et, par conséquent, influençant notre trajectoire de vie. L'espace devient un reflet et un catalyseur de notre voyage intérieur.

Il est crucial de comprendre que le Feng Shui n'impose pas de règles de manière autoritaire. Il propose des chemins. Il observe la dynamique énergétique d'un espace, analyse les flux, identifie les déséquilibres et suggère des interventions pour que l'environnement devienne un allié puissant, et non un obstacle silencieux, sur le chemin vers une vie plus pleine, plus saine et plus prospère. Et il le fait sur la base de principes qui respectent autant la logique de l'observation de la nature que l'intuition du praticien. Il ne s'agit pas de suivre un manuel rigide à la lettre, mais d'apprendre le langage subtil de la maison, d'écouter ce qu'elle nous dit à travers ses signes, et de lui répondre avec sagesse, intention et respect.

Certains des concepts fondamentaux qui soutiennent cette pratique millénaire, comme l'équilibre dynamique entre les forces complémentaires Yin et Yang, la théorie des Cinq Éléments (Bois, Feu, Terre, Métal et Eau) et leurs cycles de génération et de contrôle, et l'application du Mapa Baguá avec ses neuf Guás correspondant aux domaines essentiels de la vie, seront approfondis dans les prochains chapitres, offrant des outils plus spécifiques pour l'harmonisation. Mais avant de plonger dans ces techniques, ce qui doit fleurir intérieurement, c'est une disposition sincère, un désir authentique de vivre en harmonie avec l'espace, de reconnaître son influence et de co-créer avec lui une atmosphère de bien-être.

Parce que le Feng Shui, malgré son ancienneté, reste profondément actuel – peut-être même plus nécessaire que jamais dans un monde contemporain où nous vivons de plus en plus déconnectés de la nature, immergés dans des environnements artificiels, fermés, électroniques et énergétiquement appauvris. Redécouvrir cet art ancestral, c'est, en essence, se reconnecter au rythme naturel des choses, à la sagesse intrinsèque de l'univers reflétée dans notre propre foyer.

La maison, vue à travers les lentilles du Feng Shui, cesse d'être un récipient passif et neutre et se révèle comme un champ de force dynamique, un organisme vivant qui interagit avec nous. Chaque objet, chaque mur, chaque direction cardinale devient un point d'énergie vibrant, un vortex subtil qui influence notre état d'être. Et l'habitant cesse d'être un simple occupant passif pour devenir un co-créateur d'atmosphères, un guérisseur conscient de l'espace, un véritable jardinier de l'énergie qui y circule. Telle est l'invitation essentielle du Feng Shui : vivre avec une conscience élargie, se déplacer dans l'espace avec une intention claire, habiter le foyer avec révérence et gratitude. Parce que le lieu où nous habitons est aussi le lieu où notre âme repose, se régénère et rêve. Et lorsque le foyer vibre en harmonie avec les lois subtiles de la nature, tout autour semble répondre avec plus de beauté, de fluidité, d'abondance et de paix. La transformation de l'espace se reflète, inévitablement, dans la transformation de la vie.

Chapitre 3
Design Biophilique

Il existe une mémoire ancestrale gravée profondément dans notre peau, dans nos yeux qui cherchent l'horizon vert, dans nos poumons qui aspirent à l'air pur et dans le rythme primordial de notre cœur. C'est l'appel insistant de la nature, le souvenir indélébile que nous sommes, avant toute étiquette culturelle ou définition sociale, des créatures intrinsèquement façonnées par des millénaires de coexistence intime avec des arbres qui nous offraient ombre et abri, des pierres qui nous enseignaient la solidité et le temps, des rivières qui étanchaient notre soif et guidaient nos chemins, des cieux vastes qui inspiraient l'admiration et une terre fertile qui nous nourrissait. Lorsque nous nous éloignons drastiquement de cette matrice originelle, lorsque nous nous isolons dans des boîtes de béton et de verre, déconnectés des cycles naturels, quelque chose d'essentiel en nous commence à tomber malade – souvent silencieusement, se manifestant comme un stress chronique, une anxiété diffuse, un manque de vitalité ou une sensation persistante de vide existentiel.

Le design biophilique émerge, dans ce contexte moderne d'urbanisation et de numérisation croissantes, comme une réponse consciente et nécessaire à cette profonde déconnexion : c'est une approche de l'architecture et du design intérieur qui se souvient d'où nous venons, qui reconnaît notre besoin inné de connexion avec le monde naturel et qui cherche à réintégrer des éléments et des motifs de la nature dans les environnements construits où nous passons la majeure partie de nos vies.

Contrairement à ce que beaucoup peuvent imaginer, se reconnecter à la nature à travers le design biophilique n'exige pas une renonciation radicale à la vie urbaine contemporaine, ni l'abandon des technologies qui facilitent et enrichissent notre quotidien moderne. Le design biophilique ne propose pas une opposition entre le construit et le naturel, mais plutôt une intégration harmonieuse, une symbiose intelligente. Il ne suggère pas que tout le monde doive s'échapper dans la forêt ou vivre dans des cabanes isolées, mais plutôt que nous pouvons amener l'essence de la forêt, ses motifs, ses textures, sa vitalité, à l'intérieur de nos maisons, bureaux, écoles et hôpitaux – même en fragments soigneusement sélectionnés : la présence vibrante d'une feuille verte, la solidité réconfortante d'une pierre lisse, la danse d'un rayon de soleil traversant la fenêtre, le son relaxant de l'eau en mouvement, la texture organique du bois brut. Il s'agit de retisser la nature dans le tissu de notre vie quotidienne.

Ce concept, bien qu'il semble intuitif, fonctionne comme un pont solide entre la sagesse ancestrale, qui a toujours valorisé l'harmonie avec l'environnement, et les découvertes des sciences contemporaines du bien-être, telles que la psychologie environnementale, la neuroarchitecture et la médecine intégrative. Le terme « biophilie », qui signifie littéralement « amour de la vie » ou « affinité innée avec les systèmes vivants », a été popularisé par le célèbre biologiste américain Edward O. Wilson dans les années 1980. Wilson a postulé qu'il existe une tendance intrinsèque et génétiquement déterminée chez l'être humain à rechercher la connexion avec la nature et d'autres organismes vivants. Cette affinité ne serait pas seulement une préférence esthétique, mais un besoin biologique fondamental pour notre santé physique et mentale, un héritage évolutif de notre longue histoire en tant qu'espèce immergée dans le monde naturel.

Depuis lors, une quantité croissante de recherches scientifiques menées par des architectes, designers, médecins, psychologues et neuroscientifiques vient prouver, avec des données concrètes et mesurables, les multiples bienfaits de cette reconnexion délibérée avec la nature dans les environnements construits. Les études démontrent de manière cohérente : une réduction significative des niveaux de stress et d'anxiété, une augmentation de la créativité et de la capacité de résolution de problèmes, une amélioration de l'humeur et de la sensation générale de bien-être, un renforcement du système immunitaire, une accélération des processus de guérison physique dans les environnements hospitaliers et même une augmentation de la productivité et de la satisfaction dans les environnements de travail. La nature, à tout indiquer, est un remède puissant et sous-utilisé.

Dans nos maisons, le design biophilique se manifeste à travers des choix conscients qui privilégient le contact direct ou indirect avec des éléments et des motifs naturels. La lumière solaire, par exemple, est l'un des protagonistes essentiels de cette approche. Au lieu de nous contenter d'un éclairage artificiel froid, statique et souvent agressif, la proposition biophilique est de maximiser l'entrée de la lumière du jour dans toutes ses variations dynamiques – le doré doux et accueillant du matin, le blanc vibrant et énergisant de midi, l'orangé paisible et relaxant de fin d'après-midi. De larges fenêtres, des puits de lumière, des portes vitrées, des miroirs positionnés stratégiquement pour refléter la lumière dans les coins plus sombres sont des outils pour faire entrer le cycle solaire à l'intérieur de la maison. Ces cycles naturels de lumière et d'ombre sont cruciaux pour synchroniser notre horloge biologique interne (rythme circadien), réguler la production hormonale (comme la mélatonine pour le sommeil et le cortisol pour le stress), affecter directement notre humeur et induire des états mentaux plus équilibrés et résilients. Vivre en harmonie avec la lumière du soleil, c'est vivre en harmonie avec notre propre corps.

L'air que nous respirons est également traité comme un élément sacré dans le design biophilique. Les environnements mal ventilés, fermés et étanches accumulent non seulement la poussière et les polluants chimiques (souvent libérés par les matériaux de construction et les meubles synthétiques), mais aussi l'énergie stagnante, le Sha Chi du Feng Shui. Le design biophilique favorise et promeut la ventilation naturelle croisée, permet l'entrée de la brise fraîche, valorise les fenêtres qui s'ouvrent facilement, les balcons qui fonctionnent comme des poumons verts de la maison et les systèmes de ventilation qui priorisent le renouvellement constant de l'air. Quand l'air circule librement, les idées aussi circulent avec plus de clarté. Quand l'oxygène est renouvelé, l'esprit devient plus alerte, le corps plus disposé, la sensation de vitalité augmente. Respirer de l'air pur à l'intérieur de la maison devrait être la norme, pas l'exception.

    Un autre élément essentiel et peut-être le plus visible du design biophilique est la présence abondante de plantes. Et ici, il ne s'agit pas seulement d'utiliser le vert comme une touche décorative finale ; les plantes sont des organismes vivants complexes qui interagissent avec nous et avec l'environnement en temps réel, de manières subtiles et profondes. Elles purifient l'air en absorbant le dioxyde de carbone et en libérant de l'oxygène, en plus de filtrer les composés organiques volatils (COV) nocifs. Elles aident à stabiliser l'humidité relative de l'air, rendant l'environnement plus confortable. Leurs feuilles peuvent amortir les bruits indésirables, créant une acoustique plus agréable. Et, peut-être le plus important, elles nous enseignent visuellement le rythme, la patience, la résilience et la régénération. Observer une plante pousser, bourgeonner, fleurir et s'adapter aux conditions de l'environnement est une leçon silencieuse sur les cycles de la vie. Un pot avec une fougère exubérante dégage plus de vitalité et de sensation de bien-être que n'importe quel tableau coûteux ou objet de design inerte. Un petit jardin d'herbes aromatiques cultivé sur le rebord de la fenêtre de la cuisine transforme l'acte de cuisiner et de manger en rituels quotidiens de connexion avec la saveur authentique, avec le cycle des saisons, avec la terre et avec son propre corps.

Les matériaux naturels gagnent également une place prépondérante absolue dans le design biophilique. Au lieu de meubles plastifiés, de sols vinyles, de surfaces stratifiées et de finitions synthétiques qui émettent souvent des substances toxiques et créent une barrière sensorielle entre nous et l'environnement, cette approche valorise la beauté authentique et la richesse tactile du bois brut ou avec des finitions naturelles, du lin respirant, de la paille tressée, du coton biologique, de la céramique artisanale poreuse, de la pierre avec ses veines uniques. Ce sont des textures qui invitent au toucher, qui portent une chaleur intrinsèque, qui éveillent nos sens endormis. Ces matériaux respirent avec l'environnement, répondent aux variations de température et d'humidité. Ils vieillissent avec dignité, changent de couleur avec l'exposition à la lumière, accumulent des marques d'usage et racontent des histoires – et c'est pourquoi ils nous renvoient à la vie elle-même, qui est aussi imparfaite, impermanente, organique, vivante. Toucher une surface en bois massif, c'est sentir l'histoire de l'arbre ; porter un vêtement en lin, c'est sentir la légèreté de la fibre végétale.

Les sons de l'environnement sont également pris en considération avec sérieux. Le chant mélodieux des oiseaux le matin, le doux murmure de l'eau courante dans une fontaine, le bruissement du vent entre les feuilles d'un arbre proche – tous ces sons naturels fonctionnent comme des baumes pour le système nerveux, réduisant l'activité du système sympathique (lutte ou fuite) et activant le parasympathique (repos et digestion). Même dans des environnements urbains bruyants, il est possible de créer cette atmosphère sonore réparatrice avec l'utilisation de fontaines d'eau intérieures ou extérieures, de carillons éoliens accordés harmonieusement, d'aquariums avec le doux bouillonnement du filtre ou même par la reproduction de bandes sonores naturelles (comme des sons de forêt, de pluie ou de vagues de la mer) à un volume subtil. Ce sont des stimuli auditifs qui apaisent sans distraire, qui remplissent l'espace d'une vibration positive sans le saturer d'informations inutiles. Le silence est aussi un son valorisé, l'absence de bruit qui permet l'introspection.

Le design biophilique ne peut donc pas être réduit à un simple style décoratif à l'esthétique organique. C'est une philosophie profonde de l'habiter, une manière de repenser notre relation avec les espaces que nous créons et occupons. Il ne se limite pas à ajouter des plantes ou à utiliser du bois, mais propose une façon de penser les bâtiments et les intérieurs comme des écosystèmes vivants, interdépendants, qui doivent fonctionner en harmonie avec les rythmes biologiques humains et avec les systèmes naturels plus larges. Un exemple clair de cela est l'idée de « vues réparatrices » : l'importance de pouvoir regarder de l'intérieur de la maison et contempler quelque chose de vert, quelque chose qui bouge avec le vent, quelque chose qui rappelle la vie qui palpite à l'extérieur. Même s'il ne s'agit que d'une seule plante sur le balcon, d'un arbre lointain aperçu par la fenêtre du bureau ou d'un petit jardin intérieur visible depuis le salon, cette vue a un pouvoir thérapeutique prouvé. Des études démontrent que regarder la nature, même pendant quelques minutes seulement, peut abaisser significativement la tension artérielle, ralentir la respiration, réduire la tension musculaire et améliorer l'humeur de manière quasi instantanée. Nos yeux ont évolué pour rechercher et apprécier la complexité fractale et la vitalité du monde naturel.

Il y a aussi une dimension symbolique puissante dans les éléments naturels introduits à l'intérieur de la maison. Des pierres roulées d'une rivière, des coquillages trouvés sur la plage pendant les vacances, des branches sèches aux formes intéressantes ou un petit récipient contenant du sable d'un lieu spécial ne sont pas seulement des objets décoratifs inertes ; ce sont des ancrages sensoriels et émotionnels qui nous reconnectent à des paysages vécus, à des souvenirs affectifs, à des rêves de voyages futurs. Une petite collection de pierres rapportées d'une randonnée en famille porte l'énergie de ce moment, le sentiment d'appartenance, l'histoire partagée. Un vase en terre cuite modelé à la main par un artisan local évoque l'ancestralité, la connexion avec le travail manuel, l'idée primordiale que tout vient de la terre et y retourne. Ces objets racontent des histoires et apportent du sens à l'espace.

Dans la pratique quotidienne, il n'est pas nécessaire de transformer toute la maison d'un coup pour commencer à profiter des bienfaits du design biophilique. Un petit « autel naturel » peut être le point de départ idéal : un espace dédié où l'on rassemble des éléments qui représentent la nature pour vous – peut-être une bougie pour l'élément feu, une fleur fraîche ou une plante pour la vie, un cristal ou une pierre pour la terre, un petit coquillage pour l'eau, un morceau de bois pour la croissance, une image qui renvoie à un paysage naturel qui vous apporte la paix. De petits gestes conscients qui rétablissent le dialogue perdu avec la Terre, qui nous rappellent notre connexion intrinsèque avec le monde vivant.

Cette rencontre délibérée avec la nature à l'intérieur de la maison génère également, progressivement, une transformation plus profonde de notre perception : elle modifie la façon dont nous voyons et ressentons le temps. Le design biophilique, par son essence même, ralentit notre rythme interne frénétique. Il invite à la contemplation, à l'observation patiente du cycle de croissance d'une feuille, à la perception subtile du changement de la lumière au fil des heures de la journée, au respect du rythme intrinsèque des choses vivantes. Et ce faisant, en nous accordant au temps de la nature, le design biophilique invite l'habitant à retrouver et à honorer son propre temps intérieur – un temps plus organique, moins pressé par l'urgence extérieure, plus authentique et aligné sur ses besoins réels de repos, d'activité et de réflexion.

En introduisant la vie – plantes, lumière naturelle, air frais, matériaux organiques – à l'intérieur du foyer, le design biophilique stimule également, presque par conséquence naturelle, une éthique de la responsabilité et du soin. Lorsque l'on cohabite quotidiennement avec des plantes qui ont besoin d'eau et de lumière, avec des matériaux vivants qui vieillissent et réagissent à l'environnement, avec de l'air qui circule et de la lumière qui entre et sort, naît spontanément le désir de préserver, de soigner, de maintenir cet équilibre délicat. La maison cesse d'être vue uniquement comme un lieu de consommation passive et commence à être perçue comme un espace de soin actif, un petit écosystème qui dépend de notre attention. Et ce soin, cette conscience écologique cultivée dans le microcosme du foyer, tend à s'étendre vers l'extérieur : vers le quartier, vers la ville, vers la planète. Vivre en contact étroit avec la nature, même domestiquée, enseigne empiriquement l'interdépendance, les cycles de vie et de mort, les limites et la générosité de l'abondance lorsqu'il y a équilibre. Elle enseigne, fondamentalement, que tout est connecté.

Et ainsi, par l'application consciente des principes biophiliques, la maison transcende sa fonction de simple abri physique. Elle se transforme en un jardin habité, en un sanctuaire quotidien où corps, esprit et âme trouvent nourriture, calme et inspiration. Chaque geste à l'intérieur de cet espace cesse d'être automatique et mécanique, gagnant un nouveau sens, une nouvelle profondeur. Prendre un bain de soleil sur le balcon devient un rituel conscient de guérison et de vitalité. Arroser les plantes le matin devient une conversation silencieuse avec le temps et avec la vie. Ouvrir la fenêtre au réveil est une petite offrande de gratitude à la lumière et à l'air qui nous soutiennent.

Le design biophilique ne promet pas une maison parfaite, aseptisée ou immuable. Il promet, oui, une maison vivante – et, comme tout ce qui est vivant, elle sera imparfaite, changeante, pleine d'âme et d'histoires à raconter. Et une vie qui se développe en harmonie avec cet environnement enrichi par la nature devient, inévitablement, plus pleine, plus sensible, plus enracinée et plus résiliente. Parce qu'en cultivant un morceau de nature à l'intérieur de la maison, c'est notre propre nature intérieure que nous permettons de renaître et de s'épanouir.

Chapitre 4
Énergie Vitale

La vie, dans son essence la plus profonde et mystérieuse, se manifeste à travers une force invisible, mais extraordinairement puissante, qui imprègne, anime et relie toutes choses dans l'univers. Cette force subtile, qui s'écoule comme un fleuve cosmique à travers les paysages, les êtres vivants et même les objets inanimés, est appelée Chi dans la tradition du Feng Shui – ou Qi (prononcé « tchi »), selon la translittération la plus courante dans la médecine traditionnelle chinoise et d'autres pratiques orientales. Le Chi n'est pas quelque chose que l'on peut voir avec les yeux physiques, mesurer avec des instruments scientifiques conventionnels ou toucher avec les mains, mais c'est une réalité énergétique que l'on peut sentir avec le corps, percevoir avec un cœur ouvert et intuiter avec un esprit apaisé. C'est le souffle silencieux qui anime le monde manifesté, la vibration primordiale qui s'infiltre dans chaque espace, qui soutient chaque respiration, qui palpite à chaque instant de l'existence.

Là où le Chi circule librement, de manière harmonieuse et équilibrée, fleurissent la santé, la joie, la créativité, la prospérité et la vitalité. Là où, au contraire, il s'accumule excessivement, stagne comme de l'eau croupie, ou se dissipe rapidement, surgissent la fatigue chronique, l'inconfort physique et émotionnel, la confusion mentale et le déséquilibre dans divers domaines de la vie. Comprendre et cultiver le Chi est donc fondamental pour une vie pleine.

  La maison, en tant qu'extension directe et sensible de la vie qui l'habite, comme un miroir tridimensionnel de notre propre énergie et conscience, est également traversée et remplie par ce champ énergétique dynamique. Chaque pièce, chaque objet en son sein, chaque coin oublié ou valorisé possède son propre flux particulier de Chi – un flux qui peut être harmonieux, nourrissant et revitalisant, ou, inversement, tumultueux, bloqué et épuisant. Lorsque nous entrons dans un environnement et ressentons un malaise inexplicable, une sensation de lourdeur dans l'air, une oppression subtile qui nous invite à sortir rapidement ; lorsque nous nous percevons devenant irrités sans motif apparent, anxieux ou soudainement vidés d'énergie en restant dans certains endroits de la maison, la cause sous-jacente, selon la perspective du Feng Shui, est souvent que le Chi y est interrompu, piégé, stagnant ou contaminé par des résidus d'énergies émotionnelles denses (comme des disputes, des tristesses ou des peurs) ou par l'excès d'accumulation matérielle et de désordre. L'énergie vitale est subtile, presque imperceptible pour la plupart des gens au quotidien, mais sa présence – ou son absence et sa qualité – façonne complètement notre expérience subjective de vivre dans cet espace.

  Le Feng Shui comprend que le Chi, pour promouvoir la santé et le bien-être, doit circuler doucement à travers les environnements, comme une rivière tranquille qui serpente dans le paysage, nourrissant les rives par où elle passe. Ce flux idéal ne doit être ni trop rapide, comme un courant impétueux qui emporte tout avec lui et génère instabilité et agitation (connu sous le nom de Sha Chi tranchant), ni assez lent pour devenir un marais stagnant, où l'énergie reste immobile, pourrie, générant léthargie et manque de vitalité. L'idéal est un flux qui nourrit sans étouffer, qui enveloppe sans emprisonner, qui inspire sans disperser.

Pour que cela se produise, la maison doit être organisée de manière à permettre et encourager ce mouvement continu et doux de l'énergie. Les entrées (portes et fenêtres) doivent être dégagées et fonctionner correctement, les passages (couloirs, espaces entre les meubles) doivent être libres et accueillants, les objets présents doivent apporter légèreté, beauté ou signification, et les éléments naturels (lumière, air, plantes, eau) doivent être invités à participer à la dynamique énergétique du foyer, invitant à la présence et au bien-être. Les environnements très sombres, chroniquement étouffants par manque de ventilation, ou excessivement surchargés de meubles, d'objets décoratifs et de bric-à-brac accumulé sont particulièrement susceptibles de créer des zones de stagnation du Chi. Une chambre avec d'innombrables boîtes et objets gardés sous le lit, des armoires encombrées de vêtements et d'articles non utilisés depuis des années, des couloirs étroits et obstrués par des meubles ou des décorations qui entravent le passage, des étagères remplies d'articles oubliés, poussiéreux ou cassés – tous ces signes sont clairs d'énergie arrêtée, de Chi qui ne peut pas respirer, circuler, se renouveler. Cette stagnation énergétique n'est pas seulement une question esthétique ou d'organisation ; elle interfère directement avec notre physiologie et notre psychologie. Le poids énergétique de l'environnement se traduit fréquemment par une fatigue mentale persistante, des difficultés de concentration, un manque de focalisation, de l'insomnie ou un sommeil non réparateur, des douleurs physiques inexplicables (en particulier dans le dos et les épaules, où la tension s'accumule) et une sensation générale d'être « coincé » dans la vie. L'environnement extérieur reflète et renforce l'état intérieur.

En contraste frappant, un environnement aéré, qui reçoit généreusement l'éclairage naturel, où la circulation physique est facile et intuitive, et qui contient des éléments vivants comme des plantes ou de l'eau en mouvement, transmet immédiatement une sensation de soulagement, de légèreté et de bien-être à celui qui y entre. Le corps se détend presque instantanément, la respiration s'approfondit, l'esprit s'apaise, les sens s'ouvrent pour percevoir la beauté du moment présent. Cette sensation agréable est le reflet du Chi circulant librement, comme une brise fraîche et revitalisante lors d'une chaude journée d'été. Et le plus encourageant est que ce flux sain d'énergie ne dépend pas nécessairement de grandes rénovations architecturales ou d'investissements financiers élevés ; il dépend surtout de notre capacité à développer une nouvelle conscience de l'espace, une attention pleine aux détails et une disposition à faire de petits changements intentionnels. Il s'agit d'observer l'espace avec un nouveau regard, un regard énergétique, en percevant où l'énergie semble s'accumuler et devenir lourde, où elle est clairement bloquée par des obstacles physiques ou symboliques, et où elle se dissipe rapidement sans nourrir l'environnement.

Une analogie utile et fréquemment utilisée dans le Feng Shui pour comprendre le comportement du Chi est de l'imaginer comme de l'eau. L'eau, dans son état naturel, cherche toujours les chemins les plus faciles et fluides, évite les barrières infranchissables (ou les contourne avec patience), remplit les espaces vides de manière équilibrée et apporte vie et fertilité là où elle passe. Cependant, lorsque l'eau est retenue de manière inappropriée, bloquée dans son cours ou gaspillée, elle peut causer inondations, érosions, stagnation et maladies. Le même principe s'applique à l'énergie vitale de la maison. Si nous bloquons ses entrées principales – comme des portes qui coincent à l'ouverture, des fenêtres qui restent toujours verrouillées et fermées, ou de grands meubles positionnés dans des passages étroits juste à l'entrée –, le Chi perd sa force vitale en pénétrant dans l'environnement. Si nous permettons que des objets cassés, endommagés ou énergétiquement « morts » occupent un espace précieux – comme des horloges arrêtées qui symbolisent un temps stagnant, des fleurs artificielles poussiéreuses qui représentent une fausse vie, ou des appareils électroniques inutilisés qui accumulent une énergie dense –, le Chi tombe malade, devient lourd et contaminé. Si nous encombrons les environnements d'excès inutiles – meubles sans fonction claire, décorations sans but affectif ou esthétique, accumulation compulsive de choses que nous n'utilisons pas ou n'aimons pas –, le Chi étouffe, perd son espace pour circuler et se renouveler.

Pour cette raison fondamentale, l'une des premières et des plus puissantes pratiques pour restaurer le flux sain de Chi dans un foyer est la libération consciente et intentionnelle de ce qui ne sert plus. Le fameux « désencombrement ». La maison idéale, du point de vue énergétique, ne devrait contenir que ce qui a un usage pratique et fréquent, une beauté qui inspire ou une signification affective profonde. Chaque objet doit mériter sa place dans l'espace, et chaque environnement doit avoir une fonction claire et définie, alignée sur les besoins et les intentions des habitants. L'air doit pouvoir circuler librement, la lumière doit avoir la permission d'atteindre tous les coins, même les plus cachés. Et cela ne doit pas être considéré comme une règle rigide et oppressante, mais comme un geste de profond soin de soi, d'écoute attentive aux besoins de l'espace et d'engagement envers sa propre vitalité et son bien-être. Libérer l'ancien, c'est ouvrir de l'espace pour que le nouveau circule dans notre vie.

En même temps que nous supprimons les blocages, il existe diverses manières d'activer et de renforcer le Chi lorsqu'il semble faible, lent ou insuffisant dans un environnement donné. Les plantes vivantes sont des alliées extraordinaires dans ce processus : leur simple présence attire, déplace et renouvelle l'énergie du lieu, symbolisant la croissance, la vitalité et la force de la nature. Les petites fontaines d'eau bien entretenues, avec une eau toujours propre et en mouvement doux, revitalisent aussi puissamment le flux énergétique, surtout lorsqu'elles sont liées à la prospérité et au flux financier. Les cristaux naturels, comme le quartz transparent, l'améthyste ou la citrine, lorsqu'ils sont nettoyés et programmés avec intention, peuvent capter la lumière, activer l'énergie des coins sombres et distribuer des vibrations positives dans l'environnement. Les sons doux et harmonieux – comme la musique instrumentale calme, le tintement mélodieux de carillons éoliens bien accordés, ou même le chant naturel des oiseaux venant de l'extérieur – peuvent réveiller l'énergie qui dormait, apportant légèreté et joie. Et les arômes naturels et purs – provenant d'herbes fraîches ou sèches, de fleurs, d'encens de bonne qualité ou d'huiles essentielles diffusées dans l'air – fonctionnent comme des souffles subtils qui renouvellent et purifient le champ énergétique du foyer, élevant la vibration et l'humeur des habitants.

Un autre aspect crucial à considérer concernant le Chi est son extrême sensibilité aux émotions humaines. L'énergie vitale d'un espace s'imprègne facilement des sentiments et des pensées qui prédominent dans cet environnement. Une maison où des disputes fréquentes et intenses ont lieu, où règne une tension constante dans l'air, ou où réside une tristesse profonde et non traitée, tend à absorber cette vibration plus dense. Avec le temps, même lorsque le conflit apparent a cessé ou que la tristesse a été partiellement élaborée, l'espace peut continuer à sembler lourd, étouffant, chargé, comme si les murs eux-mêmes gardaient des échos énergétiques non résolus de ces émotions. C'est pourquoi, en plus d'effectuer le nettoyage physique régulier, il est essentiel de promouvoir également des pratiques de purification énergétique du foyer (comme nous le verrons en détail plus loin), en utilisant une intention claire, la gratitude, des éléments comme le sel, la fumée d'herbes, le son ou la lumière, pour renouveler le champ émotionnel de la maison et libérer ces mémoires subtiles.

L'attention aux détails apparemment petits influence également de manière significative la qualité et le flux du Chi. La direction vers laquelle le lit est tourné, la manière dont on entre par la porte principale, ce que l'on voit immédiatement au réveil le matin, la sensation en traversant un couloir étroit ou mal éclairé. Tout importe dans le Feng Shui. Un miroir bien positionné peut agrandir visuellement un espace exigu et activer la circulation de l'énergie ; un tapis beau, confortable et aux couleurs harmonieuses peut stabiliser l'énergie d'une pièce, apportant chaleur et sécurité ; une œuvre d'art aux couleurs vibrantes et aux formes ascendantes peut élever l'esprit de l'environnement et inspirer la créativité. Rien n'est neutre dans le champ énergétique. Chaque choix que nous faisons en organisant et décorant notre foyer façonne, subtilement, la qualité du Chi que nous y respirons quotidiennement. Et cette énergie, une fois harmonisée et équilibrée, résonne positivement dans tous les aspects de notre vie.

Les relations interpersonnelles tendent à devenir plus légères et fluides, avec moins de conflits et plus de compréhension. Le corps physique répond avec plus de vigueur, de disposition et de résilience. Les pensées s'organisent avec plus de clarté et de focalisation. Et même les décisions importantes de la vie semblent s'écouler avec moins de résistance, avec plus d'intuition et de confiance. Vivre dans un espace avec un Chi équilibré, c'est comme marcher sur un sentier où le vent souffle doucement en notre faveur – il y a moins d'effort inutile, plus de plaisir dans le voyage, plus de présence dans l'instant.

C'est aussi une forme profonde de respecter l'« âme » de la maison, son identité énergétique unique, son histoire, ses silences. En prenant soin du Chi, nous prenons soin de cette âme. Nous transformons la maison d'un simple décor passif en une alliée active et consciente. D'un espace purement utilitaire en une source constante de nourriture énergétique et émotionnelle. D'un simple abri physique en un véritable sanctuaire pour l'esprit.

L'énergie vitale est le fil invisible qui relie le monde visible et l'invisible, le matériel et le subtil. Et lorsque nous apprenons à la sentir, à l'écouter avec le corps et l'intuition, et à la guider avec intention et sagesse, tout l'environnement se transforme. Et avec lui, inévitablement, notre propre vie se transforme aussi. Parce qu'il n'existe pas de séparation réelle entre la qualité de l'espace qui nous entoure et la qualité de l'énergie qui pulse en nous. Là où le Chi circule librement et harmonieusement, le cœur bat plus léger. Et là où le cœur bat léger, tout trouve, naturellement, sa juste place.

Chapitre 5
Yin et Yang

L'essence vibrante de l'univers, dans sa danse incessante de création et de transformation, se manifeste à travers deux principes fondamentaux, apparemment opposés dans leurs qualités, mais absolument interdépendants et complémentaires dans leur nature. Yin et Yang ne sont pas seulement des symboles archaïques d'une philosophie orientale lointaine et abstraite ; ce sont des forces dynamiques primordiales qui façonnent activement tout ce qui existe – du macrocosme, avec le cycle des saisons et le mouvement des astres, jusqu'au microcosme de notre vie quotidienne, influençant notre humeur un matin nuageux, la disposition des meubles dans notre salon, ou le silence profond d'une chambre vide la nuit. Au cœur de la pratique du Feng Shui, ce principe millénaire du Yin et du Yang fonctionne comme le fondement fondamental de toute harmonisation spatiale : l'équilibre dynamique, fluide et toujours changeant entre ces deux forces est ce qui détermine, en fin de compte, le bien-être des espaces et, par conséquent, la santé et l'harmonie de leurs habitants. Comprendre et appliquer cette polarité complémentaire est la clé pour créer des environnements qui nourrissent au lieu d'épuiser.

Le Yin, dans sa nature archétypale, représente la nuit, l'obscurité féconde, l'introspection, le froid, l'humidité, la douceur, la réceptivité, la profondeur, l'ombre qui accueille. Il est présent dans les moments de repos et de quiétude, dans les recoins silencieux et protégés de la maison, dans les tissus doux et fluides qui invitent au toucher, dans les couleurs sombres, froides et douces (comme le bleu profond, le noir, le gris, les tons pastel), dans les formes arrondies, courbes et accueillantes, dans les sons bas et continus, dans l'énergie descendante. C'est la force qui nous invite à la pause nécessaire, au recueillement intérieur, au sommeil réparateur, à la contemplation silencieuse, à la gestation de nouvelles idées dans l'utérus de la quiétude. C'est l'énergie du féminin archétypal, de l'intuition, de l'être au détriment du faire.

Le Yang, en contrepartie complémentaire, est la lumière brillante du jour, l'action manifeste, la chaleur qui dilate, l'extraversion, la vibration ascendante, la force qui se projette vers l'extérieur. Il se manifeste de manière vibrante dans des environnements vastes et bien éclairés (surtout par la lumière naturelle), dans des couleurs vives, chaudes et stimulantes (comme le rouge, l'orange, le jaune vif), dans des sons joyeux, forts et rythmés, dans des lignes droites, des formes pointues et angulaires, dans des matériaux durs et des surfaces brillantes, dans des activités constantes et des stimuli visuels énergétiques. C'est la force qui pousse à l'action, à la communication, à la célébration, à l'expression dans le monde. C'est l'énergie du masculin archétypal, de la logique, du faire au détriment de l'être.

Il est crucial de comprendre qu'aucun des deux, Yin ou Yang, n'est intrinsèquement « meilleur » ou « pire » que l'autre. Tous deux sont également essentiels à la totalité de l'existence, comme les deux faces d'une même pièce, ou l'inspiration et l'expiration qui composent la respiration complète. Le déséquilibre ne provient pas de la présence de l'un ou de l'autre, mais de l'excès disproportionné ou de l'absence significative de l'un par rapport à l'autre, ou de la rigidité dans leur interaction. Une maison dominée excessivement par l'énergie Yin peut sembler triste, sombre, sans vitalité, chargée d'une atmosphère de mélancolie, d'apathie, de stagnation et de difficulté à initier des projets ou à ressentir de l'enthousiasme pour la vie. Il peut y avoir un excès d'humidité, peu de lumière, une accumulation d'objets anciens et une sensation générale de lourdeur dans l'air. Inversement, un foyer où prédomine de manière incontrôlée l'énergie Yang devient agité, inquiet, stressant, potentiellement chaotique, avec un excès de stimuli visuels et sonores, une faible capacité à offrir accueil et repos véritable, conduisant les habitants à un état d'épuisement nerveux et à des difficultés pour se détendre et se régénérer.

Le secret d'un environnement harmonieux réside donc dans la danse fluide et équilibrée entre ces deux forces – en permettant au Yin et au Yang de coexister dynamiquement, de s'alterner selon les besoins du moment et la fonction de l'espace, de se soutenir mutuellement dans un flux constant de transformation. Le Feng Shui agit précisément à ce point névralgique : son objectif est d'identifier, par une observation sensible, où il y a excès de Yin ou de Yang dans un environnement donné et ce qui manque, pour ensuite introduire des éléments qui restaurent la fluidité de cet équilibre vital. Il ne s'agit pas de rechercher une neutralité statique, mais un dynamisme harmonique.

Une chambre à coucher, par exemple, par sa fonction primordiale de repos, de régénération et d'intimité, doit favoriser principalement l'énergie Yin – elle doit être un espace qui invite à la détente profonde, à l'abandon, au silence intérieur. Des couleurs claires, douces et froides (comme les bleus, les verts d'eau, les lavandes, les beiges rosés), des tissus naturels et doux (coton, lin), un éclairage diffus et indirect (lampes de chevet, lumières de faible intensité), l'absence d'appareils électroniques émettant de la lumière bleue et des champs électromagnétiques perturbateurs (comme la télévision, l'ordinateur, le téléphone portable), des arômes apaisants (lavande, camomille, bois de santal) et, surtout, le silence et l'intimité sont des moyens efficaces de renforcer l'énergie Yin dans cet environnement sacré. Une chambre excessivement Yang, avec des couleurs vibrantes, beaucoup de lumière, de grands miroirs ou des appareils allumés, rend difficile le sommeil réparateur et l'intimité tranquille.

En revanche, une cuisine, lieu de transformation des aliments (élément Feu), ou un bureau, espace dédié à l'activité mentale et à la productivité, ont besoin d'un certain dynamisme énergétique, et doivent donc contenir une proportion plus importante d'énergie Yang pour soutenir leurs fonctions. Un bon éclairage naturel et artificiel (lumière plus claire et ciblée), des couleurs qui stimulent l'appétit (dans la cuisine, comme les jaunes et les oranges) ou la concentration mentale (au bureau, comme les verts ou les bleus plus vifs), des objets qui apportent vitalité et mouvement, de l'espace pour une circulation active, et peut-être même des sons légers et stimulants (comme une musique d'ambiance énergisante) peuvent contribuer à un environnement Yang équilibré et fonctionnel. Un excès de Yin dans ces espaces pourrait entraîner lenteur, manque d'appétit ou procrastination.

Le premier pas pour commencer à travailler consciemment avec l'équilibre Yin et Yang dans votre maison est de développer la capacité d'observer la sensation que chaque pièce transmet. Faites confiance à votre perception corporelle et intuitive. Y a-t-il des espaces où vous entrez et ressentez immédiatement un poids inexplicable, une somnolence soudaine, une sensation que le temps s'est arrêté, que l'énergie est stagnante ? Il y a probablement un excès de Yin à cet endroit, peut-être dû au manque de lumière, de ventilation, aux couleurs sombres, à l'accumulation d'objets ou de souvenirs anciens. D'un autre côté, existe-t-il des environnements dans votre maison qui fatiguent rien que d'y être, qui semblent accélérer vos pensées, avec des lumières trop fortes et directes, un excès d'informations visuelles (trop d'objets, motifs complexes), des bruits constants ou intermittents ? Dans ce cas, il est probable que l'énergie Yang soit exacerbée, générant un environnement surstimulant et épuisant. Le corps et les sens sont des instruments extrêmement précis pour cette lecture énergétique subtile. Il n'est pas nécessaire de mémoriser des théories complexes – il suffit d'apprendre à écouter l'expérience viscérale d'être présent dans chaque espace.

Apporter l'équilibre nécessaire entre ces deux forces primordiales peut commencer par des gestes étonnamment simples et accessibles. Un coin sombre, humide et sans vie, clairement dominé par le Yin stagnant, peut gagner en vitalité Yang avec l'introduction d'une lampe à lumière chaude et dirigée, une plante aux fleurs colorées et vibrantes, un objet décoratif de couleur chaude (rouge, orange), ou même un miroir stratégiquement positionné pour refléter la lumière d'une fenêtre proche. Un espace très Yang, comme une cuisine entièrement blanche, avec des surfaces brillantes et un éclairage intense, peut recevoir des touches de Yin pour adoucir et accueillir, grâce à l'inclusion de plantes aux feuilles arrondies, de paniers en fibres naturelles qui apportent texture et chaleur, d'un tapis doux sous la table, ou d'un rideau en tissu léger et fluide à la fenêtre. Le secret réside dans l'identification de ce qui est en déséquilibre (que ce soit par excès ou par manque) et dans l'offre de l'élément complémentaire dans la juste mesure, comme un alchimiste qui ajuste soigneusement les ingrédients de sa potion.

Les formes et les matériaux sont également porteurs intrinsèques de ces énergies Yin et Yang. Les lignes courbes, sinueuses, organiques, les textures veloutées, douces, fluides, les objets de forme ronde ou ovale évoquent la douceur et la réceptivité du Yin. Les lignes droites, angulaires, pointues, les surfaces dures, lisses, brillantes, les objets de forme carrée ou triangulaire invoquent l'affirmation et le dynamisme du Yang. Les équilibrer dans la composition d'un environnement, c'est comme composer une mélodie visuelle et tactile : on cherche à éviter autant la monotonie excessive (trop Yin) que la stridence perturbatrice (trop Yang), en créant une symphonie harmonieuse de formes et de textures qui favorise le bien-être et le confort des sens. Un canapé courbe (Yin) avec des coussins à motif géométrique (Yang), une table basse en bois rustique (Yin) avec un vase en métal poli (Yang) dessus – sont des exemples de la manière dont ces énergies peuvent dialoguer.

  La position des meubles, comme déjà mentionné, peut intensifier ou adoucir ces forces au sein d'une pièce. Un lit directement aligné avec la porte, recevant le flux énergétique de manière abrupte, est dans une position considérée comme d'« attaque » ou de vulnérabilité Yang. Le repositionner de manière à ce que la porte soit visible, mais sans être dans le flux direct d'énergie (la fameuse « position de commandement »), apporte plus de sensation de protection, de contrôle et, par conséquent, plus de qualité Yin au repos. Une table de travail tournée directement vers un mur peut réprimer le flux Yang de la créativité et de la vision d'avenir ; la tourner vers une fenêtre avec une vue agréable ou vers un espace ouvert à l'intérieur de la pièce peut activer ce potentiel expansif. La disposition des meubles n'est pas seulement fonctionnelle, elle est énergétique.

  Les couleurs, en tant qu'outils vibratoires, sont un autre élément clé dans la modulation du Yin et du Yang. Le Feng Shui observe leur influence non seulement au niveau esthétique, mais surtout au niveau énergétique et émotionnel. Les couleurs chaudes comme le rouge, l'orange, le jaune vif, le rose fuchsia sont considérées comme Yang – elles dynamisent, stimulent, réchauffent, attirent le regard. Les tons froids comme le bleu, le vert d'eau, le violet, le gris, le noir, ainsi que les tons pastel et neutres clairs (blanc, beige) sont principalement Yin – ils tranquillisent, calment, rafraîchissent, favorisent l'introspection. Choisir la palette de couleurs idéale pour chaque pièce signifie aligner la vibration de l'espace avec sa fonction énergétique primordiale. Un espace social comme le salon, par exemple, bénéficie généralement d'une combinaison équilibrée des deux énergies : peut-être un canapé de couleur neutre et claire (Yin) avec des coussins décoratifs dans des tons de rouge, doré ou orange (Yang), créant une composition qui stimule la convivialité et la joie, mais invite aussi au confort et à la détente.

Le cycle naturel du jour lui-même nous offre une leçon constante sur la danse du Yin et du Yang. Le matin, l'énergie Yang du soleil se lève, active la nature, nous éveille à l'action. Tout au long de la journée, cette énergie atteint son apogée. Au crépuscule et pendant la nuit, l'énergie Yin de l'obscurité et de la fraîcheur arrive, invitant au repos, à la régénération, au recueillement. Aligner consciemment notre maison avec ce cycle cosmique est une pratique puissante d'harmonisation. Ouvrir les fenêtres et les rideaux le matin pour laisser entrer le soleil et l'air frais active l'énergie Yang du foyer, apportant vitalité pour le début de la journée. Fermer les rideaux, réduire l'intensité de la lumière artificielle et opter pour un éclairage plus chaud et indirect au crépuscule favorise le retour progressif de l'énergie Yin, préparant le corps et l'esprit au repos nocturne. Il ne s'agit pas seulement d'une question d'éclairage ou de ventilation ; c'est une manière de synchroniser le microcosme de notre maison avec les rythmes macrocosmiques de l'univers, favorisant un bien-être plus profond et naturel.

Un autre aspect fascinant de cette philosophie est la compréhension que le Yin et le Yang sont toujours dans un processus dynamique de transformation l'un en l'autre. Le jour se transforme inévitablement en nuit, l'activité culmine dans le repos nécessaire, la lumière brillante cède la place à l'ombre reposante. Dans les espaces de notre maison, cette transformation peut et doit également avoir lieu. Un bureau qui est principalement Yang pendant la journée, avec une lumière focalisée et des stimuli pour la productivité, peut devenir un espace plus Yin la nuit, avec une lumière douce, une musique tranquille et peut-être un arôme relaxant, permettant à l'esprit de se déconnecter du travail. Une salle de bain qui est fonctionnelle et neutre pendant la journée peut se transformer en un véritable spa réparateur la nuit, avec des bougies, des huiles essentielles, des sels de bain et du silence, invitant à un moment de soin de soi et d'introspection Yin. Cette fluidité permet à la maison d'accompagner nos différents états émotionnels et besoins au fil de la journée et de la vie.

Lorsque nous nous sentons fatigués et avons besoin de repos, nous pouvons consciemment atténuer les éléments Yang de l'environnement (réduire lumières, sons, couleurs vives) et introduire davantage de qualités Yin (confort, silence, obscurité). Lorsque l'énergie est basse et que nous avons besoin d'un coup de pouce, nous pouvons augmenter les stimuli Yang avec une lumière plus claire, des couleurs plus vives, une musique énergisante ou en ouvrant les fenêtres au soleil. Ainsi, le foyer devient un espace vivant, réactif, qui nous accueille dans nos diverses phases, qui ne nous emprisonne pas dans une seule vibration, mais nous libère pour être qui nous avons besoin d'être à chaque instant.

Le Yin et le Yang nous enseignent également l'importance fondamentale du contraste pour la perception et l'équilibre. Un environnement entièrement clair et blanc peut devenir aveuglant, stérile et fatigant ; un environnement entièrement sombre et lourd peut opprimer et générer de la mélancolie. L'équilibre et la beauté s'atteignent dans la variation harmonieuse : lumière et ombre dialoguant, espaces pleins et vides se complétant, surfaces fermes et textures douces coexistant. La maison qui contient les deux principes en dialogue constant est celle qui parvient à s'adapter avec plus de grâce et de résilience aux différentes phases de la vie de ses habitants. Parce que la vie est faite de jours de recueillement et de silence (Yin), et aussi de jours de célébration, de mouvement et d'expression (Yang). La sagesse réside dans la création d'un espace qui accueille et soutient toutes ces nuances de l'expérience humaine.

Et plus que cela : lorsque nous apprenons à observer et à appliquer consciemment les principes du

Yin et du Yang dans notre espace extérieur, cette compréhension subtile commence à se déverser sur notre vie intérieure. Nous commençons à percevoir avec plus de clarté qu'il y a des moments pour agir (Yang) et des moments pour attendre et recevoir (Yin), qu'il y a une valeur intrinsèque dans le repos et la contemplation (Yin) tout autant que dans la productivité et l'action (Yang), qu'il n'y a pas de lumière sans ombre, ni d'ombre sans lumière – les deux font partie intégrante de la totalité. La maison devient alors une maîtresse silencieuse, nous enseignant quotidiennement le rythme, le cycle, l'acceptation et l'équilibre.

Le Feng Shui, à travers le prisme du Yin et du Yang, ne nous invite pas à choisir l'un au détriment de l'autre, mais à percevoir que l'un n'existe et n'a de sens que grâce à la présence de l'autre. Et que la beauté et la plénitude de la vie résident justement dans cet équilibre continu, dans cette danse dynamique où tout bouge, s'alterne, se complète et se soutient mutuellement. Lorsque notre maison parvient à refléter cette danse cosmique dans son atmosphère, elle devient un miroir de l'univers lui-même – et le foyer se transforme en une constellation intime et accueillante, où chaque étoile, chaque aspect de notre vie, a son juste temps pour briller et son temps nécessaire pour reposer dans l'obscurité féconde.

Chapitre 6
Cinq Éléments

L'ancienne et profonde sagesse chinoise, en contemplant la nature et le fonctionnement de l'univers, ne le percevait pas comme un ensemble fragmenté d'objets et de phénomènes isolés. Elle le voyait, oui, comme un système dynamique et intrinsèquement interconnecté, un organisme vivant où tout est énergie (Chi) en constante transformation, s'écoulant et interagissant en cycles perpétuels. Au sein de ce système cosmique, cinq grandes forces archétypales, cinq qualités énergétiques primordiales, ont été identifiées comme façonnant la matière, les cycles temporels (saisons, heures du jour), les processus physiologiques, les états émotionnels et, de manière cruciale pour le Feng Shui, la vibration et l'équilibre des espaces que nous habitons : Bois (Mu), Feu (Huo), Terre (Tu), Métal (Jin) et Eau (Shui).

Ce sont les Cinq Éléments – compris non seulement comme des substances physiques littérales, mais comme des expressions vibratoires distinctes de l'énergie vitale, se manifestant en couleurs, formes, matériaux, sons, saveurs, émotions, comportements et, de manière très pratique, dans la composition et l'harmonisation de nos environnements.

Chacun de ces cinq éléments représente un type spécifique d'énergie, avec des qualités, caractéristiques et correspondances propres. Le Bois est l'énergie du printemps, de la naissance, de la croissance vigoureuse, de l'expansion, de la flexibilité et de la créativité. Il symbolise l'élan vital qui se lance vers le haut et vers l'extérieur, comme le bourgeon qui perce la terre à la recherche de la lumière. Il est associé à la couleur verte (dans ses diverses tonalités) et aussi au bleu clair, aux formes rectangulaires et verticales (comme des colonnes ou des arbres hauts), aux matériaux comme le bois naturel et le bambou, à la saveur acide, au vent, à la direction Est, à l'organe Foie et à l'émotion de la colère (en déséquilibre) ou de l'affirmation de soi et de la planification (en équilibre). Dans l'espace, il se manifeste par des plantes vivantes et saines, des meubles hauts et élancés, des planchers en bois, des objets en bambou, des tableaux de paysages forestiers. C'est l'énergie qui impulse les nouveaux départs, qui favorise le développement, qui s'étend à la recherche de nouveaux horizons. Un environnement qui manque de l'énergie du Bois peut sembler stagnant, sans vie, sans initiative, avec des difficultés pour les changements et la croissance. Pour l'activer de manière équilibrée, on peut inclure une plante luxuriante, une étagère verticale, des objets décoratifs verts ou bleus, ou une œuvre d'art évoquant la nature en expansion. Cependant, l'excès de Bois peut générer impulsivité, irritabilité, impatience et dispersion.

Le Feu est l'élément de l'été, de la chaleur, de la transformation rapide, de la passion, de la joie contagieuse, de la renommée et de la reconnaissance. C'est l'énergie qui atteint son apogée, qui brille intensément, qui réchauffe, illumine et relie les personnes. Il est lié au midi, à la direction Sud, au cœur et à l'intestin grêle, à l'émotion de la joie (en équilibre) ou de l'euphorie et de l'anxiété (en déséquilibre), à la saveur amère. Dans l'espace, il apparaît de manière vibrante à travers des couleurs chaudes comme le rouge, l'orange, le rose vif, le pourpre ; des formes triangulaires, pointues ou étoilées ; la présence littérale de feu dans des bougies allumées, des cheminées ; un éclairage intense et brillant ; des objets qui renvoient à la célébration et à l'enthousiasme. C'est l'énergie qui réchauffe les relations, qui favorise la visibilité sociale, qui stimule l'action et la célébration. Un environnement totalement dépourvu de Feu tend à la froideur émotionnelle, à l'isolement, au manque d'enthousiasme et de motivation, à l'apathie. En contrepartie, l'excès de Feu peut générer une agitation excessive, de l'impulsivité, du stress, des conflits, de l'anxiété et même un burnout. Un bon usage du Feu à la maison peut être fait par des touches ponctuelles : des coussins rouges, des bougies décoratives allumées avec intention, un éclairage chaud et dirigé, ou une œuvre d'art aux couleurs intenses et vibrantes, notamment dans la zone du Succès (Gua du Feu).

 La Terre représente la stabilité, le centre, le soin maternel, la nutrition, la sécurité et le soutien. C'est l'élément qui soutient, qui accueille, qui enracine, qui permet la digestion et l'assimilation (tant physique que mentale). Elle est liée à la fin de l'été (la canicule), au centre (et aussi aux directions Sud-Ouest et Nord-Est), à la rate-pancréas et à l'estomac, à l'émotion de la préoccupation ou de la rumination (en déséquilibre) ou de l'empathie et de la confiance (en équilibre), à la saveur douce. Dans l'espace, elle se manifeste à travers des tons terreux comme le beige, le marron, le jaune ocre, la terre cuite ; des formes carrées, rectangulaires basses ou plates ; des matériaux comme la céramique, la terre cuite, l'argile, les pierres, les cristaux ; des objets lourds et solides ; des tapis épais. C'est l'énergie qui génère une sensation de sécurité, d'appartenance, de confort et de stabilité. Un environnement pauvre en Terre peut sembler froid, instable, peu sûr, sans chaleur, trop « aérien ». En incluant des éléments de Terre, comme des vases en céramique robustes, un tapis épais en fibre naturelle, une table basse solide en bois, ou en peignant un mur en terre cuite, on redonne solidité, ancrage et nutrition à l'espace. L'excès de Terre, cependant, peut entraîner stagnation, entêtement, poids excessif et difficulté au changement.

Le Métal est l'élément de l'automne, de la contraction, de la précision, de la clarté mentale, de l'organisation, de la discipline et de l'introspection raffinée. Il représente la capacité de discerner, de définir des limites, de couper l'excès, de valoriser la beauté dans la structure et l'ordre. Il résonne avec la fin de l'après-midi, la direction Ouest (et aussi Nord-Ouest), avec les poumons et le gros intestin, avec l'émotion de la tristesse ou de la mélancolie (en déséquilibre) ou du courage et de la droiture (en équilibre), avec la saveur piquante. Dans les environnements, il apparaît dans des couleurs comme le blanc, le gris, les tons métalliques (argenté, doré, cuivre, bronze) ; dans des formes circulaires, ovales ou sphériques ; dans des objets en métal, des sculptures minimalistes, des surfaces lisses et réfléchissantes, des pierres polies. C'est l'énergie qui organise le chaos, qui apporte concentration et discipline, qui favorise la justice et la communication claire. Un environnement sans la présence équilibrée du Métal peut être perçu comme confus, dispersé, désorganisé, sans limites claires. L'excès de Métal, à son tour, génère une rigidité excessive, une froideur émotionnelle, une distance, une critique sévère et des difficultés à exprimer ses sentiments. L'équilibre peut être atteint avec des touches subtiles et élégantes – une lampe métallique au design épuré, un cadre doré sur un tableau, un objet décoratif en forme de sphère, ou l'utilisation stratégique du blanc et du gris en combinaison avec d'autres éléments.

L'Eau, enfin, est l'élément de l'hiver, de la fluidité, de l'adaptabilité, de l'intuition profonde, de l'émotion, de la communication et de la sagesse ancestrale. Elle est liée à la nuit, à la direction Nord, aux reins et à la vessie, à l'inconscient, à l'émotion de la peur (en déséquilibre) ou du calme et de la sagesse (en équilibre), à la saveur salée. Dans l'espace, elle surgit à travers des formes organiques, asymétriques, ondulées ; des couleurs sombres comme le noir et le bleu profond ; des surfaces réfléchissantes ou en miroir (verre, miroirs) ; la présence littérale d'eau dans des fontaines, des aquariums, des vases avec de l'eau ; des tissus fluides et brillants (soie, satin). C'est l'énergie qui relie les mondes (interne et externe, conscient et inconscient), qui permet l'adaptation aux changements, qui explore les profondeurs de l'âme, qui favorise le flux de la communication et de la prospérité. Un espace sans l'énergie de l'Eau peut sembler superficiel, sec, rigide, sans profondeur émotionnelle ou spirituelle. Un excès d'Eau, cependant, peut générer une dispersion mentale, une instabilité émotionnelle, une sensation de manque de contrôle, une mélancolie excessive ou un manque de limites. De petits gestes comme accrocher un rideau en tissu léger qui flotte doucement au vent, inclure une petite fontaine avec de l'eau courante propre (surtout dans la zone de la Carrière ou de la Prospérité), utiliser des miroirs avec prudence et intention, ou adopter une palette avec des détails en noir ou bleu marine peuvent activer cet élément de manière harmonieuse et bénéfique.

De manière cruciale, ces cinq éléments n'existent pas isolément dans l'univers ou dans nos foyers. Ils interagissent constamment en cycles dynamiques – principalement le cycle productif (Sheng) et le cycle de contrôle (Ke). Comprendre ces cycles est vital pour appliquer le Feng Shui de manière efficace.

Dans le cycle productif, chaque élément nourrit et génère le suivant, créant un flux de soutien et de continuité : le Bois nourrit le Feu (le bois brûle et produit du feu) ; le Feu génère des cendres, qui deviennent la Terre ; de la Terre on extrait le Métal (minerais) ; le Métal, lorsqu'il refroidit (ou sur des surfaces froides), condense et attire l'Eau (formation de rosée) ; et l'Eau, à son tour, nourrit la croissance du Bois (les plantes ont besoin d'eau). Ce cycle représente la création, la croissance harmonieuse, le soutien mutuel. On utilise ce cycle pour renforcer un élément qui manque : s'il manque du Feu, on ajoute du Bois ; s'il manque de la Terre, on ajoute du Feu, et ainsi de suite.

Le cycle de contrôle (ou destructeur, bien que le terme « contrôle » soit plus approprié, car sa fonction est de maintenir l'équilibre) représente la contention, la régulation, l'établissement de limites pour qu'aucun élément ne devienne excessif et ne domine le système : le Bois perce et consomme les nutriments de la Terre (comme les racines des arbres) ; la Terre absorbe et retient l'Eau ; l'Eau éteint le Feu ; le Feu fait fondre le Métal ; et le Métal coupe le Bois (comme une hache). Ce cycle n'est pas intrinsèquement négatif ; il est essentiel pour maintenir l'équilibre dynamique du système, empêchant qu'un élément ne croisse de manière incontrôlée et ne supprime les autres. On utilise ce cycle pour affaiblir un élément qui est en excès : s'il y a excès de Feu, on ajoute de l'Eau (qui le contrôle) ; s'il y a excès de Bois, on ajoute du Métal (qui le contrôle). Il existe également un cycle d'affaiblissement (Xie), où un élément « fatigue » celui qui l'a produit (ex : le Feu brûle le Bois jusqu'à le consommer), utilisé pour des ajustements plus subtils.

Appliquer ces principes dans l'harmonisation de la maison, c'est bien plus que simplement décorer avec des couleurs ou des objets associés à chaque élément. C'est apprendre à lire les environnements comme des expressions énergétiques complexes, à sentir quel élément prédomine ou manque dans chaque espace, et à utiliser intelligemment les cycles pour restaurer l'équilibre. Une chambre avec un excès d'éléments métalliques (beaucoup de blanc, de gris, d'objets en métal, de formes rondes) peut sembler froide, impersonnelle et même générer de la tristesse, même avec une décoration sophistiquée. Peut-être manque-t-il une touche de Feu (un coussin rouge, une bougie) pour réchauffer et contrôler le Métal, ou de Bois (une plante, un objet vert) pour apporter vitalité et adoucir la rigidité. Une cuisine très chargée en Terre (carrelage marron, meubles lourds en bois sombre, objets carrés) peut sembler lourde et stagnante, nécessitant peut-être une touche de Métal (ustensiles en inox brillants, détails en blanc) pour apporter organisation et clarté, ou d'Eau (un vase en verre avec des fleurs, un détail en bleu foncé) pour ajouter fluidité et fraîcheur.

Le diagnostic est, en grande partie, sensoriel et intuitif. Comment vous sentez-vous dans cet espace ? Vous dynamise-t-il, vous calme-t-il, vous irrite-t-il, vous déprime-t-il ? Quelles couleurs, formes et matériaux prédominent ? Avec la pratique et l'observation attentive, on commence à percevoir ce qui manque, ce qui est en trop, ce qui doit être transformé pour que l'environnement devienne plus équilibré et nourrissant.

L'harmonie idéale se révèle dans la diversité équilibrée des cinq éléments. Un foyer où les cinq éléments sont présents en proportions adéquates et en dialogue harmonieux est comme un corps sain, où tous les organes fonctionnent bien ; comme un jardin bien entretenu, où différentes plantes coexistent et fleurissent ; comme une rivière qui coule sereine et limpide entre des rives fermes et nourries. Chaque élément, dans son essence, représente également un besoin humain fondamental et une qualité psychologique : le besoin de grandir, de s'exprimer et d'avoir de la flexibilité (Bois) ; le besoin de passion, de joie et de connexion sociale (Feu) ; le besoin de stabilité, de sécurité et de nutrition (Terre) ; le besoin d'ordre, de clarté et de limites (Métal) ; et le besoin de fluidité émotionnelle, d'intuition et de connexion profonde (Eau). Négliger ou supprimer l'un de ces éléments dans l'environnement extérieur reflète et renforce souvent une négation ou un déséquilibre de cette même qualité en nous-mêmes.

En incorporant consciemment les Cinq Éléments dans l'espace, on ne recherche pas une formule mathématique rigide, mais plutôt une écoute profonde et sensible. Observer comment chaque coin de la maison se comporte énergétiquement, comment chaque objet vibre en résonance ou en dissonance avec le tout, comment chaque couleur affecte l'humeur et la disposition. Et, à partir de cette perception aiguisée, introduire de manière subtile et intentionnelle ce qui équilibre, ce qui nourrit, ce qui élève l'énergie de l'espace et, par conséquent, l'énergie de celui qui y vit. C'est là la véritable alchimie du Feng Shui – transformer la matière en énergie et l'énergie en bien-être, qualité de vie, harmonie.

La maison devient alors un organisme dynamique, en constante adaptation et dialogue, où les éléments s'alternent, se soutiennent, se régulent mutuellement. Un lieu qui respire avec l'habitant, qui le renforce dans les moments de défi et l'accueille dans les moments de silence et de recueillement. Parce que lorsque l'espace que nous habitons reflète la danse sage et équilibrée des éléments de la nature, il cesse d'être un décor artificiel et devient partie intégrante de la nature elle-même. Et vivre en harmonie avec la nature, c'est, en fin de compte, vivre en paix et en harmonie avec soi-même, en reconnaissant que les mêmes éléments qui composent l'univers composent également notre corps, notre esprit et notre âme. Harmoniser le foyer, c'est harmoniser l'être. Et quand cela se produit, la vie fleurit – avec des racines fermes dans la Terre, un cœur ardent comme le Feu, un esprit clair comme le Métal, des émotions fluides comme l'Eau et un esprit expansif comme le Bois.

Chapitre 7
Tao et Nature

À l'origine silencieuse et insondable de tout ce qui existe, avant les formes, les noms et les dualités, repose le mystère du Tao. Le Tao n'est pas une idée conceptuelle qui puisse être pleinement comprise par l'esprit rationnel, ce n'est pas une croyance religieuse exigeant une foi aveugle, ni une doctrine philosophique avec des règles fixes à suivre. Le Tao est le Chemin sans nom, le flux spontané et naturel de l'existence dans sa forme la plus pure et primordiale, antérieur à tout langage humain qui tente de le capturer. La philosophie taoïste, avec sa sagesse profonde et paradoxale, ne prétend pas expliquer l'univers ou le disséquer en parties ; elle propose quelque chose de bien plus radical et transformateur : apprendre à cheminer *avec* lui, à s'écouler *avec* lui, à danser en harmonie avec ses rythmes subtils et inévitables. Vivre selon le Tao, c'est vivre en profonde harmonie avec l'ordre naturel des choses, en acceptant avec équanimité les cycles inéluctables de la vie et de la mort, les marées du temps qui apportent et emportent, les rythmes saisonniers de la nature qui se manifestent en nous et hors de nous. Et c'est précisément ce principe fondamental de fluidité, d'acceptation et d'harmonie avec le naturel qui soutient l'art millénaire du Feng Shui et transforme le simple acte d'habiter une maison en un miroir de la sagesse de l'univers lui-même.

Au cœur de la pensée taoïste réside la compréhension que l'être humain n'est en aucun cas séparé de la nature – il *est* nature. L'illusion de la séparation, la croyance arrogante que nous pouvons contrôler, dominer et exploiter le monde naturel sans conséquences, est considérée comme la racine d'une grande partie des conflits, des souffrances et des déséquilibres que nous expérimentons individuellement et collectivement. Lorsque quelqu'un résiste au flux naturel des choses, lorsqu'il tente d'imposer sa volonté limitée sur l'espace ou sur les autres, lorsqu'il essaie de forcer ce qui ne veut pas être forcé – que ce soit une rivière à changer de cours, une plante à pousser hors saison, ou une émotion à être réprimée –, l'énergie vitale (Chi) stagne, se bloque, tombe malade. Mais lorsque l'on apprend à vivre en synchronie avec les vents qui soufflent, avec la lumière qui naît et se couche, avec la chaleur qui dilate et le froid qui contracte, avec l'ombre qui accueille et l'eau qui s'écoule, tout dans la vie commence à se dérouler avec plus de légèreté, moins d'effort, plus de grâce. Le Tao se révèle alors non pas comme une entité externe ou un dieu personnel, mais comme une direction subtile, un alignement interne avec l'intelligence immanente du cosmos lui-même.

Appliquer les principes du Tao à la configuration et à l'expérience de notre foyer n'exige donc aucune technique ésotérique compliquée ni connaissance architecturale spécialisée. Cela exige, avant tout, de l'écoute. Une écoute profonde, patiente, attentive, non seulement avec les oreilles, mais avec tout le corps, avec toute la sensibilité. Écouter l'espace que nous habitons, c'est, en essence, écouter le Tao lui-même s'y manifester. Une chambre qui reste chroniquement sombre, où la lumière naturelle ne parvient jamais à pénétrer pleinement, demande peut-être plus d'ouverture, plus de connexion avec l'extérieur, plus d'énergie Yang pour équilibrer la quiétude. Un couloir long, étroit et étouffant, où l'énergie semble piégée, peut réclamer un répit, un point de lumière, un miroir qui agrandit, un changement qui le revitalise. Une cuisine excessivement éclairée par des lumières artificielles froides pendant la nuit empêche peut-être le corps de se détendre et d'entrer dans le mode de repos nécessaire à une bonne digestion et à un bon sommeil. Ce coin ignoré du salon, où des objets aléatoires s'accumulent sans sens apparent, peut parler symboliquement d'émotions négligées, d'aspects de la vie que nous ne voulons pas voir ou affronter. L'espace physique murmure constamment ; le Tao enseigne l'art d'entendre ces murmures.

    Le Tao enseigne par la simplicité et le naturel. « Wu Wei » – l'un des concepts centraux et les plus paradoxaux du taoïsme, souvent traduit par « non-agir » ou « action sans effort » – est au cœur de la pratique taoïste appliquée à la vie. Cela ne signifie pas inertie, passivité ou paresse, mais plutôt agir en parfaite harmonie avec le flux naturel des choses, sans effort inutile, sans forcer les résultats, sans lutter contre le courant. C'est comme le navigateur expérimenté qui ajuste les voiles pour utiliser la force du vent à son avantage, au lieu de ramer contre lui. Dans la maison, cela se traduit par l'acceptation et la valorisation des caractéristiques naturelles de l'environnement – son orientation solaire, sa ventilation, ses matériaux d'origine, son histoire – au lieu de lutter constamment contre elles. Une pièce qui reçoit un éclairage naturellement doux et indirect peut être accueillie et potentialisée comme un espace d'introspection, de lecture et de calme, au lieu d'être forcée à ressembler à un environnement super éclairé et vibrant qui ne correspond pas à sa nature intrinsèque. Un coin plus sombre et protégé peut devenir un recoin méditatif parfait, un lieu pour le silence et le recueillement, au lieu d'essayer artificiellement de le transformer en centre des activités sociales de la maison. Wu Wei est l'art de travailler *avec* l'énergie existante, et non *contre* elle.

Ce principe de naturel nous invite également à ne pas projeter d'excès inutiles sur nos espaces. La modernité, souvent mue par la logique de la productivité incessante et l'appel à la consommation constante, impose fréquemment aux environnements une anxiété esthétique et fonctionnelle : chaque coin doit être rempli de quelque chose, chaque mur doit être décoré selon la dernière tendance, chaque mètre carré doit être fonctionnalisé au maximum. Le Tao s'écarte radicalement de cette mentalité de remplissage compulsif. Il souligne, au contraire, la beauté et la puissance du vide fertile – le « Ma » japonais –, de l'espace *entre* les choses, de l'importance de ce qui ne se voit pas, mais qui permet au visible d'exister et de respirer. Un environnement avec de l'espace libre pour la circulation, avec des murs qui peuvent respirer, avec des zones de « vide » visuel, est comme la pause silencieuse dans une mélodie – c'est cette pause qui permet à la musique d'être appréciée, qu'il y ait respiration, contemplation, inspiration. Le vide n'est pas absence, c'est potentialité.

  La nature, dans sa complexité, sa simplicité et ses cycles parfaits, est le modèle suprême du Tao en action. C'est pourquoi une maison qui cherche à s'aligner sur le Tao se reconnecte inévitablement au monde naturel, même si elle est située au cœur d'une ville. Cela n'exige pas d'avoir une forêt alentour ou une vue privilégiée sur la mer. Cela signifie, oui, développer la sensibilité pour observer la danse de la lumière du jour par les fenêtres, les ombres qui se déplacent lentement sur les murs au fil des heures, la direction subtile des vents qui entrent et sortent, la texture vivante du bois sous les doigts, la façon dont la pluie touche doucement la fenêtre créant une mélodie éphémère. Cela signifie cultiver l'habitude de poser les pieds nus sur le sol pour sentir la température et la texture de la terre ou du plancher, sentir la chaleur du soleil matinal entrant par la fenêtre et réchauffant la peau, percevoir la fraîcheur qui s'installe dans l'air pendant la nuit. C'est ramener la conscience aux sens, à l'expérience directe et non médiatisée de l'environnement.

  En pratique, intégrer le Tao au foyer peut signifier, par exemple, valoriser et respecter l'orientation solaire naturelle des pièces lors de la décision de leurs fonctions. Une chambre orientée à l'Est, qui reçoit le premier soleil du matin, peut être excellente pour se réveiller en douceur et avec une énergie renouvelée. Une zone de repos ou de lecture orientée à l'Ouest peut être bénie par la lumière dorée et tranquille du soleil couchant, invitant au calme et à la réflexion. Il ne s'agit pas nécessairement de forcer des changements structurels dans la maison, mais d'aligner l'*usage* des espaces avec l'énergie naturelle qu'ils possèdent déjà intrinsèquement, en observant comment la lumière et la température varient au fil de la journée et des saisons.

Le respect de la nature se manifeste aussi profondément dans les choix de matériaux pour la construction et la décoration. Le Tao favorise le naturel, le simple, l'authentique, l'essentiel. Des tissus en fibres naturelles comme le coton, le lin ou le chanvre, qui respirent et permettent l'échange d'énergie avec le corps. Du bois qui vieillit avec dignité, montrant ses marques et son histoire. De la céramique façonnée à la main, avec ses irrégularités qui racontent le toucher humain. Des pierres qui portent la mémoire géologique du temps dans leurs veines et textures. Ce n'est pas le luxe ostentatoire ou la perfection industrielle qui définissent un environnement taoïste, mais plutôt l'authenticité, l'honnêteté des matériaux. L'objet qui révèle son origine, sa fonction et sa nature intrinsèque est considéré comme plus précieux et énergétiquement plus riche que celui qui se cache sous des vernis synthétiques, des imitations ou des finitions excessivement polies. La vraie beauté, pour le Tao, naît du contact direct avec le réel, avec ce qui est authentique.

Ce regard taoïste sur l'espace nous enseigne également la vertu de l'humilité. La maison n'est pas à notre entière disposition comme une scène pour l'exhibition de statut ou comme un objet à contrôler et modifier à notre guise. Elle est une extension du monde naturel, un organisme vivant avec lequel nous cohabitons. Et en tant que telle, elle mérite révérence, respect, écoute. Tout comme le jardinier sage observe la terre, sent son humidité, analyse sa composition avant de planter la graine, l'habitant conscient observe la maison, sent son énergie, perçoit ses flux naturels avant d'intervenir de manière drastique. Le Tao est contre l'imposition arbitraire – il favorise l'ajustement subtil, l'écoute patiente, le flux conjoint. C'est pourquoi, avant de décorer impulsivement, on organise ce qui existe déjà. Avant de peindre un mur, on nettoie profondément l'espace. Avant d'ajouter de nouveaux objets, on retire ce qui est excessif ou n'a plus de fonction. C'est le rythme de la nature elle-même : créer à partir de l'essentiel, tailler pour renforcer, vider pour renouveler.

Le Tao se révèle aussi dans le flux du temps. Une maison vivante, tout comme un organisme, change constamment. Et le Tao enseigne l'art de ne pas s'attacher excessivement aux formes passées, d'accepter l'impermanence comme partie intrinsèque de l'existence. Il y a des moments où il faut vider une pièce, se détacher d'objets qui ont déjà accompli leur cycle, déplacer des meubles pour créer de nouvelles configurations, changer des couleurs qui ne résonnent plus avec le moment présent. Non pas par mode superficielle ou ennui passager, mais parce que l'énergie du lieu a changé, parce qu'un cycle s'est terminé et qu'un autre doit commencer. Quelque chose en vous a profondément changé, alors la maison doit aussi changer pour refléter et soutenir cette nouvelle phase. Tout comme les saisons de l'année, qui ne demandent pas la permission pour se transformer les unes dans les autres, la maison a aussi ses cycles de renouvellement. Vivre avec le Tao, c'est accepter que votre maison d'aujourd'hui n'a pas besoin d'être – et ne sera probablement pas – identique à celle d'hier. Et que votre vie non plus. Le changement est la seule constante.

Cette philosophie s'étend aux habitudes les plus simples du quotidien. La manière dont on marche dans la maison – avec hâte et distraction, ou avec des pas conscients et présents ? Comment on touche les objets – avec négligence ou avec révérence ? Comment on prépare la nourriture – mécaniquement ou comme un rituel de nutrition ? Le Tao est potentiellement présent dans chaque geste. Allumer une bougie avec présence et intention. Ouvrir une fenêtre le matin avec gratitude pour la lumière et l'air. S'asseoir par terre quelques instants et simplement écouter le son du vent à l'extérieur ou le silence à l'intérieur de la maison. De petites actions chargées d'attention pleine transforment la routine banale en rite sacré, l'espace physique en temple vivant, l'instant fugace en portail vers l'éternité.

La maison cesse alors d'être une simple structure physique de briques et de ciment pour devenir un paysage intérieur vivant, vibrant, plein de signification. Et vous, plus qu'un simple habitant ou propriétaire, devenez un participant actif et conscient de ce délicat écosystème énergétique. Chaque pièce devient un élément de votre vaste monde intérieur. Chaque objet joue un rôle dans le théâtre subtil de votre énergie personnelle. Chaque lumière qui s'allume ou s'éteint est comme un soleil qui se lève ou se couche en vous, marquant les cycles internes.

Vivre avec le Tao, c'est fondamentalement abandonner l'effort épuisant d'essayer de tout contrôler. C'est cultiver la confiance dans l'intelligence intrinsèque de la vie. C'est percevoir que la nature sait déjà ce qu'elle fait – que le vent souffle déjà où il doit souffler, que la lumière entre déjà où il faut qu'elle entre, que le silence a sa propre sagesse profonde à offrir, que les choses se résolvent souvent lorsque nous cessons d'essayer de les résoudre par la force. Et lorsque notre maison s'aligne sur cette confiance fondamentale dans le flux de l'existence, tout prend une nouvelle cohérence, une nouvelle harmonie. Le corps se détend plus profondément, l'esprit bavard se tait plus fréquemment, le cœur s'ouvre plus facilement à la beauté du moment présent. Et ainsi, le Tao cesse d'être une simple idée philosophique lointaine et s'incarne concrètement dans la maison, dans la manière dont elle respire, dont elle accueille, dont elle nous transforme silencieusement. Parce que le Tao, dans son essence ultime, est le foyer primordial de toutes choses, la source d'où tout émerge et vers où tout retourne. Et en faisant de votre maison un reflet conscient de ce principe éternel d'harmonie naturelle, vous ne faites pas que décorer un espace physique – vous apprenez enfin à habiter, avec révérence et joie, votre propre nature essentielle.

Chapitre 8
Esthétique Wabi-Sabi

Il existe une forme de beauté qui ne s'annonce pas avec fracas, qui ne recherche pas l'éclat aveuglant ni ne s'impose par la symétrie parfaite ou la grandeur des formes. Elle ne réside pas dans la perfection mathématique, mais fleurit subtilement dans l'usure naturelle provoquée par le temps et l'usage. Elle ne se trouve pas dans ce qui a été fabriqué en série pour impressionner les masses, mais se révèle dans la singularité de ce qui a été vécu avec sincérité, qui porte les marques de l'histoire sur sa peau. Cette beauté discrète, profonde, mélancolique et en même temps sereinement joyeuse a un nom qui fait écho à la sagesse japonaise : Wabi-Sabi.

D'origine intrinsèquement liée au bouddhisme zen et à la cérémonie du thé, cette philosophie esthétique transcende de loin la simple décoration d'intérieur – elle est, fondamentalement, une manière de regarder le monde, une façon d'accepter avec grâce l'impermanence de toutes choses, de révérer la beauté contenue dans l'imparfait, l'inachevé, le modeste, et de trouver un charme profond et silencieux dans ce que le temps a touché de sa douce patine.

Alors qu'une grande partie de l'esthétique occidentale poursuit historiquement des formes exactes, des lignes droites et précises, des surfaces lisses et polies, des finitions impeccables et l'éternelle jeunesse des matériaux, le Wabi-Sabi célèbre délibérément les traits de l'imperfection, la beauté de l'asymétrie naturelle, la texture irrégulière qui invite au toucher, la suggestion de l'incomplet qui ouvre un espace à l'imagination. Une tasse en céramique artisanale avec un léger défaut sur le bord, une table en bois massif portant les marques laissées par les verres et les conversations au fil des ans, un tissu de lin ancien qui a déjà perdu sa rigidité originelle et gagné une douceur accueillante – tous ces éléments, sous le regard sensible du Wabi-Sabi, ne sont pas vus comme des défauts à corriger ou à jeter, mais comme des témoignages précieux du passage du temps, de l'interaction humaine, de la vie qui s'est déroulée là. Ce sont des cicatrices qui racontent des histoires, des signes que l'objet a été utilisé, aimé, intégré à la danse de l'existence.

Introduire cette vision du monde dans notre foyer est un geste de profonde réconciliation avec la vérité inéluctable de l'existence : tout est transitoire, tout change, tout passe, tout vieillit. Le Wabi-Sabi nous invite doucement à cesser de lutter contre cette nature impermanente et fluide des choses – et de nos propres vies – et à, finalement, l'embrasser avec acceptation et même avec appréciation. La maison cesse alors d'être un décor statique que nous essayons de figer dans le temps, une scène de perfection inaccessible, et devient un espace organique qui respire avec le temps, qui se transforme visiblement avec l'usage quotidien, qui porte et honore l'histoire de ceux qui y vivent sur ses propres surfaces et structures. Accepter les marques du temps dans la maison, c'est accepter les marques du temps en nous-mêmes.

Dans l'espace physique, l'esthétique Wabi-Sabi se manifeste clairement par le choix conscient de matériaux naturels, authentiques, qui révèlent leur origine et leur essence. On valorise le bois brut ou avec des finitions minimales qui permettent de sentir sa texture et de voir ses veines, la pierre à l'état brut ou taillée simplement, la terre cuite qui retient la chaleur des mains qui l'ont façonnée, le fer qui rouille poétiquement avec l'action du temps et de l'humidité, les tissus rustiques comme le lin, le chanvre, le coton non blanchi, les murs à la chaux ou à l'argile qui respirent et changent de teinte avec la lumière, les meubles anciens ou de seconde main qui portent les marques du temps et les histoires d'autres vies. On recherche tout ce qui porte une mémoire, tout ce qui raconte une histoire silencieuse d'usage et d'affection. On ne recherche pas primordialement le neuf, le brillant, le fabriqué en masse, mais plutôt l'authentique, le singulier, ce qui a une âme. On ne poursuit pas l'idéal de perfection inaccessible, mais on valorise l'essentiel, le simple, le fonctionnel doté d'une beauté intrinsèque.

Chaque objet, sous ce regard particulier, gagne une nouvelle dignité. Cette vieille chaise héritée des grands-parents, qui grince doucement quand on s'assoit dessus, n'est pas vue comme un inconvénient à réparer ou à remplacer, mais comme un lien tangible avec le passé, un pont sonore qui relie les générations. Le vase en céramique qui s'est brisé lors d'une chute accidentelle et a été soigneusement recollé avec une résine spéciale, peut-être même avec de la poudre d'or (selon la technique du *kintsugi*), loin d'être jeté comme inutilisable, devient un symbole puissant de réparation, de résilience, d'acceptation de l'histoire de la casse comme partie intégrante de la beauté de l'objet. Il y a une beauté profonde dans la survie des choses. Il y a une poésie silencieuse dans la matière qui continue d'exister, transformée, même après la fracture, la perte, l'usure. Les cicatrices, dans le Wabi-Sabi, ne sont pas cachées, elles sont célébrées comme faisant partie de l'identité unique de l'objet.

Cette philosophie d'acceptation de l'imperfection et du passage du temps nous enseigne aussi, paradoxalement, l'importance du détachement. Car, en reconnaissant profondément que tout est transitoire, que rien ne dure éternellement dans sa forme originelle, il devient plus facile et naturel de laisser aller ce qui a déjà accompli son cycle dans notre vie, ce qui ne résonne plus avec qui nous sommes au présent. La maison Wabi-Sabi n'est pas une maison pleine, surchargée d'objets accumulés par attachement ou peur de la pénurie. Au contraire, elle valorise immensément l'espace vide, le silence visuel, l'intervalle entre les choses qui permet à chaque élément de respirer et d'être apprécié dans sa singularité. Chaque pièce qui demeure a sa place définie, non pas par une convention esthétique rigide, mais par sa signification intrinsèque ou sa fonction essentielle. Ce qui ne sert plus au but actuel de la vie, ce qui n'apporte plus de joie ou d'utilité, part avec gratitude pour le service rendu. Ce qui reste a un sens profond. L'essentiel suffit.

La palette de couleurs dans l'esthétique Wabi-Sabi tend naturellement au neutre, à l'effacé, au dérivé direct de la nature dans ses tons les plus sobres et terreux. Des tons de gris rappelant les pierres et les nuages, des marrons de la terre et du bois vieilli, des beiges du sable et des fibres sèches, des verts mousse ou olive, des bleus grisâtres comme le ciel avant l'orage. Ce sont des couleurs qui ne crient pas pour attirer l'attention, qui ne se disputent pas le regard, mais qui accueillent la vision avec douceur, créant une atmosphère de calme, d'introspection et de repos. La lumière est également traitée avec subtilité – on préfère la lumière naturelle chaque fois que possible, filtrée peut-être par des rideaux en tissu léger ou des panneaux de papier de riz (*shoji*), créant des ombres douces et changeantes. L'éclairage artificiel est utilisé avec parcimonie, généralement avec une température de couleur chaude (jaunâtre), diffuse, indirecte, comme la lumière d'une lanterne en papier ou d'une bougie, qui suggère plus qu'elle ne révèle, laissant des zones dans la pénombre, invitant au mystère et à la quiétude. On n'utilise pas l'excès, ni pour éclairer, ni pour décorer. Tout est minimal, essentiel, mais jamais froid ou stérile. C'est le minimum qui possède une âme, qui porte chaleur humaine et histoire.

Le Wabi-Sabi est aussi, intrinsèquement, une question de relation avec le temps. Le temps non pas comme un ennemi à combattre avec des produits anti-âge et des restaurations qui effacent l'histoire, mais comme un sculpteur silencieux et sage des objets, des surfaces, des ém tions. Une maison qui vieillit avec dignité, qui montre ses marques sans honte, est une maison qui a vécu, qui a été le théâtre d'histoires, qui a accumulé des expériences. Le plancher en bois usé aux endroits de plus grand passage, où les pieds foulent toujours le même chemin. La poignée du tiroir qui a déjà perdu son éclat originel par le toucher répété des mains. Le coussin qui s'est déformé doucement par l'usage constant, se moulant au corps qui s'y repose. Tous ces éléments sont des témoignages précieux de la coexistence, de l'interaction entre l'être humain et son environnement. Rien n'a besoin de paraître perpétuellement neuf, tant qu'il est propre, fonctionnel, entier dans son essence et, surtout, aimé.

Ce respect profond du temps s'étend naturellement aux pratiques de soin de la maison et de ses objets. L'entretien, la réparation, la conservation sont valorisés au détriment du rejet facile et du remplacement constant. On ne jette pas ce qui peut être restauré avec soin et intention. On ne remplace pas automatiquement un objet juste parce qu'il présente des signes d'usure. Le soin Wabi-Sabi est un geste d'attention amoureuse et patiente à ce qui existe déjà, une reconnaissance de la valeur intrinsèque des choses qui nous servent. On coud une petite déchirure dans le tissu. On ponce doucement le bois pour révéler sa beauté sous la couche superficielle. On ré-encire un meuble ancien pour le nourrir et le protéger. Et ce faisant, on ne prolonge pas seulement la durée de vie des objets – on prolonge aussi le lien affectif que nous avons avec eux, en approfondissant la relation et l'histoire partagée.

Le Wabi-Sabi est, également, une profonde leçon d'humilité et de simplicité. Rien dans un environnement Wabi-Sabi n'est fait pour afficher richesse, statut ou pouvoir. Il n'y a pas de luxe apparent, pas de design tape-à-l'œil ni de matériaux excessivement chers et rares. Le luxe, s'il existe, réside dans l'invisible : dans la qualité du temps partagé dans cet espace, dans la mémoire affective accumulée dans les objets, dans la simplicité conquise par le détachement du superflu. Un bol à thé fait main par un céramiste local, avec une légère imperfection dans la forme ou l'émail, porte beaucoup plus de vérité, de beauté et d'énergie Wabi-Sabi qu'un objet industriellement parfait, produit en masse et sans âme. Parce qu'il a été fait par quelqu'un, avec intention et toucher humain. Parce qu'il est unique dans ses nuances. Parce qu'il vit et respire à travers sa matérialité imparfaite.

Cette manière particulière d'habiter l'espace s'aligne naturellement avec un état d'esprit plus tranquille et contemplatif. Celui qui adopte consciemment l'esthétique Wabi-Sabi à l'intérieur de sa maison tend à adopter également un rythme de vie plus calme, une appréciation plus aiguë des petites choses du quotidien, une gratitude sincère pour ce qui *est* simplement, ici et maintenant. Le moment de préparer et de boire une tasse de thé devient un rituel de présence. Le silence de la nuit devient accueillant et fertile, non menaçant. La tâche de ranger la maison se transforme en une forme de méditation en mouvement, une contemplation des objets et de l'espace. Il ne s'agit pas de faire *plus* de choses – il s'agit d'être *plus présent* dans ce qui est déjà.

Dans la perspective énergétique du Feng Shui, l'esthétique Wabi-Sabi contribue significativement à l'harmonie de l'espace car elle réduit le bruit visuel et émotionnel. Les environnements chargés d'objets neufs, tape-à-l'œil, avec des brillances excessives, des couleurs vibrantes et des angles agressifs, tendent à provoquer une excitation sensorielle constante, qui accélère l'esprit, fragmente l'attention et exige un effort continu de traitement. En revanche, une maison avec des objets simples et significatifs, avec des couleurs douces et naturelles, avec des formes organiques et avec les marques tranquilles du temps, invite à l'intériorisation, au silence, à l'écoute profonde des sens et du cœur. C'est une maison qui accueille l'âme, et non qui l'exige ou l'agite.

L'esthétique Wabi-Sabi contribue aussi naturellement à l'équilibre des Cinq Éléments. Les éléments Terre (à travers la céramique, la pierre, les couleurs terreuses), Bois (bois naturel, bambou, plantes) et Eau (formes fluides, couleurs sombres subtiles, l'impermanence elle-même) sont particulièrement valorisés et fréquemment présents. Les éléments Feu (couleurs chaudes, lumière intense) et Métal (brillance, perfection formelle, lignes droites) tendent à apparaître de manière plus subtile, contenue, sans dominer la composition. Le résultat est généralement un environnement plus centré, introspectif, avec une énergie Yin prédominante, mais de manière équilibrée, fluide et douce.

Et plus que tout cela, peut-être la plus grande leçon du Wabi-Sabi est-elle celle de l'acceptation radicale. Accepter la maison telle qu'elle est, avec ses fissures, ses marques, son histoire. Accepter la vie telle qu'elle se présente, avec ses cycles de joie et de tristesse, de gain et de perte. Et, fondamentalement, s'accepter soi-même au point exact du chemin où l'on se trouve, avec toutes les imperfections, cicatrices et beautés singulières. La petite fissure qui apparaît inopinément sur le mur n'a pas besoin d'être cachée avec urgence et honte – elle peut être vue comme une ligne du temps, un enregistrement naturel de la vie de la maison. La marque d'eau laissée par un verre oublié sur la table en bois peut être l'enregistrement silencieux d'un après-midi agréable de conversation avec un être cher, une mémoire affective imprimée dans la matière. Tout est mémoire. Tout est témoignage. Tout fait partie.

En habitant consciemment une maison qui respire le Wabi-Sabi, la personne se réconcilie avec le temps, avec le silence, avec la beauté humble du quotidien, avec son propre être imparfait et transitoire. Elle apprend que la vraie beauté n'est pas quelque chose qui s'impose de l'extérieur, mais quelque chose qui émerge de l'intérieur, de l'authenticité, de la simplicité, de l'acceptation. Et que l'harmonie profonde ne réside pas dans le fait de cacher ou de nier ce qui est imparfait, mais de l'accueillir avec révérence, avec curiosité, voire avec tendresse. Parce que, au fond, il en est de même pour nous, êtres humains. Nous sommes faits de marques du temps, de plis dans l'âme, d'imperfections qui racontent notre histoire unique et irremplaçable. Et s'il y a de la beauté dans tout cela – et le Wabi-Sabi nous assure qu'il y en a, et beaucoup –, alors il y a de la beauté dans chaque maison qui vit simplement. Dans chaque objet qui a résisté au temps et à l'usage. Dans chaque coin qui a déjà vu le soleil se lever et se coucher d'innombrables fois. Le Wabi-Sabi nous rappelle, avec son élégance discrète, qu'il n'en faut pas beaucoup pour bien vivre – juste des yeux qui savent voir la beauté là où elle se cache. Et un cœur disposé à trouver plénitude et enchantement là où le monde, pressé et obsédé par la perfection, ne parvient souvent qu'à voir usure, défaut ou fin.

Chapitre 9
Zen et Espace

Au cœur vibrant du Japon, entre l'arôme éthéré du thé, le murmure du vent dansant avec les feuilles de bambou et la cadence ferme des pas sur le tatami, a éclos une philosophie singulière, un art silencieux d'habiter le silence : le Zen. Ce chemin spirituel ne s'annonce pas avec fracas, ne se pavane pas dans les vitrines, et ne s'impose pas non plus avec des dogmes. Le Zen est simplement, il réside dans les intervalles subtils entre 'les gestes quotidiens, dans la pause réflexive qui sépare les mots, dans la quiétude profonde qui se révèle lorsque le superflu est délicatement écarté. Ce courant de pensée, aux racines ancrées dans le bouddhisme, a transcendé la sphère de l'esprit oriental pour façonner également la perception et la configuration des espaces. Sa simple mention est devenue presque synonyme de sérénité, de clarté mentale et d'une paix qui semble émaner des murs eux-mêmes.

L'essence du Zen réside dans une simplicité radicale, presque dépouillée. Cette simplicité ne doit pas être confondue avec l'absence ou le vide stérile ; elle est, en réalité, une forme de présence limpide, désencombrée, essentielle. Un tel principe imprègne l'architecture traditionnelle japonaise, l'organisation méticuleuse des environnements et même la manière de se déplacer à l'intérieur de la maison, avec des pas conscients, révérencieux. L'espace Zen ne vise pas à impressionner les sens par l'opulence ou la complexité. Son but est autre : dissoudre. Dissoudre la hâte qui accélère le cœur, la confusion mentale qui obscurcit le discernement, les bruits incessants du monde qui nous déconnectent de nous-mêmes. Il lance une invitation silencieuse au corps pour qu'il se repose véritablement, à la respiration pour qu'elle s'approfondisse et trouve son rythme naturel, au regard pour qu'il s'apaise, trouvant la beauté dans ce qui est simplement.

Cette invitation subtile ne se fait pas par une accumulation d'objets, aussi beaux soient-ils, mais paradoxalement, par leur absence calculée, par la sélection rigoureuse de ce qui demeure. Le précepte minimaliste bien connu « moins c'est plus » trouve dans le Zen son expression la plus raffinée et spirituellement significative. Une maison inspirée par cette philosophie ne se remplit pas d'ornements superflus ; elle se vide judicieusement des distractions visuelles et mentales. Chaque objet qui reste a une raison claire d'être là, une fonction définie, une histoire qui résonne avec l'âme de l'habitant. Chaque ligne architecturale, chaque choix de matériau, chaque vide intentionnel respecte et favorise la légèreté de l'esprit, la clarté de l'âme. Il existe un espace visible entre les quelques meubles soigneusement choisis, il existe de l'espace sur les murs qui respirent sans excès de tableaux, il existe de l'espace dans les armoires où les choses ne s'entassent pas. C'est précisément dans cet espace physique, dans ce *Ma* – le concept japonais pour l'intervalle, le vide significatif – que le silence intérieur trouve les conditions pour respirer, pour se manifester. Dans le Zen, l'espace physique n'est pas rempli aléatoirement par des choses ; il est habité par une intention pure.

Un unique vase contenant une fleur solitaire, arrangée avec soin et pleine conscience (*ikebana*), peut contenir plus de signification et de beauté qu'un arrangement exubérant. Un *tatami* étendu sur le sol transforme le plancher en une scène pour le temps présent, une invitation à une posture digne, assise ou allongée. Un coussin de méditation (*zafu*) sur le parquet en bois clair n'est pas seulement un siège ; c'est un portail où le corps repose et l'esprit se tait pour écouter ce qui importe vraiment. L'éclairage, élément crucial, est presque toujours diffus, subtil, comme s'il émanait de l'intérieur même des murs à travers des panneaux de papier de riz (*shoji*), filtrant la lumière extérieure et créant une atmosphère de douceur et d'introspection. Les sons autorisés sont minimes, naturels : le craquement presque imperceptible du bois qui travaille avec le temps, le goutte-à-goutte rythmé de l'eau dans une fontaine en bambou (*shishi-odoshi*) dans le jardin, le léger bruissement d'un tissu de lin à la fenêtre ouverte.

Cette esthétique dépouillée est profondément fonctionnelle, elle permet à la vie de s'écouler sans obstacles. Cependant, elle est aussi profondément spirituelle, car le Zen comprend que l'environnement externe est un reflet direct, presque immédiat, de l'état de l'esprit. Une maison désordonnée, surchargée d'objets, pleine d'excès matériels, active et amplifie inévitablement les bruits intérieurs, l'agitation mentale, l'anxiété latente. D'un autre côté, une maison claire, propre, libre d'obstructions physiques et visuelles, conduit naturellement à un état méditatif, à une clarté de pensée, à une paix intérieure. Le foyer, sous cette perspective, cesse d'être un simple abri physique pour devenir un temple quotidien. Non pas un temple au sens strictement religieux, avec des dogmes et des rituels fixes, mais un lieu sacré de pratique de la pleine conscience (*mindfulness*), où chaque acte – balayer le sol, faire la vaisselle, s'asseoir pour le thé – peut être une forme de méditation en mouvement.

Le design Zen privilégie les lignes principalement horizontales. Elles élargissent le regard, créent une sensation de stabilité, calment la perception visuelle, contrastant avec la verticalité souvent agitée du monde extérieur. Les couleurs choisies sont invariablement naturelles, tirées de la palette de la Terre elle-même : diverses nuances de gris rappelant les pierres de rivière, des beiges évoquant le sable sec, des blancs rappelant la neige ou les nuages, le bois clair dans sa teinte originelle, et le noir utilisé avec parcimonie, comme contrepoint, comme ombre nécessaire à la lumière. Les textures renvoient également à la nature dans son état le plus pur : la rugosité douce de la pierre, l'organicité du bois non excessivement traité, la translucidité du papier de riz, la trame respirante du coton brut, du lin. Les formes des objets et des meubles sont simples, pures, dépourvues d'ornements inutiles, axées sur l'essence de la fonction et la beauté de la ligne.

Le résultat de cette combinaison soignée est un espace où le regard peut se reposer sans être capturé par des détails excessifs, où l'énergie vitale (Chi ou Ki) peut circuler sans heurts, sans blocages, et où l'esprit trouve une résonance naturelle avec le calme, avec le silence, avec le vide fertile. Il est important de souligner que cette recherche de simplicité ne vise pas à créer une maison stérile, froide ou impersonnelle. Le Zen ne recherche pas le vide pour le vide, l'absence pour l'absence. Il recherche le vide fertile, l'espace potentiel où quelque chose d'authentique peut se produire, où la contemplation peut surgir spontanément, où l'essentiel, si souvent étouffé par l'excès, se révèle enfin. Chaque objet choisi pour habiter cet espace épuré doit posséder une âme, doit raconter une histoire silencieuse. Une théière en fonte ancienne portant les marques indélébiles du temps et de l'usage (*Wabi-Sabi*). Un livre de poésie reposant sur la table basse non pas comme décoration, mais comme une invitation constante à la réflexion. Une plante solitaire, peut-être un bonsaï ou un bambou, qui établit un dialogue muet et profond avec la lumière changeante qui entre par la fenêtre.

Ce mode d'habiter, si concentré sur l'essentiel et le présent, exige aussi une autre manière de vivre, une posture intérieure correspondante. Le Zen invite à une décélération consciente du rythme frénétique de la vie moderne. Il invite à cuisiner avec une attention pleine à chaque ingrédient, à chaque coupe, à chaque arôme. À faire la vaisselle non pas comme une tâche ardue, mais comme un rituel de nettoyage et de purification. À s'asseoir avec la colonne droite, que ce soit sur le coussin de méditation ou sur une chaise simple, et à observer la lumière changer de teinte et de direction au fil de la journée. Dans ce contexte, tout peut devenir pratique spirituelle. Tout peut devenir chemin de connaissance de soi. L'espace physique devient alors un miroir fidèle de la conscience qui l'habite et l'anime.

La création d'un petit coin de méditation à l'intérieur de la maison est l'une des expressions les plus claires et accessibles de cette philosophie au quotidien. Elle ne nécessite ni grands appareils ni investissements importants. Un coussin confortable au sol, peut-être sur un tapis en fibre naturelle. Une bougie allumée pour symboliser la lumière de la conscience. Peut-être un encens à l'arôme doux et naturel pour purifier l'air et élever la vibration. Une image qui inspire la sérénité – un paysage, un symbole abstrait, une figure spirituelle, ou simplement le mur vide. Plus important que l'esthétique de ce coin est l'usage qu'on en fait. Que ce soit un lieu réservé pour s'arrêter. Pour respirer consciemment. Pour écouter son propre être au-delà du bruit des pensées. Ce coin de silence, même petit, devient un noyau de paix qui, graduellement, irradie son influence sereine sur le reste de la maison.

Sur le plan énergétique, la philosophie Zen s'aligne presque parfaitement avec les principes fondamentaux du Feng Shui. Tous deux recherchent le flux libre et harmonieux de l'énergie vitale, la clarté dans les formes et l'organisation, l'équilibre dynamique entre les forces Yin (repos, ombre, douceur) et Yang (action, lumière, vigueur), et l'harmonie entre les éléments naturels. Un espace conçu sous l'inspiration

Zen est, par nature, énergétiquement harmonieux. Il n'exige pas beaucoup de corrections ou de remèdes énergétiques complexes, car il est déjà, dans sa conception, en accord avec les lois subtiles de la vie, avec le flux naturel de l'univers.

Il y a, dans le Zen, une profonde révérence pour le temps et l'impermanence. La maison n'est pas vue comme une scène statique pour exhiber des nouveautés constantes, mais comme un champ vivant de présence, où le passé est honoré mais n'emprisonne pas, et le futur est accueilli mais ne génère pas d'anxiété. Le meuble ancien, hérité, cohabite pacifiquement avec le mur récemment peint dans un ton neutre. La petite imperfection dans le bois ou la céramique n'est pas cachée ou jetée – elle est acceptée, parfois même célébrée comme faisant partie de l'histoire de l'objet, comme témoignage du passage du temps (*Wabi-Sabi*). Le vieillissement naturel des matériaux est vu comme partie intégrante et belle du processus de la vie. Tout comme les personnes qui y vivent changent, mûrissent, deviennent plus silencieuses avec l'âge, la maison aussi se transforme, gagne une patine, raconte des histoires sur ses surfaces. Et ce silence chargé de temps devient éloquent, profond.

Une maison Zen n'a pas besoin de crier sur tous les toits qu'elle est belle. Elle est simplement. Non pas parce qu'elle suit une tendance décorative passagère, mais parce qu'elle reflète un esprit en paix avec lui-même. La vraie beauté, après tout, naît toujours de la paix intérieure, de la sérénité qui s'exprime à l'extérieur. De la sobriété qui n'ennuie pas, mais invite à la contemplation. De l'ordre qui n'opprime pas, mais libère l'esprit. De l'essentiel qui ne fatigue pas le regard, mais le nourrit.

La transformation d'un espace conventionnel en un espace inspiré du Zen n'exige pas nécessairement de grandes réformes structurelles ou d'investissements financiers importants. Elle exige, avant tout, un processus interne de détachement, de clarté et d'intention. Elle commence par le courage de choisir ce qui reste et ce qui part. Par la discipline d'éliminer ce qui occupe de l'espace physique et mental sans but réel. Par la décision de laisser entrer la lumière naturelle et de faire circuler l'air. Par le geste d'ouvrir de l'espace physique pour que l'espace intérieur puisse s'étendre. Elle requiert de nettoyer avec présence, et non de manière automatique. De déplacer les quelques meubles restants avec soin, en sentant leur poids et leur place. D'habiter chaque coin avec révérence, comme si l'on foulait un sol sacré.

À la fin de ce processus, qui est continu, la maison cesse d'être un simple lieu où l'on vit mécaniquement – elle devient un lieu qui soutient la vie consciente. Chaque pas fait à l'intérieur est un pas sur le chemin spirituel. Chaque coin silencieux devient une invitation à la respiration profonde, à la pause régénératrice. Chaque silence qui plane en elle fait écho au silence primordial de l'être, ce lieu de paix qui existe au-delà des pensées et des émotions. Vivre dans un espace Zen, c'est en essence vivre avec moins de choses, mais avec plus de profondeur. C'est échanger l'excès matériel et sensoriel contre l'essence de l'être et du vivre.

C'est permettre à l'environnement lui-même de devenir un maître silencieux, enseignant l'impermanence, la simplicité et la pleine conscience. C'est faire en sorte que le quotidien, avec ses gestes simples, se transforme en une méditation continue. Parce que, en fin de compte, le Zen n'est pas une philosophie à seulement penser ou discuter – c'est une expérience à vivre, à sentir, à incarner. Et l'espace, lorsqu'il est accordé à cette expérience, devient un poème vivant écrit en bois, en air, en lumière et en ombre. Un poème qui n'a pas besoin de mots pour communiquer son message. Parce qu'il dit déjà tout par son silence éloquent, par sa présence calme et limpide. Il est la paix même manifestée sous forme de foyer.

Chapitre 10
Vastu Shastra

Bien avant que les principes du Feng Shui ne commencent à être murmurés dans les montagnes de Chine, une sagesse encore plus ancienne fleurissait sur la vaste et mystique terre de l'Inde. Là, des temples grandioses et des demeures humbles étaient conçus et construits sur la base d'une science sacrée de l'espace connue sous le nom de Vastu Shastra. Cette connaissance ancestrale ne se configure pas seulement comme un système architectural ou un guide de construction ; elle est, dans son essence, une profonde science spirituelle qui enquête et harmonise la relation entre l'être humain, son habitat et le cosmos.

L'étymologie même du terme révèle sa profondeur : le mot sanskrit « Vastu » fait référence au lieu, à la demeure, à la structure physique que nous habitons, tandis que « Shastra » signifie écriture, traité, science ou connaissance révélée. Vastu Shastra est donc le traité ancestral sur la manière correcte, harmonieuse et auspicieuse d'habiter l'espace terrestre, en vivant en harmonie avec les lois universelles et les énergies cosmiques qui nous imprègnent.

Avec des racines qui plongent profondément dans les Vedas – les textes sacrés millénaires qui forment la base de la tradition hindoue et d'une grande partie de la philosophie orientale –, le Vastu porte en lui une connaissance profonde et détaillée sur l'interconnexion invisible, mais puissante, entre le microcosme (l'être humain et sa maison) et le macrocosme (la nature et l'univers). Dans son essence philosophique, le Vastu part de la conviction fondamentale que chaque lieu sur Terre, chaque parcelle de sol, possède une âme propre, une vibration énergétique unique, une entité subtile connue sous le nom de *Vastu Purusha*. Cet être cosmique, selon la tradition, habite chaque lot de terre et sa position et son énergie influencent directement la vie de ceux qui y construisent ou y habitent. Lorsque l'on érige une construction ou que l'on organise une maison sans le respect dû à cette âme du lieu, sans considérer les directions cardinales et les flux énergétiques naturels, on crée une dissonance, un déséquilibre qui peut se manifester dans divers aspects de la vie des habitants – santé, prospérité, relations, paix mentale. Lorsque, au contraire, on aligne la demeure avec les forces universelles codifiées dans le Vastu, on établit un pont énergétique harmonieux entre la Terre et le ciel, entre l'individu et le Tout, permettant à l'énergie vitale, ou *Prana*, de circuler librement, nourrissant et soutenant la vie en plénitude.

Bien que souvent comparé au Feng Shui chinois, en raison de l'objectif commun d'harmoniser les espaces pour promouvoir le bien-être, le Vastu Shastra possède des caractéristiques distinctes et une approche particulière. Tandis que le Feng Shui travaille principalement avec le flux dynamique du Chi (énergie vitale) en mouvement et adaptation constants, utilisant des outils comme le Mapa Baguá pour cartographier des zones symboliques de la vie sur le plan de la maison, le Vastu adopte une approche plus géométrique, structurée et, dans un certain sens, fixe. Ses principes se basent fortement sur l'orientation précise selon les directions cardinales et sur des calculs mathématiques et des proportions considérées comme sacrées.

Au lieu du Baguá, le Vastu utilise comme guide principal le *Vastu Purusha Mandala*, un diagramme carré et sacré qui représente graphiquement l'entité cosmique (Vastu Purusha) allongée sur le terrain, la tête tournée vers le Nord-Est et les pieds vers le Sud-Ouest. Chaque partie du corps du Vastu Purusha, alignée avec des secteurs spécifiques du Mandala et, par conséquent, avec les directions cardinales et intermédiaires, régit différents aspects de la vie et indique l'emplacement idéal pour chaque fonction de la maison.

L'orientation spatiale est donc l'un des piliers maîtres du Vastu. Sa doctrine enseigne que chacune des huit directions (Nord, Sud, Est, Ouest, Nord-Est, Sud-Est, Sud-Ouest, Nord-Ouest) porte une énergie spécifique, gouvernée par une divinité particulière et associée à une planète régente, influençant directement des aspects distincts de la vie et de la fonctionnalité de la maison. Le Nord (Uttara), par exemple, est associé à Kuber, le dieu de la richesse, et à la planète Mercure ; il est considéré comme extrêmement auspicieux pour les finances, les affaires et les opportunités, raison pour laquelle l'entrée principale de la maison est idéalement tournée vers cette direction, ou du moins qu'il y ait des ouvertures significatives dans ce secteur. L'Est (Purva), lié au lever du soleil, au dieu Indra et au Soleil, représente l'énergie de la vie, de la santé, de la connaissance et de la renaissance ; c'est une direction excellente pour les entrées secondaires, les lieux de méditation, d'étude, ou même pour le salon, où la lumière du matin peut baigner l'environnement. Le Sud (Dakshina), régi par Yama, le dieu de la mort (ou de la discipline), et par la planète Mars, est considéré comme une direction d'énergie intense, qui doit être traitée avec prudence ; il est recommandé que ce secteur soit plus fermé, avec des murs plus épais ou moins d'ouvertures, et qu'il abrite des pièces de moindre permanence ou qui exigent de la solidité, comme des débarras ou, dans certains cas, la chambre du chef de famille, à condition que d'autres règles soient observées. L'Ouest (Paschima), associé à Varuna, le dieu des eaux (dans le contexte cosmique), et à la planète Saturne, est une direction liée à la fin de la journée, au recueillement ; il peut abriter des espaces de stockage, des salles à manger (où la famille se réunit en fin de journée) ou des zones de service.

Les directions intermédiaires ont également une grande importance : le Nord-Est (Ishanya), régi par Shiva et Jupiter, est la direction la plus sacrée, liée à l'eau, à la spiritualité, à la méditation et à la clarté mentale – idéal pour les autels, les salles de prière, les fontaines d'eau ou les jardins contemplatifs ; le Sud-Est (Agneya), du dieu du feu Agni et de Vénus, est la demeure naturelle de l'élément feu, étant l'emplacement parfait pour la cuisine ; le Sud-Ouest (Nairutya), régi par le démon Nairuti et par le nœud lunaire Rahu, commande l'élément Terre et la stabilité, étant idéal pour la chambre principale du couple, car il favorise la solidité et la sécurité, mais exige de la prudence pour ne pas devenir lourd ou stagnant ; et le Nord-Ouest (Vayavya), du dieu du vent Vayu et de la Lune, régit l'élément Air et le mouvement, étant favorable aux chambres d'amis, aux garages ou au stockage léger.

Outre l'importance cruciale de l'orientation, le centre exact de la maison ou du terrain – appelé *Brahmasthan*, le lieu de Brahma, le Créateur – est considéré comme le cœur énergétique de la résidence, le point d'équilibre cosmique. Cet espace central doit, idéalement, rester libre, ouvert, propre et bien éclairé, sans obstructions comme des murs lourds, des piliers, de grands meubles, des salles de bain ou des escaliers. Le Brahmasthan est le point où l'énergie subtile provenant de toutes les directions converge et d'où elle se distribue au reste de la maison. Un Brahmasthan obstrué ou contaminé compromet la vitalité de tout l'espace, pouvant causer une sensation de lourdeur, de pression, des difficultés dans la prise de décision, une confusion mentale et même des déséquilibres physiques chez les habitants. Maintenir le centre libre, c'est garantir que le « poumon » énergétique de la maison puisse respirer.

Les cinq éléments fondamentaux de la nature, les *Pancha Mahabhutas*, sont également présents et essentiels dans le Vastu, bien qu'avec quelques nuances par rapport à la tradition chinoise du Feng Shui. Dans le Vastu, les éléments sont : Terre (Prithvi), Eau (Jala), Feu (Agni), Air (Vayu) et Éther ou Espace (Akasha).

Chacun de ces éléments possède un emplacement idéal au sein de la carte de la maison, correspondant aux directions cardinales et intermédiaires et à leurs qualités énergétiques. L'équilibre de ces cinq éléments dans l'environnement est fondamental pour la santé et le bien-être. La Terre (solidité, stabilité) prédomine au Sud-Ouest ; l'Eau (fluidité, spiritualité) au Nord-Est ; le Feu (transformation, énergie) au Sud-Est ; l'Air (mouvement, communication) au Nord-Ouest ; et l'Éther (espace, connexion) règne au centre, dans le Brahmasthan. La distribution correcte des fonctions de la maison selon l'emplacement de ces éléments (cuisine au Sud-Est, autel au Nord-Est, chambre principale au Sud-Ouest, etc.) est l'un des objectifs centraux du Vastu pour créer un environnement énergétiquement équilibré.

Il y a encore dans le Vastu Shastra une préoccupation minutieuse pour les proportions mathématiques considérées comme harmoniques, pour la symétrie de la construction, pour l'inclinaison naturelle du terrain (idéalement plus bas au Nord et à l'Est, et plus haut au Sud et à l'Ouest), pour l'emplacement correct des escaliers (évitant le centre et le Nord-Est), la position adéquate des salles de bain (idéalement au Nord-Ouest ou à l'Ouest, jamais au Nord-Est, Sud-Est ou centre), les hauteurs des murs et plafonds, et même les formes des pièces (de préférence carrées ou rectangulaires, évitant les formes irrégulières ou les découpes). Tout dans l'espace physique est vu comme un reflet direct de l'ordre (ou du désordre) de l'énergie universelle.

Cependant, cette apparente rigidité ne signifie pas un carcan impraticable. Le Vastu reconnaît que toutes les maisons ne peuvent pas être construites ou modifiées pour suivre parfaitement tous les principes, surtout dans les environnements urbains modernes ou dans les constructions existantes. C'est pourquoi la science du Vastu offre également un vaste répertoire de corrections subtiles, d'ajustements énergétiques, connus sous le nom de *Vastu remedies*. Ceux-ci peuvent inclure l'utilisation stratégique de miroirs pour corriger des découpes ou agrandir des zones, l'installation de fontaines d'eau à des endroits spécifiques, le positionnement de plantes auspicieuses, l'utilisation de cristaux énergisés, l'application de couleurs correctives, l'installation de *Yantras* (diagrammes géométriques sacrés) à des points spécifiques, ou la réalisation de rituels de purification et d'énergisation pour harmoniser ce qui ne peut être physiquement modifié. Appliquer les principes du Vastu dans des maisons et appartements déjà construits est donc parfaitement possible et souvent étonnamment efficace. De petits déplacements de meubles pour libérer le centre ou améliorer le flux, la modification de l'usage de certaines pièces pour mieux les aligner avec les directions, le positionnement soigneux de miroirs pour « apporter » lumière ou énergie à une zone déficiente, l'introduction de fontaines d'eau au Nord-Est pour activer la spiritualité et la prospérité, le placement de plantes spécifiques pour absorber les énergies négatives ou activer des secteurs auspicieux, ou l'utilisation d'objets faits de métaux spécifiques (comme le cuivre au Sud-Est pour potentialiser le Feu de manière équilibrée) peuvent rétablir significativement le flux de *Prana* dans l'environnement. L'important, comme dans toute pratique énergétique subtile, est la combinaison de la technique avec l'intention claire et le cœur présent dans le geste d'harmonisation.

Une autre différence fondamentale entre le Feng Shui et le Vastu réside dans le fait que le Vastu attribue des qualités et des influences énergétiques non seulement aux environnements eux-mêmes, mais considère également la relation entre l'astrologie védique (*Jyotish*) des habitants et le lieu où ils habitent. Il est possible, selon cette vision, qu'une configuration spatiale idéale pour une personne, selon sa carte astrale, soit déséquilibrée ou même préjudiciable pour une autre. Cela introduit une couche supplémentaire de personnalisation et de complexité dans l'analyse, renforçant l'importance de l'écoute sensible de l'espace alliée à une profonde connaissance de soi et, idéalement, à la consultation d'un spécialiste capable d'intégrer ces différentes couches d'information.

Sur le plan symbolique, le Vastu Shastra voit la maison comme une réplique miniature de l'univers, un microcosme qui reflète le macrocosme. Le toit correspond au ciel (Akasha) ; le sol, à la terre (Prithvi) ; les murs représentent la structure et les limites, alignées sur les points cardinaux ; et le centre, le Brahmasthan, est le point de connexion avec le divin, avec la source créatrice. En construisant et en habitant un espace respectant cette cosmologie sacrée, on crée un foyer où l'individu est en dialogue et en résonance constants avec le Tout. Chaque pas fait à l'intérieur de la maison s'aligne, symboliquement, avec les énergies des planètes, avec les qualités des divinités directionnelles, avec la danse des cinq éléments. Chaque action quotidienne – dormir dans la bonne direction, manger tourné vers l'Est, travailler avec la lumière adéquate, méditer dans le coin Nord-Est – devient une offrande sacrée, un acte de participation consciente à l'ordre cosmique.

De plus, la philosophie du Vastu valorise énormément la pureté, l'ordre et la propreté dans l'environnement. Une maison désorganisée, avec accumulation d'objets inutiles ou cassés (*clutter*), bloque le flux de *Prana* et attire les énergies négatives. L'excès de stimulus visuel, l'accumulation d'appareils électroniques (surtout dans les chambres ou au centre), la négligence dans l'entretien physique du bien (fissures, infiltrations, peinture écaillée) – tout cela désharmonise le Vastu et affaiblit l'énergie vitale du foyer. C'est pourquoi, aussi important que la position correcte des murs et l'orientation de la maison, il y a la présence vivante de conscience et de soin dans chaque détail du quotidien. L'habitant doit prendre soin de la maison comme s'il prenait soin d'un temple sacré – car, selon la vision du Vastu, elle l'est effectivement.

Dans la pratique contemporaine, de nombreuses personnes trouvent des avantages à utiliser les deux systèmes – Feng Shui et Vastu Shastra – de manière complémentaire et intégrée. Tandis que le Feng Shui peut offrir des outils précieux pour ajuster le flux subtil du Chi au quotidien, équilibrer les énergies Yin et Yang dans les environnements et travailler avec les domaines de la vie à travers le Baguá de manière plus flexible, le Vastu offre une carte profonde d'orientation cosmique, une structure énergétique basée sur des principes universels et une connexion spirituelle avec les forces de la nature et du cosmos. Ensemble, ces deux systèmes millénaires offrent une vision holistique et complète de l'espace comme un puissant outil de connaissance de soi et de transformation de la vie.

Une maison alignée sur les principes du Vastu ne promet pas seulement confort physique ou fonctionnalité pratique. Elle favorise le *Dharma* – le juste chemin de l'être, le but de vie de chaque individu. Elle fonctionne comme un miroir de l'ordre cosmique, un champ énergétique où l'être humain peut se rappeler constamment qu'il fait partie intégrante de quelque chose de beaucoup plus grand, d'une intelligence universelle qui régit tout ce qui existe. Et lorsque la maison devient ce rappel constant, vivre transcende le simple accomplissement de tâches ou la conquête d'objectifs matériels : cela devient un rituel continu d'alignement entre le ciel, la terre et le cœur.

Le Vastu Shastra nous rappelle, avec sa sagesse ancestrale, qu'il ne suffit pas d'occuper une place dans le monde. Il faut habiter ce lieu avec révérence, conscience et respect. Aligner murs, portes et fenêtres n'est pas seulement un acte d'architecture – c'est un acte sacré d'aligner le corps avec l'esprit, l'espace physique avec l'âme qui l'habite, le quotidien avec l'éternel. Et dans cet alignement silencieux et profond, tout dans la vie trouve de meilleures conditions pour s'épanouir.

Chapitre 11
Observation Attentive

Avant que toute transformation authentique ne puisse se produire dans un espace, avant même l'impulsion de déplacer un meuble ou de choisir une nouvelle teinte pour le mur, il existe une étape primordiale, souvent oubliée : l'acte de voir. Voir vraiment. Cela implique d'observer, de sentir, d'écouter l'espace qui nous entoure avec une présence rare, entière, dépouillée de jugements hâtifs et des voiles de l'habitude.

La plupart des gens traversent les pièces de leur propre maison comme on répète un trajet connu par cœur, une chorégraphie automatique dépourvue d'âme et d'attention. L'œil glisse sur le désordre accumulé comme s'il faisait partie intégrante et immuable du paysage habituel. Le corps, résilient, s'habitue à l'inconfort d'un meuble mal positionné, d'une chaise inconfortable, et cesse simplement de remarquer l'inconfort. L'air peut être lourd, chargé, stagnant, mais presque personne ne respire plus avec suffisamment d'attention pour percevoir véritablement sa densité ou sa légèreté.

L'observation attentive surgit alors comme le premier geste fondamental de reconnexion entre l'habitant et son habitat. C'est la clé qui rouvre un dialogue longtemps interrompu par la routine et la distraction. Pour la pratiquer, il est indispensable de ralentir le rythme intérieur. Il est nécessaire d'interrompre le pilote automatique qui nous guide à travers les pièces sans que nous y soyons réellement présents. Cela exige le courage d'entrer dans chaque environnement – le salon, la chambre, la cuisine, la salle de bain – comme si c'était la première fois que nous y mettions les pieds. Comme celui qui visite un temple ancien et inconnu, plein de mystères à découvrir. Comme celui qui marche pieds nus, sensibles, sur le sol sacré de sa propre âme reflétée dans l'espace.

Ce regard proposé n'est pas le regard technique de l'architecte ou du décorateur, ni le regard objectif du scientifique. C'est un regard primordialement sensoriel, intuitif, profondément émotionnel. Il s'agit de développer la capacité de percevoir ce que l'environnement communique, non pas par des mots explicites, mais à travers ses silences éloquents, ses ombres, ses lumières, ses arrangements et ses absences. Cette chaise abandonnée dans un coin sombre de la chambre, accumulant poussière et vêtements oubliés, dit certainement quelque chose sur l'abandon ou la procrastination. Un couloir toujours fermé, sombre ou plein d'obstacles, garde une histoire de blocage ou de peur. Un mur entièrement vide qui n'inspire plus la vitalité, mais l'apathie ; une armoire tellement pleine de choses qu'elle semble sur le point d'étouffer – tout dans l'espace a une voix propre, un message subtil, s'il y a la disposition intérieure à l'écoute attentive et patiente.

L'invitation, dans ce chapitre, est à une véritable plongée sensorielle dans les détails intimes du foyer. Essayez de marcher lentement dans chaque espace, en sentant le sol sous vos pieds. Faites des pauses délibérées devant chaque fenêtre, en observant la vue et la lumière qui entre. Arrêtez-vous devant chaque miroir, en remarquant non seulement votre reflet, mais ce qu'il reflète de l'environnement alentour. Contemplez chaque meuble principal, en sentant sa texture, sa forme, son histoire. Asseyez-vous à différents endroits du salon, de la chambre, de la cuisine – des endroits où vous ne vous asseyez normalement pas. Restez-y quelques instants, en silence. Sentez ce que ces lieux provoquent dans votre corps : y a-t-il détente ou tension ? Quels souvenirs ou émotions éveillent-ils ? Quelles pensées surgissent spontanément ? Quelles tensions physiques ou émotionnelles semblent s'accumuler dans cette zone spécifique ? Souvent, on découvre que ce n'est pas l'environnement lui-même qui est « mauvais », mais plutôt la manière dont il a été oublié, négligé, cessé d'être vu et ressenti dans sa totalité.

La lumière est, invariablement, l'une des premières et des plus révélatrices choses à observer avec attention. Quel est le chemin que la lumière naturelle parcourt à l'intérieur de la maison au fil des heures de la journée ? Quelles pièces sont baignées par la douce lumière du matin ? Lesquelles restent plus ombragées l'après-midi ? Y a-t-il suffisamment de lumière pour les activités réalisées dans chaque environnement ? La lumière est-elle adaptée à la fonction de l'espace – trop douce pour une zone de travail exigeant concentration, ou un éclat trop agressif là où l'on cherche repos et détente ? La lumière naturelle raconte l'histoire du temps à l'intérieur de la maison, relie l'intérieur aux cycles cosmiques. L'écouter, en observant ses nuances et ses mouvements, est un acte de respect envers le rythme solaire de l'espace et notre propre biologie.

Après la lumière, l'air. Comment circule-t-il dans les pièces ? Se renouvelle-t-il fréquemment ou semble-t-il stagnant, vicié ? Y a-t-il des fenêtres qui sont ouvertes régulièrement, permettant l'échange avec l'extérieur ? Une pièce spécifique sent-elle toujours le moisi, l'humidité, la poussière accumulée, l'abandon ? L'air a-t-il une température équilibrée ou y a-t-il des points très froids ou très chauds ? Semble-t-il dessécher la peau ou peser sur les poumons lorsque l'on respire plus profondément ? S'arrêter dans chaque environnement et prendre quelques respirations profondes et conscientes est une manière puissante de sentir la qualité de l'énergie vitale, du *Prana* ou Chi, qui y habite – ou qui s'y trouve stagnante, ayant besoin de mouvement.

Observez également les sons qui composent le paysage auditif du foyer. Existe-t-il des bruits constants, de basse fréquence, qui ont été si naturalisés par l'esprit qu'ils sont à peine perçus consciemment ? Le réfrigérateur vibre-t-il sans arrêt ? Un ventilateur de plafond claque-t-il rythmiquement ? Le son incessant du trafic envahit-il le salon ou la chambre ? Le silence, lorsqu'il est présent, est-il agréable, accueillant, ou inconfortable, oppressant ? La maison chante-t-elle des mélodies douces ou crie-t-elle avec des bruits stridents ? Y a-t-il des coins spécifiques où le son semble piégé, étouffé, coincé, sans résonance ? Ou, au contraire, y a-t-il des points où l'écho effraie tant il est vide et impersonnel ? La qualité sonore de l'environnement impacte directement le système nerveux et l'état émotionnel.

L'observation attentive doit s'étendre, de manière cruciale, à l'organisation (ou désorganisation) des objets. Qu'est-ce qui est exposé sur les étagères, les consoles, sur les tables ? Sont-ce des choses qui ont encore un sens réel pour vous, qui provoquent de l'affection, qui inspirent ou rappellent de bons souvenirs ? Ou sont-ce juste des bibelots oubliés, accumulés par habitude, des cadeaux indésirables ou des symboles de phases révolues ? La table basse ou la table à manger accumule-t-elle des piles de papiers, du courrier non lu, des objets aléatoires ? La cuisine contient-elle des tiroirs pleins d'ustensiles jamais ou rarement utilisés ? Les vêtements gardés dans l'armoire correspondent-ils toujours à qui vous êtes aujourd'hui, ou à une version de qui vous étiez par le passé ? L'attention minutieuse à ces détails révèle ce que l'habitude quotidienne a habilement caché : les excès qui étouffent, les vides qui réclament un remplissage significatif, les symboles devenus obsolètes qui ne représentent plus votre vérité actuelle.

Une pratique précieuse et révélatrice dans ce processus de reconnexion est le « tour méditatif » de la maison. Avec un carnet ou un journal en main, parcourez chaque pièce lentement, comme si vous exploriez un territoire nouveau et sacré. Asseyez-vous à différents points de chaque environnement. Observez en silence pendant quelques minutes. Permettez-vous de ressentir. Puis, notez tout ce qui surgit : sensations physiques (chaleur, froid, serrement, détente), pensées spontanées, souvenirs qui affleurent, émotions qui se manifestent (joie, tristesse, irritation, paix). À ce moment, le plus important est de ne pas juger, de ne pas essayer de corriger ou de réparer quoi que ce soit pour l'instant. Percevez simplement. Enregistrez simplement. Accueillez simplement ce que l'espace et votre corps communiquent. Cette écoute profonde et sans filtres permet de comprendre quel type d'énergie chaque espace porte actuellement – et, plus important encore, quel type d'énergie il demande subtilement à être transformé, libéré ou nourri.

Le corps physique est la boussole la plus fiable dans ce parcours d'observation. Là où le corps se détend spontanément, où la respiration s'écoule facilement, c'est généralement là où l'espace accueille, où l'énergie est équilibrée. Là où le corps se contracte, où les épaules se tendent, où surgit un inconfort inexplicable, il y a quelque chose à regarder avec plus d'attention, avec plus de soin. Peut-être la couleur des murs à cet endroit est-elle trop chargée pour la sensibilité de l'habitant. Peut-être le mobilier est-il disproportionnément grand pour la taille de la pièce, générant une sensation d'oppression. Peut-être la circulation est-elle bloquée par des meubles mal positionnés, empêchant le flux naturel du mouvement et de l'énergie. Ou, souvent, ce qui cause l'inconfort est une simple, mais puissante, accumulation de choses – visibles ou cachées – qui empêche l'air de circuler librement et l'esprit de trouver le repos.

Observer attentivement inclut également de diriger le regard vers les objets cassés, figés dans le temps, cachés au fond des armoires ou des tiroirs. Des horloges qui ne fonctionnent plus, des ampoules grillées jamais remplacées, des tiroirs coincés qui demandent de la force pour s'ouvrir, des appareils électroniques obsolètes gardés « pour un jour ». Chacun de ces détails, aussi petit qu'il puisse paraître isolément, porte un message énergétique significatif. Une horloge arrêtée est un symbole puissant de temps stagnant, de difficulté à avancer. Une ampoule grillée représente une zone sombre dans la vie, un aspect qui ne reçoit pas de lumière ou d'attention. Un tiroir verrouillé ou coincé peut refléter une émotion réprimée, un secret gardé, quelque chose auquel on ne veut pas accéder.

Pour cette raison profonde, l'observation attentive transcende un simple exercice esthétique ou d'organisation. Elle se révèle comme un puissant diagnostic existentiel. La maison, dans sa totalité – avec ses lumières et ses ombres, ses accumulations et ses vides, sa beauté et ses blessures – est un reflet direct et précis de l'état interne de celui qui l'habite. Et en l'observant avec courage et honnêteté, sans filtres ni justifications, on peut voir avec une netteté surprenante où résident les blocages énergétiques, les tensions émotionnelles non résolues, les oublis inconscients qui façonnent l'expérience quotidienne. Le foyer devient miroir. Et le miroir, lorsqu'il est vu avec clarté et compassion, se transforme en une précieuse opportunité de guérison, de connaissance de soi et de réalignement.

L'aspect le plus important dans tout ce processus initial d'observation est de ne pas se précipiter pour changer, pour réparer, pour transformer immédiatement. Avant l'action, vient la compréhension. Il faut d'abord écouter la maison comme on écoute un vieil ami sage, qui a beaucoup à dire si on lui donne du temps et de l'espace. Il faut savoir ce dont elle a vraiment besoin. Ce qu'elle porte dans ses murs et ses objets. Ce qu'elle protège avec ses coins sombres. Ce qu'elle ne supporte plus de porter. Changer sans écouter, c'est courir le risque de répéter les mêmes schémas de disharmonie sous un nouvel habillage. Transformer sans percevoir la racine du problème, c'est juste décorer la surface, sans toucher à l'essence.

Pour tout cela, l'observation attentive, pratiquée avec régularité et profondeur, est le premier pas sacré et indispensable dans tout parcours d'harmonisation du foyer et de la vie. Elle inaugure un lien nouveau, plus intime et respectueux, entre habitant et demeure. Un lien où le respect mutuel et le soin conscient remplacent la hâte, la négligence et l'automatisme. Où chaque geste ultérieur – déplacer un canapé, choisir une nouvelle couleur, ouvrir une fenêtre, donner un objet – naît de l'écoute profonde et non du caprice momentané ou de l'influence externe. C'est dans ce geste silencieux, mais immensément puissant, de s'arrêter, regarder et sentir, que le processus de renouvellement commence réellement. Avant de changer la maison, on change le regard sur elle. Avant de modifier les objets, on transforme la perception de soi-même. Et lorsque ce changement interne se produit, lorsque la conscience s'élargit pour inclure l'espace comme partie intégrante de l'être, tout à l'intérieur et à l'extérieur commence à vibrer différemment, de manière plus cohérente, plus vivante. Parce que là où il y a observation véritable, il y a présence. Et là où il y a présence authentique, il y a toujours un début de guérison.

Chapitre 12
Les Sens de l'Espace

La maison que nous habitons n'est pas simplement une construction visuelle, un ensemble de formes, de couleurs et d'objets qui se présentent aux yeux. C'est une entité vivante qui dialogue avec nous à travers de multiples canaux, impliquant tous nos sens dans une danse constante et souvent inconsciente. La maison est aussi ressentie sur la peau à travers ses textures et températures, entendue dans ses silences et ses bruits, humée dans ses arômes subtils ou marquants, touchée sur chaque surface que nos mains rencontrent. Elle est intensément vivante dans les détails qui échappent fréquemment à l'analyse purement visuelle, mais qui façonnent l'expérience quotidienne de manière profonde, invisible et déterminante.

Chaque espace que nous occupons, chaque pièce que nous traversons, communique incessamment avec la totalité de nos sens, éveillant des réactions physiques, des souvenirs oubliés, des réponses émotionnelles et des perceptions subtiles qui définissent notre relation avec l'environnement. Reconnaître cette interaction sensorielle complexe, c'est percevoir que le véritable bien-être environnemental, la sensation authentique d'être « chez soi », ne se construit pas seulement sur la base de l'apparence esthétique, mais bien sur la création d'une atmosphère accueillante et équilibrée. Et cette atmosphère intangible est, en essence, l'orchestre silencieux de tous nos sens jouant en harmonie.

Le regard, bien que souvent dominant dans notre culture occidentale axée sur le visuel, ne représente qu'une des portes d'entrée vers l'expérience complète de l'espace. La vision nous guide à travers les couleurs qui nous entourent, les formes qui définissent les objets, l'organisation (ou son absence) de l'environnement, l'intensité et la qualité de la lumière qui le baigne. Elle nous permet d'apprécier la beauté, d'identifier la fonctionnalité, de percevoir l'ordre. Cependant, même un environnement visuellement éblouissant, décoré avec un soin esthétique impeccable, peut devenir profondément désagréable si, par exemple, il a une odeur persistante et déplaisante, s'il est rempli d'un son perturbateur et constant, ou si les textures prédominantes sont froides, rêches ou inconfortables au toucher. L'harmonie visuelle seule ne garantit pas le bien-être. Pour harmoniser réellement un espace de manière intégrale, il est nécessaire d'activer et d'affiner une perception sensorielle plus large, plus délicate, qui inclut et valorise tous les sens comme voies de connaissance et de connexion avec le foyer.

L'odorat, parmi les sens, est peut-être l'une des voies les plus directes et primitives d'accès à la mémoire profonde et au centre des émotions. Un simple arôme, souvent inattendu, possède le pouvoir quasi magique de transporter l'esprit instantanément vers des moments oubliés de l'enfance, de calmer la respiration agitée en quelques secondes, d'énergiser le corps fatigué ou, inversement, de provoquer un malaise physique et émotionnel intense. Une maison qui sent constamment le moisi, la vieille graisse accumulée dans la cuisine, les produits chimiques de nettoyage agressifs ou la poussière peut être une source continue d'inconfort et même de problèmes de santé, même si la cause n'est pas perçue consciemment par les habitants qui se sont habitués à ces odeurs. D'un autre côté, des arômes naturels, subtils et agréables, comme le parfum délicat de fleurs fraîches dans un vase, l'odeur caractéristique du bois propre, la fragrance d'herbes sèches suspendues ou l'arôme éthéré d'encens de bonne qualité, créent une couche invisible, mais puissante, d'accueil, de bien-être et d'élévation spirituelle.

Chaque pièce de la maison peut même avoir un arôme spécifique qui reflète et renforce sa fonction et l'intention qui y est déposée. Dans la chambre, par exemple, des arômes comme la lavande, la camomille ou le bois de santal sont connus pour favoriser le sommeil réparateur, le calme et l'introspection. Dans le salon, des arômes d'agrumes comme l'orange ou la bergamote, ou des épices chaudes comme la cannelle, peuvent promouvoir une énergie positive, la joie et stimuler la convivialité. Dans la cuisine, l'odeur réconfortante des épices utilisées, du pain qui cuit ou des aliments préparés avec affection renforce la mémoire affective et la sensation primordiale de foyer, de nutrition. Dans la salle de bain, des huiles essentielles comme la menthe poivrée, l'eucalyptus ou l'arbre à thé offrent une sensation immédiate de fraîcheur, de propreté et de purification. Il est important de noter que ces arômes bénéfiques n'ont pas besoin de provenir exclusivement de bougies coûteuses ou de diffuseurs électriques ; souvent, ils émanent naturellement des plantes vivantes présentes dans l'environnement, des fruits frais disposés dans un panier dans la cuisine, des herbes aromatiques cultivées à la fenêtre ou du bois brut même des meubles.

L'audition est un autre sens fréquemment ignoré ou sous-estimé dans la composition et l'harmonisation des environnements domestiques. Et pourtant, les sons présents – ou absents – dans un espace façonnent de manière significative l'état mental, émotionnel et même physique des habitants. Le bruit constant et souvent monotone des appareils électroniques en fonctionnement (réfrigérateurs, climatiseurs, ordinateurs), les ventilateurs bruyants, le son persistant du trafic venant de la rue, ou même la télévision allumée constamment en arrière-plan, même sans qu'on y prête attention, peuvent générer une tension musculaire chronique, une fatigue mentale, des difficultés de concentration et une anxiété généralisée. En contrepartie, des sons subtils, rythmés, de préférence naturels et harmonieux – comme le doux murmure de l'eau courante dans une petite fontaine, le tintement délicat de carillons éoliens accordés, le chant lointain des oiseaux à l'aube ou une musique instrumentale douce et relaxante – créent une vibration sonore de tranquillité, de présence et de connexion avec le moment.

Un foyer énergétiquement sain est souvent celui où l'on peut écouter et apprécier le silence. Non pas un silence oppressant ou vide, mais un silence plein, vivant, qui ne dérange pas, mais accueille, permettant à l'esprit de s'apaiser et au corps de se détendre. Ce silence n'implique pas une absence totale de son, mais plutôt l'absence de bruit inutile, de pollution sonore qui agresse les sens. Créer cet environnement sonore plus équilibré peut signifier prendre des décisions conscientes comme réorganiser l'utilisation des appareils électroménagers pour minimiser les bruits aux heures de repos, mieux positionner les meubles pour étouffer les échos indésirables dans les grandes pièces, utiliser des tapis épais ou des rideaux lourds qui absorbent le son, ou encore, introduire des sons positifs et curatifs comme une fontaine de table avec de l'eau circulante, une radio diffusant de la musique classique ou instrumentale à faible volume, ou simplement profiter du son naturel du vent entrant par une fenêtre ouverte.

Le toucher est peut-être le sens le plus intime et direct dans notre relation avec l'espace. Il est présent dans chaque contact, dans chaque effleurement de la peau avec l'environnement. Il est dans les textures des surfaces qui nous entourent – murs, meubles, objets. Il est dans la température de l'air que nous sentons sur la peau. Il est dans la douceur ou la rugosité des tissus dans lesquels nous nous enveloppons – draps, serviettes, canapés, plaids. Il est dans la sensation que nous avons sous les pieds en marchant dans la maison. Une maison qui se révèle inconfortable au toucher, dominée par des matériaux froids comme le métal poli ou le verre en excès, par des surfaces rêches ou par des plastiques et synthétiques qui ne respirent pas, tend à repousser la permanence prolongée, le vrai repos, l'abandon corporel. En contraste marquant, des surfaces agréables au toucher, des tissus naturels comme le coton, le lin ou la laine, des coussins généreux et accueillants, des plaids à la trame douce, le bois réchauffé par le soleil, des tapis doux et épais – tous ces éléments invitent le corps à se détendre, à se reposer, à s'abandonner au moment présent, à se sentir en sécurité et nourri.

Expérimenter de parcourir la maison pieds nus est un exercice sensoriel révélateur et simple. Percevoir où le sol est froid et désagréable, où le pas fait un bruit creux ou strident, et où, au contraire, les pieds se sentent accueillis, soutenus. Toucher les murs, sentir leur texture. Toucher les meubles, les objets décoratifs. Sentir avec les mains s'il y a vie, chaleur et organicité, ou s'il y a rigidité, froideur et artificialité. Le confort tactile n'est pas un simple luxe superflu – c'est un besoin biologique fondamental qui communique à notre système nerveux le plus primitif que nous sommes en sécurité, protégés, appartenant à ce lieu.

Même le goût – bien que de manière plus indirecte – a sa place dans l'expérience sensorielle de l'espace. La qualité des aliments que nous préparons et consommons, la manière dont ces aliments sont organisés et présentés dans la cuisine et sur la table, la beauté de la vaisselle choisie, la texture des serviettes, le rituel même de dresser la table avec soin et intention avant un repas – tout cela contribue significativement au sens de plaisir, de nutrition et de bien-être associé au foyer. Une maison qui nourrit le palais avec respect, présence et beauté est une maison qui nourrit aussi l'âme, qui célèbre l'abondance et la connexion avec les cycles de la terre à travers l'aliment.

La lumière, quant à elle, établit un dialogue constant et interactif avec tous les autres sens. Elle est la grande régente de la perception spatiale. La qualité et l'intensité de la lumière déterminent les couleurs que nous percevons, révèlent ou cachent les textures des surfaces, définissent la sensation thermique de l'environnement et, en synergie avec le son et l'arôme, créent les atmosphères complètes qui nous enveloppent. Une lumière blanche, froide et intense dans une chambre, par exemple, contredit physiologiquement toute tentative de générer calme et détente, même si les meubles sont extrêmement confortables et les arômes dans l'air doux et apaisants. Le corps réagit à la lumière froide par un état d'alerte. D'un autre côté, une lumière jaune, chaude et douce, positionnée avec intention à travers des lampes de chevet ou des appliques, peut transformer même un coin simple et sans beaucoup d'attraits visuels en un espace accueillant de repos, de lecture et de recueillement.

En commençant à observer consciemment les divers « sens » de l'espace, comment ils se manifestent dans chaque pièce, on commence aussi à remarquer avec plus de clarté quelles zones de la maison ont besoin de plus de chaleur (peut-être plus de textures, de couleurs chaudes, de lumière jaune), lesquelles demandent plus de fraîcheur (peut-être plus de ventilation, de plantes, de couleurs claires, d'arômes d'agrumes), lesquelles réclament le silence ou, au contraire, une touche de joie sonore. Et, à partir de cette perception aiguisée, on peut alors commencer à agir de manière plus ciblée et efficace. Changer un tissu synthétique pour un autre plus agréable et naturel. Mieux aérer une pièce qui semblait stagnante. Ajouter une petite fontaine d'eau pour apporter le son relaxant du flux. Planter un pot de lavande à la fenêtre de la chambre. Mettre une musique douce au début de la journée ou en fin d'après-midi. Allumer un encens naturel avant de dormir ou de méditer. Ce sont des gestes, souvent petits et simples, mais qui, lorsqu'ils sont guidés par l'écoute sensorielle attentive, ont le pouvoir de transformer l'environnement entièrement, couche par couche.

Cet affinement de la perception sensorielle par rapport à l'espace est aussi un chemin fascinant de connaissance de soi. Car, en ajustant consciemment les stimuli sensoriels de l'environnement qui nous entoure, nous ajustons aussi, inévitablement, notre propre état interne. S'il y a agitation ou anxiété prédominante, on recherche instinctivement le doux, le sombre doux, le silence, l'arôme apaisant. S'il y a apathie ou manque d'énergie, on recherche l'arôme frais et d'agrume, la lumière claire et naturelle, le son subtil et stimulant du monde extérieur entrant par la fenêtre. L'espace commence à fonctionner comme un miroir sensoriel de l'âme – et l'âme, à son tour, comme un reflet vibratile et sensible de l'espace qui l'accueille.

Cultiver les sens de l'espace, c'est en fin de compte faire de la maison un organisme vivant et réactif, où chaque pièce a sa fonction sensorielle spécifique et contribue à l'ensemble, chaque texture a un pourquoi, chaque odeur porte une intention, chaque son compose une mélodie. C'est reconnaître que le bien-être profond et durable ne réside pas seulement dans les mètres carrés ou la valeur des objets, mais dans la qualité de la présence qui s'établit avec l'environnement. Et que cette présence commence, invariablement, par l'ouverture et l'écoute attentive de tous les sens. Lorsque tous les sens sont accueillis, respectés et nourris par l'espace, le corps se détend profondément, l'esprit ralentit son flux incessant, le cœur s'ouvre plus facilement. Et le foyer devient, enfin, un lieu où il fait véritablement bon être – non seulement parce qu'il est beau aux yeux, mais parce qu'il est vivant, il est vrai, il est en profonde résonance avec ce que nous sommes dans notre essence sensorielle la plus primordiale.

Chapitre 13
Intention et Dessein

La maison où nous habitons, tout comme le corps que nous occupons, peut exister simplement comme une structure physique, fonctionnelle, un ensemble de murs qui nous abrite des intempéries. Ou elle peut s'épanouir, transcender sa matérialité et devenir un véritable temple, un espace sacré qui nourrit l'âme et reflète notre voyage intérieur. La différence fondamentale entre ces deux réalités ne réside pas dans la qualité des murs, le luxe des meubles ou la taille des pièces. Elle réside, oui, dans le sens que l'on imprime à ces éléments, dans la conscience que l'on dépose dans chaque recoin. Un espace physiquement vide peut devenir vibrant et sacré lorsqu'il est imprégné d'un dessein clair et élevé. Un coin ordinaire, autrefois oublié, peut se transformer en un refuge accueillant et réparateur lorsqu'il est chargé d'une intention aimante et consciente. L'intention et le dessein sont les fondations invisibles, mais absolument essentielles, d'un foyer vivant, cohérent, significatif et aligné avec celui qui l'habite. Sans eux, l'espace peut certes se remplir de choses, d'objets, d'informations visuelles, mais il restera vide d'âme, dépourvu de cette qualité subtile qui transforme une maison en un véritable foyer.

Chaque pièce de la maison possède, par sa nature et son emplacement, une vocation énergétique inhérente, une fonction primordiale suggérée par les principes du Feng Shui ou du Vastu Shastra, ou simplement par la logique fonctionnelle. La cuisine est naturellement un lieu de nutrition, la chambre de repos, le salon de convivialité. En même temps, chaque habitant porte en lui des besoins uniques, des désirs particuliers, des rêves spécifiques et une histoire de vie singulière. Lorsque ces deux forces – la vocation naturelle de l'espace et l'intention consciente de l'habitant – s'alignent harmonieusement, l'environnement commence à vibrer à l'unisson, révèle sa puissance maximale et se met à soutenir activement celui qui y vit dans ses objectifs et son bien-être. Cependant, lorsque ces forces sont désalignées, lorsqu'on utilise un espace de manière contradictoire à sa nature ou à l'intention souhaitée, la confusion énergétique s'installe. La pièce commence à être utilisée de manière fragmentée ou inadéquate, le flux d'énergie (Chi) se disperse ou stagne, et un inconfort subtil, mais persistant, commence à s'installer, souvent de manière quasi imperceptible au début, mais minant graduellement la vitalité et la clarté des habitants.

La pratique d'imprégner le foyer d'intention commence par une question fondamentale, à poser pour chaque pièce principale : à quoi sert cet espace dans ma vie, en ce moment ? Et, à un niveau plus profond : qu'est-ce que je désire véritablement vivre et ressentir ici ? Quelle émotion je veux qu'elle prédomine en entrant dans cette pièce ? Quel type d'expérience je veux que ce lieu m'offre et offre aux autres qui le partagent avec moi ? Découvrir le dessein essentiel de chaque environnement est un processus intime d'écoute intérieure, de connaissance de soi appliquée à l'espace. Il ne s'agit pas simplement d'appliquer des règles externes apprises dans des livres ou de suivre des formules toutes faites de design intérieur. Il s'agit, oui, d'aligner la fonction pratique de l'espace à sa fonction émotionnelle, symbolique et existentielle dans votre vie actuelle.

Une chambre, par exemple, peut être vue uniquement comme un lieu fonctionnel pour dormir. Mais, avec intention, elle peut être transformée en un sanctuaire de repos profond et régénérateur, en un nid d'affection et d'intimité pour le couple, en un espace sûr pour rêver et accéder à l'inconscient, en un refuge silencieux pour le recueillement et la lecture. Un salon peut être simplement un endroit pour regarder la télévision passivement. Ou il peut être consciemment désigné comme un point de rencontre vibrant de la famille, un cadre accueillant pour des conversations significatives et des échanges véritables, une scène pour des rires partagés et des célébrations, ou même un espace pour des silences confortables et contemplatifs à deux ou en groupe. Une cuisine peut être juste un lieu pragmatique pour préparer rapidement la nourriture. Ou elle peut devenir un laboratoire vivant de nutrition consciente, d'alchimie affective où l'amour est l'ingrédient principal, de récupération et de célébration de la mémoire familiale à travers des recettes et des arômes.

Lorsque l'intention pour chaque espace devient claire, définie et ressentie dans le cœur, l'organisation physique de cet espace devient étonnamment simple et intuitive. Tout commence à tourner autour de ce qui est véritablement essentiel pour soutenir ce dessein déclaré. Les éléments qui ne servent pas cette intention principale perdent leur raison d'être et, naturellement, sont éliminés ou déplacés. Le choix de la décoration, de l'éclairage, des couleurs, des meubles – tout s'oriente comme des satellites tournant autour du centre de sens qui a été établi pour cet environnement. Et c'est précisément ce centre de dessein clair qui soutient l'équilibre énergétique et l'harmonie du lieu, donnant cohérence à chaque choix effectué.

Établir l'intention d'un environnement, c'est comme tracer une carte interne pour l'énergie que l'on souhaite y cultiver. Et chaque choix ultérieur – de la couleur d'un coussin à la position d'un tableau – devient un pas conscient dans cette direction tracée. Si le but primordial de la chambre est le repos profond, alors toutes les interférences visuelles possibles (excès d'objets, couleurs vives) et technologiques (télévision, téléphone portable sur la table de chevet) doivent être soigneusement revues et, idéalement, éliminées ou minimisées. Si l'intention principale du salon est la convivialité et la connexion, alors la disposition des sièges doit favoriser la rencontre face à face, la conversation circulaire, et non l'aliénation individuelle devant un écran centralisateur. Si le bureau à domicile est désigné comme un espace de création et de concentration, alors il doit être organisé de manière à inspirer, à stimuler l'esprit, à susciter de nouvelles idées – et non à opprimer avec des accumulations de papiers, du désordre et des bruits visuels ou sonores.

Cette clarté de dessein permet également aux environnements de ne pas accumuler de fonctions contradictoires qui génèrent un conflit énergétique. Combien de fois observons-nous une même pièce – surtout dans les maisons ou appartements plus petits – servant simultanément de chambre à coucher, de bureau, de débarras pour objets divers et même de zone de repassage ? Cette multiplicité fonctionnelle peut être inévitable dans certains contextes d'espace limité, mais si elle n'est pas très bien organisée et délimitée (physiquement et énergétiquement), elle tend à générer une superposition d'énergies conflictuelles et une fatigue psychique conséquente chez les habitants. Chaque activité humaine exige une vibration énergétique distincte pour être réalisée en plénitude. Travailler exige de la concentration (Yang), dormir exige de la détente (Yin), ranger des choses exige de l'organisation (Métal), socialiser exige de l'ouverture (Feu/Bois). Lorsque toutes ces activités et leurs énergies respectives cohabitent mélangées dans le même espace physique, sans division claire ni transition consciente, l'esprit se confond, le corps s'épuise en essayant de s'adapter à des stimuli contradictoires, et l'espace perd son efficacité à soutenir adéquatement l'une quelconque de ces fonctions.

C'est pourquoi l'acte de définir l'intention de chaque pièce peut être accompagné et renforcé par de petits rituels symboliques qui ancrent cette décision dans le champ énergétique de l'espace. Écrire l'intention principale pour cet environnement sur une feuille de papier et la placer discrètement dans un tiroir ou sous un objet significatif. Choisir un objet spécifique (une pierre, une image, une plante) qui représente visuellement ce dessein et le placer en évidence, mais de manière harmonieuse. Créer un petit autel, aussi simple soit-il, avec des éléments (bougies, cristaux, fleurs, symboles) qui rappellent constamment ce que l'on veut vivre et cultiver là. Ces gestes, bien que subtils, ont un grand pouvoir d'activer l'espace comme un champ de manifestation de cette intention. L'intention s'enracine ainsi non seulement dans l'esprit de l'habitant, mais dans le corps énergétique même de l'environnement.

La cohérence entre l'intention définie et l'organisation physique de l'espace facilite également énormément le nettoyage énergétique périodique. Les environnements sans dessein clair et défini tendent à devenir des aimants pour l'accumulation d'objets aléatoires, de sentiments non traités, de souvenirs obsolètes et d'énergies stagnantes de personnes qui y sont passées. Ils se transforment souvent en dépôts de passé non digéré, en caves de l'âme. En revanche, un espace avec un dessein clair se renouvelle énergétiquement de manière plus continue et naturelle, car il est constamment habité avec présence et conscience. Chaque fois qu'on y entre, l'esprit reconnaît sa signification, le corps répond à sa vibration spécifique, l'énergie circule de manière plus fluide et ciblée. La présence intentionnelle même de l'habitant agit comme un agent de nettoyage et de renouvellement constant.

La pratique de la définition de l'intention spatiale peut également être un outil puissant pour renforcer les liens familiaux ou entre les habitants d'une maison. Réunir tous ceux qui partagent le foyer et, ensemble, discuter et décider quel sera le dessein principal de chaque pièce partagée (salon, cuisine, balcon). Ce dialogue non seulement aide à harmoniser l'espace physique selon les besoins de tous, mais aligne également les relations, favorise la compréhension mutuelle et la collaboration. Lorsque tous partagent la même compréhension de la fonction et de l'énergie d'une pièce, l'utilisation de cet espace tend à devenir plus respectueuse, plus fonctionnelle pour le groupe et, par conséquent, plus affective et harmonieuse.

Il est fondamental de comprendre que cette définition de dessein n'a pas besoin – et ne doit pas – être rigide ou immuable. La maison est un organisme vivant parce que la vie est dynamique. Les besoins changent, les phases de la vie se succèdent, les priorités se transforment. Et l'intention pour chaque espace doit accompagner cette danse de l'existence. Une chambre qui était autrefois enfantine peut se transformer en atelier de peinture lorsque les enfants grandissent. Un bureau qui était essentiel peut devenir une chambre d'amis lorsque la retraite arrive. Un balcon autrefois oublié et utilisé comme débarras peut devenir un espace sacré de méditation et de yoga. L'important est qu'à chaque nouvelle configuration, à chaque changement significatif dans la vie des habitants, la question fondamentale revienne : quelle est la fonction vivante et essentielle de ce lieu pour moi (ou pour nous) *maintenant* ?

Cet exercice de définir et redéfinir des intentions, bien qu'il puisse paraître simple voire évident, représente une véritable révolution silencieuse dans la manière dont nous habitons nos espaces. Parce que la grande majorité des maisons, malheureusement, ne sont pas habitées avec une intention claire. Elles sont occupées par inertie, par nécessité fonctionnelle, par des schémas hérités ou imposés par la société de consommation. Les objets sont là où ils ont toujours été, souvent sans que l'on questionne leur réelle utilité ou signification. Les meubles suivent la disposition héritée ou qui a semblé la plus pratique au moment du déménagement. Les fonctions des pièces n'ont pas été pensées ou ressenties – elles se sont simplement imposées par la praticité ou l'habitude.

Introduire une intention consciente dans le foyer est donc un acte puissant pour rendre à la maison sa dignité en tant qu'extension sacrée de l'être, en tant que partenaire dans le voyage de la vie. Lorsque chaque pièce de la maison a un dessein clair et ressenti, et que chaque dessein est vécu avec présence et cohérence au quotidien, la maison entière se transforme énergétiquement. De décor passif et neutre, elle devient une collaboratrice active du bien-être, de la clarté et de la réalisation des habitants. D'espace fragmenté et déconnecté, elle se convertit en un système intégré et intelligent, où chaque partie contribue à l'harmonie du tout. Et chaque geste quotidien – préparer le petit déjeuner, étendre un drap sur le lit, allumer une lumière au crépuscule, s'asseoir pour lire – cesse d'être un acte mécanique pour devenir l'expression matérielle d'un sens plus profond, d'une intention cultivée. La maison commence alors à servir véritablement ce qui est essentiel pour l'âme. Et non l'accumulation vide. Non l'apparence superficielle. Non la distraction constante. Ce qui reste, après ce processus de clarté, c'est ce qui soutient. Ce qui demeure, c'est ce qui importe réellement. Ce qui vibre, c'est ce qui a un dessein authentique. Et dans cette vibration consciente et alignée, naît une nouvelle et plus profonde manière d'habiter : occuper non seulement un espace physique délimité par des murs, mais un champ intentionnel d'accueil, de création, de croissance et de connexion spirituelle. Ainsi, peu importe la taille de la maison, ni la valeur monétaire des meubles qui la remplissent. Ce qui importe réellement, c'est la clarté cristalline du dessein. La netteté lumineuse de l'intention. Parce que c'est cela qui façonne l'atmosphère subtile du foyer. Et c'est cette atmosphère qui, jour après jour, silencieusement, construit et soutient la qualité de la vie que l'on souhaite vivre.

Chapitre 14
Carte Bagua

Il existe une cartographie subtile, une carte invisible qui réside dans la sagesse millénaire du Feng Shui, capable de dévoiler les connexions profondes entre l'espace que nous habitons et les divers domaines qui composent notre existence. Cet outil, silencieux dans son application, mais d'un pouvoir transformateur immense, est connu sous le nom de Carte Bagua (ou Diagramme Bagua). Il ne se présente pas comme un ensemble de règles inflexibles ou d'impositions arbitraires sur la façon dont nous devrions organiser nos foyers. Sa nature est plus délicate, plus réflexive. Le Bagua fonctionne comme un miroir symbolique, un oracle spatial qui, une fois superposé au plan de notre maison, révèle comment l'énergie vitale, le Chi, circule – ou cesse de circuler – à travers les secteurs correspondant à la carrière, la spiritualité, la famille, la prospérité, le succès, les relations, la créativité, les amis et la santé.

Le terme même « Bagua » dévoile une partie de son mystère, signifiant littéralement « huit trigrammes ». Ces trigrammes sont des symboles ancestraux dérivés du I Ching, le Livre des Mutations, l'un des textes classiques les plus anciens et les plus vénérés de Chine.

Chaque trigramme est composé d'une combinaison de trois lignes, qui peuvent être continues (Yang) ou brisées (Yin), représentant les forces fondamentales de l'univers et leurs interactions dynamiques. Le Bagua organise ces huit trigrammes autour d'un centre, formant un diagramme octogonal ou, dans des adaptations plus modernes pour des plans carrés ou rectangulaires, une grille de trois par trois, totalisant neuf secteurs ou palais énergétiques. Chacun de ces secteurs, appelés Guas, vibre avec une énergie spécifique, résonnant directement avec un aspect fondamental du parcours humain.

Appliquer le Bagua sur l'espace que nous appelons foyer est une invitation à un exercice d'écoute profonde, une forme de dialogue silencieux avec l'âme de la maison. Il ne s'agit pas seulement d'identifier où chaque Gua se situe, mais de sentir, d'observer et de comprendre comment l'énergie se manifeste dans cette zone spécifique. La carte agit comme un guide, indiquant quels secteurs de la résidence vibrent en harmonie avec leurs desseins intrinsèques, nourrissant les domaines correspondants de la vie, et lesquels peuvent nécessiter une attention, un soin, une intervention consciente pour libérer des blocages ou activer des potentiels endormis.

La maison, comme nous l'avons exploré dans les chapitres précédents, fonctionne comme un organisme vivant, une extension sensible de notre propre être. Chaque coin, chaque mur, chaque objet qu'elle contient résonne, de manière subtile ou évidente, avec une facette de notre expérience. Le Bagua nous offre un langage pour déchiffrer cette résonance. Imaginez, par exemple, que la zone correspondant au Succès dans votre maison – ce secteur qui régit la reconnaissance, la réputation, l'éclat personnel – soit située dans un coin sombre, peut-être un débarras oublié ou une zone de passage rarement utilisée et remplie d'objets sans fonction. Le Bagua suggère que cette configuration spatiale peut refléter, symboliquement, une difficulté à se sentir reconnu par le monde, une hésitation à montrer ses talents ou une sensation d'invisibilité dans sa trajectoire professionnelle ou personnelle. De même, si le coin associé aux Relations abrite des objets cassés, des souvenirs de liens douloureux non résolus, ou simplement un désordre persistant, même caché à l'intérieur des armoires, l'harmonie dans les relations intimes – qu'elles soient amoureuses, familiales ou amicales – tend à faire écho à ce même schéma de déséquilibre, de fragmentation ou de difficulté à maintenir une connexion fluide et saine. L'espace physique et l'espace émotionnel dansent ensemble, et le Bagua nous aide à percevoir les pas de cette chorégraphie invisible.

L'application pratique du Bagua, heureusement, n'exige pas de connaissances techniques complexes ni de compétences architecturales avancées. Le point de départ est une carte simple de la maison ou de l'appartement. Il peut s'agir du plan d'étage officiel, s'il est disponible, ou même d'une esquisse dessinée à la main, à condition qu'elle respecte les proportions générales de l'espace. L'élément crucial pour l'orientation de la carte, en particulier dans l'école de Feng Shui connue sous le nom d'École du Chapeau Noir (ou Bouddhisme Tantrique Tibétain – BTB), très populaire en Occident, est la porte d'entrée principale – celle par laquelle l'énergie primordiale, le Chi, pénètre dans le foyer. En se positionnant à la porte d'entrée, en regardant vers l'intérieur du logement, le Bagua est mentalement (ou physiquement, sur le dessin) superposé à l'espace, en alignant la base de la carte (où se trouvent les Guas de la Spiritualité, de la Carrière et des Amis) avec le mur de la porte principale. À partir de cette référence, l'espace est divisé en neuf secteurs énergétiques. Il est important de noter qu'il existe une autre approche, celle de l'École de la Boussole (ou Feng Shui Classique), qui utilise les directions cardinales réelles (Nord, Sud, Est, Ouest, etc.), déterminées avec une boussole, pour positionner les Guas. Les deux écoles sont valides et efficaces, mais l'École du Chapeau Noir est souvent préférée pour sa simplicité et son adaptabilité à différents types de construction, en particulier dans les environnements urbains où l'orientation cardinale peut ne pas être idéale.

Une fois que le Bagua est positionné, chaque secteur identifié commence à porter une signature énergétique spécifique, un symbolisme profond qui peut être consciemment travaillé. Nous pouvons activer un Gua que nous souhaitons renforcer, harmoniser celui qui semble déséquilibré ou guérir celui qui présente des blocages évidents, en utilisant des couleurs, des formes, des éléments, des objets et, surtout, une intention claire.

Explorons chacun de ces palais énergétiques. Le Gua de la Carrière, également connu sous le nom de Travail ou Chemin de Vie, se situe dans la zone centrale du mur de la porte d'entrée. Il représente non seulement la profession, mais le parcours personnel, le flux de la vie, l'identité que nous présentons au monde et la manière dont nous nous y déplaçons. Associé à l'élément Eau et à la couleur noire (ou des tons très sombres de bleu), ce Gua bénéficie d'éléments qui symbolisent la fluidité et la profondeur. Un tapis dans des tons bleu foncé ou noir à l'entrée, un miroir bien positionné (qui ne reflète pas directement la porte, pour ne pas repousser le Chi entrant), une petite fontaine d'eau ou une image évoquant le mouvement, comme une rivière sinueuse ou l'océan, peuvent activer positivement cette zone. Des blocages ici, comme un couloir d'entrée obstrué, une porte qui coince à l'ouverture, un environnement sombre ou chaotique juste en entrant, peuvent symboliser des difficultés dans l'avancement professionnel, une sensation de stagnation dans la vie ou un manque de clarté sur son propre chemin. Prendre soin de l'entrée, c'est prendre soin du début du voyage.

Dans le coin gauche de l'entrée (toujours en regardant de l'intérieur de la porte vers l'intérieur), nous trouvons le Gua de la Spiritualité, également appelé Sagesse ou Connaissance. Ce secteur est intrinsèquement lié à la connaissance de soi, à la sagesse intérieure, à la capacité d'étude, de réflexion et de connexion avec le sacré, quel qu'il soit pour chaque individu. Son élément est la Terre (Montagne, dans le I Ching) et ses couleurs associées sont le bleu, le vert foncé et le lilas. C'est une zone idéale pour installer des bibliothèques, créer un coin de méditation ou de lecture, ou simplement un espace tranquille pour l'introspection.

Des livres, des objets rappelant le calme (comme une image de montagne), des coussins confortables, un éclairage doux et des arômes comme le bois de santal ou la lavande renforcent ce Gua. Un environnement chaotique, désorganisé ou utilisé comme débarras dans cette zone peut refléter une confusion mentale, des difficultés de concentration dans les études, un manque de clarté spirituelle ou une sensation de déconnexion avec soi-même.

En avançant vers le centre du mur gauche, se situe le Gua de la Famille, ou Ancestralité. Ce secteur régit les liens avec nos racines, la relation avec les ancêtres, la santé physique et émotionnelle de la famille dans son ensemble et la structure qui nous soutient. Son élément est le Bois (Tonnerre) et sa couleur est le vert vif. C'est un excellent endroit pour exposer des photographies familiales heureuses et bien choisies (en évitant les images de moments tristes ou de personnes avec lesquelles il existe des conflits non résolus). Des plantes saines et vigoureuses, en particulier celles qui poussent vers le haut, des meubles en bois robustes et des objets symbolisant la croissance et l'union familiale activent positivement cette énergie. La présence de meubles cassés, d'objets endommagés, de souvenirs douloureux associés à des conflits familiaux ou de désordre dans ce secteur peut indiquer des déséquilibres dans les liens familiaux, des problèmes de santé récurrents ou une sensation de manque de soutien et de structure.

Dans le coin postérieur gauche, le plus éloigné de la porte sur le mur gauche, nous trouvons l'un des Guas les plus célébrés : celui de la Prospérité, également connu sous le nom de Richesse ou Abondance. C'est ici que réside symboliquement le flux de l'abondance matérielle, mais aussi la prospérité dans tous les sens – santé, relations, opportunités, générosité et sentiment de mérite. Son élément est également le Bois (Vent) et ses couleurs sont le pourpre, le lilas et le doré. Pour potentialiser cette zone, nous pouvons utiliser des plantes saines et touffues (comme le Zamioculcas ou l'Arbre du Bonheur), une petite fontaine d'eau avec un flux doux et constant (l'eau en mouvement symbolise le flux financier), des objets dorés ou rappelant la richesse (comme des pièces chinoises, des cristaux comme la citrine ou la pyrite), ou un symbole personnel d'abondance. Il est crucial que cette zone soit toujours propre, organisée et exempte de désordre. Accumuler des objets oubliés, cassés, des déchets ou négliger cette zone peut refléter des blocages dans le flux financier, des difficultés à recevoir ou une croyance limitante sur son propre mérite et sa capacité à générer de la richesse.

Au centre du mur du fond, opposé à la porte d'entrée, se trouve le Gua du Succès, également appelé Renommée ou Reconnaissance. Ce secteur est lié à notre réputation, à la façon dont nous sommes vus par le monde, à notre éclat personnel, à notre image publique et à notre capacité à atteindre nos objectifs et à être reconnus pour eux. L'élément associé est le Feu et la couleur prédominante est le rouge vif (on peut aussi utiliser l'orange, le jaune vif ou le doré). Pour activer cette zone, nous pouvons utiliser des objets symbolisant des réussites personnelles (diplômes, trophées, photos de moments de succès), un éclairage fort et bien positionné (comme un spot lumineux dirigé), des objets de forme triangulaire ou pyramidale, ou une œuvre d'art aux couleurs chaudes et vibrantes représentant la passion et la reconnaissance. Un environnement sombre, abandonné, excessivement neutre ou avec des objets rappelant des échecs ou des frustrations dans cette zone peut indiquer une difficulté à se démarquer, une peur de l'exposition, des problèmes de réputation ou une sensation de ne pas être vu ou valorisé dans ses efforts.

Dans le coin postérieur droit, le plus éloigné de la porte sur le mur droit, nous trouvons le Gua des Relations. Ce secteur résonne profondément avec les liens affectifs, en particulier la relation amoureuse, mais englobe également les partenariats, les sociétés et la relation avec le féminin intérieur (anima). Son élément est la Terre (Terre réceptive) et ses couleurs sont le rose, le blanc et les tons pastel doux. L'énergie de ce Gua est renforcée par la dualité et l'équilibre. Il est idéal de conserver des objets par paires : deux lampes de chevet identiques, deux bougies, deux coussins identiques, une paire de canards mandarins (symbole traditionnel d'union), ou des images évoquant l'amour, la tendresse et le partenariat. Les photos du couple (s'il y en a) dans des moments heureux sont les bienvenues. Il est important d'éviter les objets solitaires, les images tristes ou rappelant des séparations, ou la présence d'éléments liés au travail ou à d'autres personnes que le partenaire. Un coin désorganisé, oublié, avec des objets cassés ou symbolisant la solitude dans cette zone peut refléter des difficultés dans les relations, la solitude, un déséquilibre dans la vie amoureuse ou des problèmes de partenariat.

Le centre du Bagua, le cœur de la maison, est le Gua de la Santé, également connu sous le nom de Tai Chi. Ce point est crucial, car il influence et équilibre tous les autres Guas. Il représente la santé physique, mentale et spirituelle, l'équilibre général et la vitalité du foyer et de ses habitants. Son élément est la Terre et sa couleur est le jaune (ou les tons terreux et ocres). La recommandation fondamentale pour cette zone est de la maintenir aussi libre, propre et bien éclairée que possible. Évitez les meubles lourds, les cloisons, les escaliers ou les salles de bain situés exactement au centre de la maison. S'il y a des obstructions, l'énergie vitale de tout l'espace peut être compromise, générant une sensation de lourdeur, des difficultés à prendre des décisions, des problèmes de santé ou un déséquilibre général. Pour renforcer le centre, utilisez des tapis carrés dans des tons de jaune ou de terre, des objets en céramique, des cristaux comme le quartz transparent ou jaune, et maintenez la zone toujours organisée et avec une bonne circulation d'air et de lumière. Le centre est le point d'union, l'axe qui soutient la roue de la vie reflétée dans le foyer.

En nous déplaçant vers le centre du mur droit, nous trouvons le Gua de la Créativité, également associé aux Enfants (qu'ils soient littéraux ou des projets et idées qui « naissent » de nous). Ce secteur est lié à l'expression créative sous toutes ses formes, à la joie, au plaisir, à la spontanéité, à la fertilité (symbolique ou littérale) et à la relation avec l'enfance (la nôtre et celle des enfants). Son élément est le Métal (Lac) et sa couleur est le blanc (ou les tons pastel métalliques, comme l'argenté). C'est un excellent endroit pour un coin artistique, avec du matériel de peinture, de dessin ou d'écriture, des instruments de musique, des jouets (s'il y a des enfants), ou des objets ludiques et colorés qui rappellent la joie et l'expression. Des tableaux d'art abstrait vibrant, des sculptures aux formes arrondies ou des objets en métal poli activent également cette énergie. Un espace stérile, sombre, désorganisé ou négligé ici peut indiquer des blocages créatifs, des difficultés à exprimer sa propre vérité, des problèmes dans la relation avec les enfants ou un manque de joie et de plaisir dans la vie.

Enfin, dans le coin inférieur droit, près de la porte d'entrée sur le mur droit, se situe le Gua des Amis, également appelé Personnes Serviable, Bienfaiteurs ou Voyages. Ce secteur régit les connexions sociales, les amis qui nous soutiennent, les mentors qui nous guident, l'aide inattendue que nous recevons de l'univers et aussi les voyages (physiques ou spirituels) qui élargissent nos horizons. Son élément est le Métal (Ciel) et ses couleurs sont le gris, le blanc et le noir. Pour activer cette zone, nous pouvons utiliser des photographies d'amis chers dans des moments heureux, des images de lieux que nous souhaitons visiter ou qui nous inspirent, des globes terrestres, des cartes, des objets en métal (comme des cloches ou des sculptures), ou des symboles représentant la protection et le soutien spirituel (comme des anges ou des guides). Maintenir cette zone organisée, peut-être avec un endroit pour ranger les cartes de visite ou les contacts importants, renforce également le réseau de soutien. Le désordre, les objets cassés ou l'absence d'éléments symbolisant la connexion dans ce Gua peuvent refléter l'isolement social, le manque de soutien ou des difficultés à réaliser des voyages et à élargir ses horizons.

Avec cette carte symbolique superposée au plan de la maison, l'habitant est invité à regarder son espace avec une nouvelle profondeur. Chaque coin cesse d'être un simple mètre carré fonctionnel et acquiert une signification plus large, une résonance existentielle. Une simple réorganisation de meubles, la peinture d'un mur, le placement d'une plante ou le retrait d'un objet qui ne vibre plus en harmonie cessent d'être des actes aléatoires et se transforment en gestes chargés d'intention, en dialogues conscients avec son propre champ énergétique. Retirer un objet accumulé d'un Gua spécifique peut signifier, symboliquement, libérer une énergie qui était piégée dans ce domaine correspondant de la vie. Placer une image inspirante, un cristal ou une couleur spécifique peut être un appel conscient à nourrir un aspect oublié de soi, à inviter une nouvelle fréquence à se manifester.

Cependant, il est fondamental de réitérer que le Bagua n'est pas une formule magique, ni un ensemble de règles dogmatiques. C'est une invitation à l'exploration, un outil de connaissance de soi spatiale. L'intuition joue un rôle crucial dans ce processus. Si la zone suggérée pour un Gua donné ne correspond pas exactement à l'usage actuel de la pièce (par exemple, le Gua de la Prospérité tombe sur une salle de bain), il n'y a aucune raison de paniquer. Le Feng Shui offre des remèdes et des ajustements pour harmoniser ces situations. Nous pouvons utiliser des couleurs, des miroirs, des cristaux ou des éléments spécifiques pour neutraliser les énergies défavorables ou potentialiser celles que nous souhaitons, en adaptant la symbologie à la réalité de l'espace. L'écoute sensible du langage particulier de cette maison, de cet appartement, est toujours souveraine. Ce qui importe vraiment, c'est que le sens se révèle à travers l'interaction avec la carte, que la connexion entre l'espace et la vie devienne consciente, et que la maison se transforme, graduellement, en un reflet de plus en plus authentique et puissant d'une existence vécue avec intention.

Avec le temps et la pratique, l'habitant commence à percevoir les signes subtils de cette interaction. De petits changements effectués dans l'environnement, en se concentrant sur un Gua spécifique, commencent à résonner en changements internes, en déblocages émotionnels, en clarté mentale, en synchronicités inattendues qui surgissent dans le domaine de vie correspondant. Le foyer se transforme ainsi en un échiquier symbolique de croissance personnelle, un laboratoire alchimique où matière et esprit dansent ensemble. Et le Bagua se révèle comme une boussole précieuse – non pas pour dicter des chemins rigides, mais pour éclairer le voyage, nous rappelant constamment que l'espace physique où nous marchons est intrinsèquement entrelacé avec les chemins que nous choisissons d'emprunter dans la vie. Chaque coin du foyer, sous cette optique, dialogue avec l'âme. Et lorsque l'âme se dispose à écouter, lorsque la conscience s'ouvre à cette danse entre le visible et l'invisible, tout commence à s'aligner – à l'intérieur et à l'extérieur, matière et énergie. Le Mapa Baguá, dans ce contexte large et profond, transcende le simple outil d'organisation spatiale. Il devient un moyen de rendre à la maison sa dimension sacrée, symbolique, transformatrice. Et, simultanément, il rend à l'habitant le pouvoir de cheminer dans sa propre vie avec plus de conscience, de clarté, de présence et d'harmonie.

Chapitre 15
Lumière et Couleur

Dans le théâtre silencieux qu'est notre foyer, deux acteurs jouent des rôles de premier plan absolu, bien que leurs performances passent souvent inaperçues par la conscience pressée du quotidien. Ce sont la lumière et la couleur. Ensemble, elles ne définissent pas seulement l'esthétique et l'atmosphère d'un environnement, mais agissent comme des régentes subtiles de notre vibration émotionnelle, physique et même spirituelle. Elles peignent l'air que nous respirons, façonnent la perception de l'espace et interfèrent directement avec la qualité de notre énergie vitale. Une maison baignée d'une lumière adéquate, qui respecte les cycles naturels, et vêtue de couleurs qui vibrent en harmonie avec ses desseins et avec l'âme de celui qui l'habite, ressemble à un organisme vivant et palpitant, accordé au temps interne de l'habitant et à la fréquence essentielle de la vie elle-même. Comprendre la profondeur et la puissance de ces deux forces silencieuses – la lumière qui révèle et la couleur qui exprime – c'est ouvrir la porte pour redessiner non seulement l'apparence de l'espace, mais sa propre essence énergétique, transformant le foyer en un véritable champ de guérison et de bien-être.

La lumière, dans sa manifestation la plus pure et primordiale, est le pont doré qui relie l'univers extérieur à notre refuge intérieur. La lumière solaire, en particulier, transcende la simple fonction d'éclairer ; elle est un agent actif de guérison, d'équilibre et de vitalité. Notre corps y répond de manière intrinsèque et profonde. Les rythmes circadiens, qui gouvernent nos cycles de sommeil et d'éveil, sont directement régulés par l'exposition à la lumière naturelle. Notre humeur, notre capacité de concentration, la qualité de notre sommeil et même notre appétit sont influencés par la présence – ou l'absence – des rayons solaires dans notre quotidien. Une maison qui accueille généreusement la lumière du soleil, lui permettant de danser dans les pièces tout au long de la journée, est une maison qui respire la vitalité. Et un foyer qui respire, inévitablement, devient un environnement propice à la guérison, au bien-être et à la clarté mentale.

Pour cette raison, la première étape de l'harmonisation d'un espace par la lumière implique une observation attentive et sensible de sa trajectoire naturelle. Y a-t-il des fenêtres obstruées par des meubles lourds, des rideaux opaques qui bloquent la clarté ou des grilles qui créent des ombres indésirables ? Y a-t-il des avant-toits excessivement longs qui empêchent l'entrée du soleil, surtout pendant les mois d'hiver ? Y a-t-il des miroirs qui pourraient être stratégiquement positionnés pour capter la lumière d'une fenêtre et la réfléchir vers des coins plus sombres, élargissant la luminosité et la sensation d'amplitude ? Un seul reflet bien pensé peut opérer une transformation remarquable dans l'atmosphère d'une pièce. Le choix d'un tissu plus léger et translucide pour les rideaux peut permettre le passage de la lumière, créant un filtre doux et poétique, sans compromettre l'intimité nécessaire. Et le geste simple, mais puissant, d'ouvrir les fenêtres quotidiennement, permettant l'échange d'air et l'entrée directe de la lumière, fonctionne comme un rituel quotidien de renouvellement énergétique, une invitation pour que le Chi frais et vibrant nourrisse l'environnement.

Cependant, la danse de la lumière ne s'arrête pas au coucher du soleil. L'éclairage artificiel prend le relais pendant la nuit ou dans des environnements qui, de par leur architecture, reçoivent peu d'ensoleillement naturel. Le choix judicieux de cet éclairage est déterminant pour l'atmosphère et le bien-être. Les lumières blanches et froides (avec une température de couleur élevée, mesurée en Kelvin), fréquemment utilisées par défaut dans de nombreux foyers et bureaux, sont souvent incompatibles avec la sensation d'accueil et de détente que nous recherchons à la maison. Elles tendent à stimuler l'esprit, à accélérer le rythme interne et à créer une sensation de distance, étant plus adaptées aux environnements de travail exigeant une vigilance maximale. En contrepartie, les lumières chaudes – aux tonalités jaunâtres ou orangées (basse température de couleur) – évoquent des sensations d'abri, de confort, d'intimité et de repos. Elles imitent la lumière du feu de cheminée ou des bougies, nous reliant à une mémoire ancestrale de sécurité et de chaleur.

Une même pièce peut gagner de multiples personnalités et fonctionnalités grâce à l'utilisation intelligente de différents points et types de lumière. Un éclairage général, peut-être au plafond, peut servir pour des activités plus pratiques. Des lampes de chevet avec des abat-jour diffusant la lumière créent des niches de confort pour la lecture ou les conversations intimes. Des bougies, utilisées en toute sécurité et avec intention, offrent une lumière vivante et dansante, parfaite pour les moments d'introspection, de méditation ou de romance. L'intensité de la lumière est également cruciale ; l'utilisation de variateurs (régulateurs d'intensité) permet d'ajuster la luminosité selon les besoins et le moment de la journée, créant une flexibilité qui accompagne les rythmes internes. La lumière artificielle n'est donc pas seulement un substitut à la lumière solaire ; elle est un outil modulable, capable de sculpter des atmosphères et, simultanément, de moduler notre état d'esprit, nos émotions et notre disposition physique.

Si la lumière est révélatrice, la couleur est l'expression visible de l'énergie elle-même. Chaque nuance, chaque tonalité, chaque saturation porte en elle une fréquence vibratoire unique. Cette fréquence interagit directement avec nos centres énergétiques, notre système nerveux et notre psyché, même si nous n'avons pas pleinement conscience de cette interaction. Les couleurs ne sont pas de simples éléments décoratifs appliqués aux surfaces ; elles sont un langage puissant, une forme de communication non verbale qui évoque des émotions, éveille des sensations et influence notre respiration et notre état d'âme. En choisissant les couleurs qui habilleront un environnement, nous choisissons, en réalité, le type d'énergie que nous souhaitons qu'il émane, la qualité de la vibration que nous voulons cultiver dans cet espace.

Chaque pièce, avec sa fonction spécifique au sein de la dynamique du foyer, appelle une tonalité émotionnelle particulière, une palette qui soutient son dessein. Les tons bleus, par exemple, dans leurs diverses variations, du bleu ciel doux à l'indigo profond, sont connus pour leurs qualités apaisantes et tranquillisantes. Ils invitent au silence intérieur, à l'introspection, à la sérénité mentale. Ils sont idéaux pour les chambres, où ils favorisent un sommeil réparateur, pour les espaces de méditation ou d'étude, où ils aident à la concentration, ou pour les salles de bain, où ils évoquent la pureté et la fluidité de l'eau. Les verts, qui nous relient directement à la nature, apportent des sensations de fraîcheur, d'équilibre, de guérison et de stabilité. Le vert mousse ancre, le vert feuille revitalise, le vert d'eau rafraîchit. Ils fonctionnent très bien dans les salons, les cuisines (où ils symbolisent la santé et la vitalité), les bureaux (où ils favorisent une concentration calme) ou dans tout espace où l'on souhaite apporter l'énergie régénératrice de l'élément Bois.

Le jaune, couleur du soleil, dans ses variations du pâle au vif, active l'esprit, stimule la communication, la joie, l'optimisme et la concentration intellectuelle. C'est une excellente couleur pour les espaces sociaux, les salles à manger (où elle peut stimuler l'appétit et la conversation), les cuisines, les bureaux créatifs ou les chambres d'enfants, mais elle doit être utilisée avec équilibre pour ne pas générer d'agitation. Les tons orangés, chauds et accueillants, héritent de l'énergie du jaune et de l'intensité du rouge. Ils rapprochent les gens, favorisent la communication affective, l'enthousiasme et la sensation de confort. Ils peuvent être très bienvenus dans les salles à manger, les zones de convivialité, les cuisines ou les halls d'entrée, créant une atmosphère invitante et chaleureuse.

Le rouge, quant à lui, est la couleur de l'énergie vitale primordiale, de la passion, de l'action, du pouvoir. C'est la couleur de l'élément Feu dans sa plus haute expression. Étant très stimulant, il doit être utilisé avec modération et intention, de préférence en points stratégiques – un mur d'accent, des coussins, des objets décoratifs. En excès, le rouge peut causer agitation, irritabilité ou anxiété. C'est une couleur puissante pour activer les zones liées au succès ou à la passion, mais elle requiert de la prudence. Le rose, surtout dans ses versions plus douces et délicates, est la couleur de la tendresse, de la connexion affective, de l'amour inconditionnel et du soin de soi. Il est idéal pour les chambres de couple, les chambres d'enfants ou tout espace où l'on souhaite cultiver une atmosphère de gentillesse, de compassion et de réceptivité.

Les tons neutres – comme le beige, le blanc (dans ses variations écrues), le gris clair, la couleur sable – offrent une base de stabilité, de calme et d'élégance. Ils agrandissent visuellement les espaces et servent de toile pour que d'autres éléments se distinguent. Cependant, s'ils sont utilisés en excès et sans contrepoints de texture ou de chaleur, ils peuvent rendre l'environnement froid ou monotone. Le secret réside dans leur combinaison avec des matériaux naturels, un éclairage chaud et des touches de couleur subtiles. Les tons terreux – marrons, ocres, terre cuite – nous relient à la force de la Terre, à l'ancestralité, à la sécurité et à l'enracinement. Ils peuvent être incorporés à travers les sols, les meubles en bois, les tissus rustiques comme le lin ou la jute, ou des objets en céramique et en terre cuite. Quant aux tons plus sombres, comme le graphite, le bleu marine, le vert pétrole ou le bordeaux, ils apportent profondeur, mystère, sophistication et une invitation à l'introspection. Ils doivent être utilisés avec parcimonie, généralement sur des murs d'accent, des meubles spécifiques ou des détails, et toujours équilibrés avec des éléments plus clairs et un bon éclairage, pour que l'environnement ne devienne pas lourd ou oppressant.

L'application de ces couleurs peut se faire de multiples façons. Elle ne se limite pas à la peinture des murs. Tissus de rideaux, canapés, coussins et tapis ; meubles aux finitions colorées ; objets décoratifs comme vases, tableaux, sculptures ; même la couleur de la vaisselle ou des ustensiles de cuisine – tout contribue à la palette chromatique de l'environnement. Souvent, il n'est pas nécessaire de repeindre une pièce entière pour renouveler son énergie. Un seul mur avec une couleur d'accent bien choisie, ou l'introduction de nouveaux coussins et d'un tapis vibrant, peuvent déjà modifier significativement le champ vibratoire de l'espace. L'expérimentation est la bienvenue, toujours guidée par la sensation que l'on cherche à créer.

Il est important, également, de considérer l'harmonie chromatique générale de la maison, le flux de couleurs entre les différentes pièces. Il y a des foyers où chaque environnement possède une palette complètement distincte et déconnectée, ce qui peut générer une sensation de fragmentation visuelle et énergétique. Dans d'autres, prédomine une homogénéité excessive de tons neutres, résultant en un ennui visuel ou un manque de vitalité. L'idéal est de rechercher un équilibre : chaque espace peut avoir son identité chromatique, alignée sur sa fonction, mais il doit exister un fil conducteur – peut-être une palette de couleurs de base qui se répète dans les détails, ou une cohérence esthétique dans les matériaux et les finitions – qui unit l'ensemble, créant une sensation d'unité et de flux harmonieux dans toute la maison.

Les couleurs peuvent, en outre, être choisies de manière intentionnelle pour activer des domaines spécifiques de la vie, selon le Mapa Baguá. Le coin de la Prospérité, par exemple, bénéficie de tons pourpres, vert émeraude ou dorés. Le secteur des Relations est favorisé par des tons roses, rouge doux ou des couleurs terreuses par paires. La zone de la Carrière résonne avec le noir ou le bleu foncé. Encore une fois, cela ne signifie pas nécessairement peindre les murs avec ces couleurs, mais plutôt les introduire de manière symbolique et équilibrée à travers des objets, des tissus, des œuvres d'art ou des détails visuels porteurs de cette intention.

Il est fondamental de reconnaître que notre relation avec les couleurs est dynamique. Une teinte qui nous inspirait autrefois et apportait du confort peut, avec le temps, commencer à déranger ou à paraître inadéquate. Une couleur qui a apporté de la vitalité à un moment donné peut devenir fatigante ou excessive dans une autre phase de la vie. C'est parfaitement naturel, car nous changeons, nos cycles internes s'altèrent, et la maison, en tant que miroir sensible, doit accompagner cette mutation. La couleur est aussi un reflet de notre état interne. Changer la couleur d'un mur, remplacer les housses des coussins ou introduire un nouveau tableau peut être un geste puissant pour marquer le début d'une nouvelle phase, pour permettre à une nouvelle énergie de s'épanouir avec plus de vérité et d'alignement.

Enfin, la clé maîtresse d'un environnement véritablement vivant et harmonieux réside dans l'équilibre exquis entre la lumière et la couleur. Une couleur choisie avec sagesse, mais appliquée sous un éclairage inadéquat, perd une grande partie de son potentiel expressif et vibratoire. Une lumière belle et bien conçue, mais incident sur un mur sans âme ou avec une couleur qui draine l'énergie, ne parvient pas, seule, à transformer l'atmosphère. Mais lorsque lumière et couleur dialoguent en harmonie, lorsqu'elles dansent ensemble en syntonie avec l'intention de la pièce et avec la sensibilité de celui qui l'habite, l'espace gagne une âme, une profondeur, une présence. Il devient plus qu'un ensemble de surfaces et de volumes ; il se transforme en un champ vibratoire qui nourrit et inspire.

Lumière et couleur sont le langage invisible de l'âme du foyer. Elles parlent directement à notre inconscient, contournant les barrières de l'esprit rationnel. C'est pourquoi, lorsqu'elles sont bien choisies, lorsqu'elles sont en équilibre, personne n'a besoin d'expliquer pourquoi on se sent bien à cet endroit – le corps le sent, le cœur le reconnaît, l'esprit s'apaise. La maison devient alors un champ chromatique et lumineux de guérison, d'expression authentique et de profonde harmonie. En comprenant que chaque rayon de lumière entrant par la fenêtre et chaque centimètre de couleur habillant nos murs font partie intégrante d'un organisme vivant et interconnecté, nous découvrons que transformer l'espace, c'est en essence transformer la fréquence même de notre vie. Et que vivre en harmonie avec la lumière et la couleur, c'est en fin de compte vivre en pleine syntonie avec notre propre essence lumineuse.

Chapitre 16
Matériaux Naturels

À une époque marquée par la vitesse, l'artificialité et les surfaces qui imitent, mais incorporent rarement l'essence de ce qu'elles représentent, émerge une profonde aspiration à la reconnexion. Nous recherchons, souvent sans le savoir, le contact de la vérité, la texture qui raconte des histoires, la matière qui respire avec nous. Le toucher du bois vivant sous les doigts, l'odeur de terre crue après la pluie, l'éclat irrégulier et unique de la céramique modelée par des mains humaines – il y a une sagesse silencieuse, une résonance ancestrale dans les matériaux naturels qu'aucun composé synthétique, aussi technologiquement avancé soit-il, ne peut véritablement imiter.

Au milieu d'un quotidien souvent plastifié, automatisé, où les textures tendent à l'uniformité plane et où les surfaces brillent d'un polissage excessif et froid, la présence de la nature à l'intérieur de la maison, manifestée à travers les matériaux que nous choisissons pour nous entourer, devient un puissant antidote. C'est un retour à l'essentiel, une récupération de notre lien intrinsèque avec le monde organique, une manière de nous reconnecter avec ce qui palpite sous nos pieds, dans les océans, dans les forêts, et qui nous soutient par sa densité, sa beauté imparfaite et sa profonde vitalité.

Choisir des matériaux naturels pour composer l'environnement de notre foyer transcende la simple décision esthétique ou décorative ; c'est, fondamentalement, un choix vibratoire. Chaque élément provenant de la nature – que ce soit le bois, la pierre, la fibre, la terre cuite ou le métal dans son état le plus brut – porte en lui une histoire géologique ou biologique, une signature énergétique unique, une qualité intrinsèque qui communique la vie, le temps et la transformation. Contrairement aux matériaux industrialisés, qui recherchent fréquemment la standardisation, l'immuabilité et tendent à un certain silence énergétique, les matériaux qui viennent directement de la terre, des plantes ou des animaux respirent avec l'environnement. Ils vieillissent, acquièrent une patine, changent de couleur avec l'exposition à la lumière, réagissent à l'humidité de l'air, absorbent et libèrent des arômes subtils, interagissent dynamiquement avec l'espace et avec celui qui l'habite. Et cette vitalité discrète, cette capacité à être en dialogue constant avec l'entourage, résonne de manière positive sur le corps, l'esprit et l'âme, nourrissant une sensation de bien-être, d'appartenance et d'équilibre.

La science moderne elle-même, à travers le concept de Biophilie – notre affinité innée pour tout ce qui est vivant –, commence à prouver ce que les traditions ancestrales savaient depuis toujours : s'entourer de nature, même en fragments, est essentiel pour la santé humaine.

Le bois, par exemple, est bien plus qu'une ressource visuelle qui confère chaleur et convivialité aux environnements. Chaque pièce de bois est un enregistrement du temps, porte dans ses fibres la mémoire des forêts d'où elle vient, l'histoire des cycles de croissance, des saisons qu'elle a traversées. Un meuble en bois massif, surtout lorsqu'il est traité avec des huiles ou des cires naturelles plutôt qu'avec des vernis synthétiques qui scellent ses pores, continue d'interagir avec l'environnement : il libère des arômes subtils, réagit à l'humidité de l'air en se dilatant ou se contractant légèrement, se réchauffe au toucher de manière accueillante. Il vit avec la maison, vieillissant avec dignité. Un plancher en bois naturel, en plus d'être beau, réchauffe les pieds, absorbe les bruits créant une acoustique plus agréable et offre une base solide et connectée à la terre. Des planches de bois exposées au plafond, ou des poutres apparentes, créent non seulement un effet esthétique rustique ou élégant, mais évoquent aussi une sensation ancestrale d'abri, de structure protectrice. Il existe d'innombrables variétés de bois, chacune avec sa couleur, sa texture et sa densité – du pin clair et tendre au chêne robuste et sombre, du bambou flexible et durable aux bois de démolition chargés d'histoire – offrant une vaste gamme de possibilités expressives et énergétiques.

Les fibres naturelles – comme le coton biologique, le lin rustique, la laine douillette, la soie lumineuse, le chanvre résistant ou le sisal et la jute à la texture terreuse – apportent à l'environnement une qualité tactile et respirante qui invite au confort et à la sensorialité. Les tissus d'origine végétale ou animale, surtout lorsqu'ils ne sont pas soumis à des traitements chimiques agressifs ou à des teintures synthétiques lourdes, permettent à la peau de respirer, aident à réguler la température corporelle et rendent l'expérience d'habiter plus sensible, plus connectée aux cycles naturels. Un rideau en lin brut qui bouge doucement avec la brise apporte légèreté et poésie à l'espace. Un tapis en sisal ou en jute, avec sa texture ferme et naturelle, connecte les pieds directement au sol, offrant une sensation d'enracinement et de stabilité. Un plaid en pure laine, avec ses variations de texture et sa chaleur incomparable, réchauffe le corps et l'âme avec une dignité ancestrale, rappelant les débuts de l'abri humain. Le coton, dans les draps ou les rembourrages, offre douceur et fraîcheur. Chaque fibre a son propre langage tactile et visuel.

La pierre, quant à elle, offre au foyer l'énergie de la stabilité, de la présence durable, de la force silencieuse de la Terre. Les surfaces en granit, marbre, ardoise, quartzite, ou même des pierres moins conventionnelles comme le basalte volcanique, le grès poreux ou les galets roulés de rivière, ont le pouvoir d'ancrer l'énergie de l'espace, de créer des points de densité et de solidité qui équilibrent la fluidité des autres éléments. Utilisée dans les plans de travail de cuisine, les sols des zones de grande circulation, les revêtements de salles de bain, les cheminées ou même dans des détails décoratifs comme des sculptures, des vases ou simplement comme des pierres naturelles disposées dans un arrangement, la pierre naturelle introduit une qualité de permanence et de résistance. Sa froideur au toucher est physique, mais sa vibration énergétique est souvent chaude et protectrice, car elle vient des profondeurs de la terre, portant la mémoire de millions d'années de formation géologique.

La céramique, la terre cuite, la brique apparente – matériaux qui naissent de la terre humide, sont façonnés par des mains humaines et transformés par le feu – apportent à l'intérieur de la maison la beauté de l'imperfection artisanale. Leurs surfaces sont fréquemment uniques, avec de petites irrégularités, des variations de couleur, des rainures, des courbes organiques, des pores qui respirent. Utilisés dans des vases pour plantes, de la vaisselle quotidienne, des sols rustiques, des carreaux peints à la main ou des revêtements muraux, ces matériaux transmettent authenticité, chaleur humaine, un lien direct avec la culture manuelle et avec la touche singulière de celui qui les a créés. Ce sont des matériaux qui célèbrent la singularité, qui accueillent la marque du temps et de l'usage, et pour cela, apportent une couche de vérité et d'âme à l'espace, s'alignant parfaitement avec la philosophie Wabi-Sabi qui trouve la beauté dans l'imperfection et la fugacité.

Le bambou, une graminée à croissance rapide et grande résistance, est un autre exemple notable de matériau naturel porteur de multiples qualités énergétiques : il représente la croissance accélérée, la flexibilité, la résilience et la durabilité. Utilisé dans les sols, les meubles, les nattes, les stores, les cloisons ou les objets décoratifs, le bambou apporte à l'espace une combinaison unique de légèreté visuelle et de fermeté structurelle, associée à l'énergie d'expansion de l'élément Bois.

La paille, les feuilles séchées tressées en paniers, luminaires ou panneaux, les objets en osier ou en rotin – tous ces éléments ressuscitent le geste ancestral de l'artisan et rendent à la maison la beauté de la simplicité fonctionnelle, la connexion avec le travail manuel et avec les cycles de la nature.

Le choix conscient de matériaux naturels implique également un soin direct de la santé des habitants. Les environnements saturés de plastiques, de résines synthétiques, de colles au formaldéhyde, de vernis agressifs, de peintures à hauts niveaux de composés organiques volatils (COV) et d'autres produits chimiques libèrent continuellement des particules et des gaz toxiques dans l'air intérieur. Cette pollution invisible peut affecter la qualité de l'air que nous respirons, contribuant à des problèmes respiratoires, des allergies, des maux de tête et d'autres déséquilibres de santé à long terme. En contrepartie, une maison qui privilégie les meubles en bois massif traités avec des produits naturels, les tissus biologiques sans teintures toxiques, les peintures écologiques à base d'eau ou de chaux, et d'autres matériaux qui « respirent » et n'émettent pas de substances nocives, réduit significativement la charge toxique invisible. On crée ainsi un espace plus sain, propice au repos réparateur, à la vitalité physique et à l'équilibre hormonal.

Des études scientifiques récentes viennent renforcer cette perception intuitive sur les bienfaits des matériaux naturels. Des recherches dans le domaine de la psychologie environnementale et de la neuroarchitecture démontrent que la simple présence de bois dans des environnements fermés peut réduire la tension artérielle, diminuer la fréquence cardiaque et abaisser les niveaux de cortisol, l'hormone du stress. Les textures naturelles, comme celles trouvées dans les pierres, les fibres ou les bois bruts, stimulent le système nerveux parasympathique, responsable des réponses de relaxation, de calme et de sensation de sécurité. C'est comme si le corps humain, en entrant en contact physique avec des éléments de la nature, reconnaissait un environnement familier et sûr, activant une mémoire cellulaire profonde d'appartenance et de bien-être. Cette connexion biophilique apporte paix et équilibre de manière quasi instantanée.

Incorporer des matériaux naturels dans le foyer ne signifie pas nécessairement transformer la maison en une cabane rustique ou adopter un style spécifique. L'intégration peut se faire de manière graduelle, subtile et adaptée au style personnel et aux besoins fonctionnels de chacun. Changer une chaise en plastique pour une en bois ou en bambou. Remplacer les housses synthétiques des coussins par d'autres en lin, coton ou laine. Inclure un vase en céramique artisanale au lieu d'un en verre industrialisé. Utiliser des rideaux en fibres naturelles qui filtrent doucement la lumière. Opter pour un plan de travail en pierre ou en bois dans la cuisine au lieu de stratifiés artificiels. Utiliser des paniers en paille pour l'organisation. Choisir un tapis en jute ou en sisal pour délimiter un espace. De petits gestes qui, additionnés, vont graduellement reconstruire l'atmosphère sensorielle et énergétique de l'espace, le rendant plus vivant et respirant.

Ce choix de matériaux naturels s'aligne aussi, fréquemment, sur une posture de plus grand respect et de conscience envers la planète. Les matériaux naturels, surtout lorsqu'ils proviennent de sources durables (comme les bois certifiés ou le bambou), de production locale et qu'ils sont durables ou biodégradables, réduisent l'impact environnemental associé à l'extraction, la production et l'élimination des matériaux synthétiques dérivés du pétrole. Valoriser le travail artisanal, les chaînes de production équitables et les matériaux qui peuvent retourner à la terre sans causer de pollution fait partie d'un cycle vertueux de respect : de la nature au foyer, et du foyer de retour à la nature.

Et il y a enfin une valeur invisible, mais inestimable, dans l'utilisation de ces matériaux : la beauté de la patine, la présence du temps. Les matériaux naturels vieillissent. Et, contrairement aux synthétiques qui se dégradent ou perdent leur éclat, de nombreux matériaux naturels deviennent encore plus beaux avec le passage des années et les marques de l'usage. Un plateau de table en bois qui s'assombrit doucement là où les mains reposent fréquemment. Un sol en pierre qui gagne un poli naturel dans les zones de plus grand passage. Un tissu de lin qui devient plus doux à chaque lavage. Le cuir qui acquiert des marques et des nuances racontant l'histoire de celui qui l'a utilisé. Le temps inscrit sa calligraphie unique sur ces matériaux, et cela les humanise, les singularise, les rapproche affectivement de l'habitant. Il se crée une relation de mémoire, d'histoire partagée, de coexistence. Les surfaces synthétiques, conçues pour paraître neuves éternellement ou pour être jetées rapidement, s'engagent rarement avec l'âme de la maison de cette manière. Les matériaux naturels, eux, assument les marques de l'usage comme des médailles d'honneur, comme des témoins silencieux de la vie qui s'est déroulée là.

En nous entourant de ces éléments authentiques et vivants, la maison se transforme en un écosystème sensible et interactif. Le bois dialogue avec la lumière et l'humidité. La pierre répond à la température de l'environnement. Le tissu filtre le son et la lumière. La terre cuite respire. Le corps ressent cette organicité, reconnaît le langage de la nature et se détend. L'espace cesse d'être un décor inerte et devient corps étendu, peau élargie, nature incorporée. Et vivre là, c'est vivre plus près de soi, plus connecté à la Terre, plus immergé dans sa propre vie. Car, après tout, la nature n'est jamais sortie de nous ; c'est nous qui, parfois, nous en sommes éloignés. Ramener ses matériaux à l'intérieur de la maison est un acte de sauvetage, un rappel silencieux de ce que nous fûmes, de ce que nous sommes et de ce que nous pouvons encore être dans notre essence la plus pure. Un geste simple dans la forme, mais profondément transformateur dans sa vibration. Une récupération silencieuse de l'harmonie oubliée entre l'être humain et le monde naturel.

Chapitre 17
Éléments Vivants

Il existe une pulsation silencieuse, une énergie qui se manifeste de manière subtile mais indubitable, lorsque la vie est invitée à entrer et à s'installer à l'intérieur de notre foyer. Il ne suffit pas d'organiser les objets avec soin, de distribuer les meubles avec un équilibre géométrique, de choisir des couleurs harmonieuses qui plaisent aux yeux ou d'appliquer des cartes symboliques qui orientent l'énergie. La maison, pour devenir véritablement habitable dans sa plénitude, pour vibrer avec une force qui transcende la matière inanimée, a besoin de vie. Vie qui s'exprime sous forme de plantes qui poussent et se transforment, dans l'eau qui s'écoule en mouvement constant, dans la flamme qui danse sur une bougie, dans l'air qui circule librement, et dans la présence naturelle qui respire, interagit et marque le rythme du temps à l'intérieur de l'espace construit.

Les éléments vivants ne doivent pas être considérés simplement comme des ornements décoratifs ajoutés au décor domestique ; ce sont des présences vibrantes, des participants actifs à l'écologie énergétique du foyer, capables de transformer l'atmosphère, de nourrir le champ subtil et de rendre à la maison son souffle originel de nature, la reliant à nouveau au flux incessant de l'existence.

Les plantes, sans aucun doute, figurent parmi les habitants silencieux les plus puissants et bénéfiques qu'une maison puisse accueillir. Leur force réside non seulement dans la beauté esthétique de leurs feuilles et fleurs ou dans la fraîcheur visuelle qu'elles procurent, mais principalement dans leur extraordinaire capacité à transmuter l'énergie des environnements. Les plantes respirent avec nous, dans un échange constant de gaz qui nous soutient mutuellement. Elles filtrent l'air, absorbant les toxines et libérant de l'oxygène pur. Elles humidifient naturellement l'environnement, le rendant plus confortable, surtout dans les climats secs ou dans les espaces climatisés. Elles renouvellent le Chi, l'énergie vitale, absorbant les stagnations et répandant la vitalité à travers leurs tiges, bourgeons, feuilles et racines qui se connectent à la terre, même contenue dans un pot. La simple présence d'une plante vivante, saine et bien entretenue, dans n'importe quelle pièce de la maison, fonctionne comme une affirmation éloquente que cet espace maintient une relation active et respectueuse avec le monde naturel. C'est un rappel verdoyant que la maison n'a pas besoin d'être un abri isolé contre la nature, mais peut être, et idéalement est, une extension de celle-ci, un microcosme où la vie s'épanouit.

Le choix des espèces de plantes à introduire dans le foyer doit être fait avec sensibilité, en respectant autant les conditions de l'environnement (luminosité, ventilation, humidité) que le rythme et la disponibilité de soin de celui qui y vit. Il existe des plantes qui demandent le plein soleil pour prospérer, tandis que d'autres préfèrent la lumière diffuse ou même l'ombre partielle. Certaines exigent des arrosages fréquents et un sol toujours humide, alors que d'autres, comme les succulentes et les cactus, sont adaptées à des conditions plus arides et survivent avec très peu d'eau. Le secret d'une cohabitation harmonieuse ne réside pas à remplir la maison de pots au hasard, en suivant les modes, mais à créer des liens réels avec les espèces choisies. C'est consacrer du temps à connaître leurs noms, à observer leurs réponses aux changements de lumière et de température, à sentir intuitivement quand elles ont besoin d'eau ou de nutriments, à célébrer la naissance d'une nouvelle feuille comme un petit miracle quotidien.

Des espèces comme les succulentes et les cactus sont idéales pour les rebords de fenêtres ensoleillés ou les balcons très lumineux, exigeant peu d'arrosage et d'entretien. Des plantes comme la Langue de belle-mère (Sansevieria trifasciata), le Pothos (Epipremnum aureum) et le Zamioculcas (Zamioculcas zamiifolia) sont connues pour leur résistance et leur adaptabilité aux endroits à lumière indirecte ou même faible, en plus d'être considérées comme d'excellents purificateurs d'air et protecteurs énergétiques dans le Feng Shui. Les fougères, avec leur feuillage délicat et arqué, apprécient l'humidité et l'ombre, étant d'excellentes options pour les salles de bain bien ventilées ou les coins plus ombragés de la maison. Les plantes à feuilles plus grandes et plus exubérantes, comme le Monstera deliciosa, divers types de Philodendrons, le Spathiphyllum wallisii ou de petits palmiers d'intérieur (comme le Rhapis ou l'Areca), apportent volume, texture et une présence presque sculpturale aux environnements, étant idéales pour les salons, les halls d'entrée ou les couloirs larges, où elles peuvent devenir des points focaux de vitalité. Les plantes retombantes, comme les lierres, le Gypsophile ou le pothos lui-même, peuvent adoucir les angles droits des étagères, remplir les coins vides d'une cascade de verdure ou créer des cadres naturels pour les fenêtres et les portes. Des pots d'herbes aromatiques – basilic, romarin, menthe, sauge, thym, origan, lavande – peuvent habiter la cuisine, le balcon ou le rebord d'une fenêtre ensoleillée, apportant non seulement la fraîcheur du vert, mais aussi l'arôme délicieux et le lien direct avec les aliments, transformant l'acte de cuisiner en un rituel encore plus connecté à la terre.

Cependant, il est crucial de se rappeler que l'énergie d'une plante est directement liée à sa santé et au soin qu'elle reçoit. Une plante morte, malade, poussiéreuse ou visiblement négligée émet une vibration opposée à celle recherchée en introduisant la vie dans l'environnement. Elle devient un symbole de stagnation, de négligence, d'énergie vitale qui s'épuise. Il est préférable d'avoir une seule plante rayonnante et bien entretenue, qui reçoit attention et affection, que plusieurs dépérissant dans les coins, oubliées et sans vitalité. La vie, lorsqu'elle est invitée à participer à notre espace intime, exige un échange, une relation de réciprocité. Et cet échange, ce soin dévoué, est en soi un pacte de présence, un exercice de pleine conscience qui nous relie au rythme naturel de la croissance et de la transformation.

Un autre élément vivant de grande puissance énergétique, fréquemment associé à la prospérité et au flux dans le Feng Shui, est l'eau en mouvement. L'eau est le symbole universel de l'émotion, de l'intuition, du nettoyage, de l'adaptabilité et de l'abondance qui s'écoule. L'eau stagnante peut générer de la stagnation (Sha Chi), mais l'eau qui s'écoule doucement active et renouvelle le Chi, invitant au mouvement continu de la vie, au renouvellement des émotions et à la circulation de la prospérité. De petites fontaines de table avec un son délicat d'eau courante, des bassins d'ornement dans les jardins, des aquariums bien entretenus ou même de simples récipients contenant de l'eau fraîche et propre, renouvelée régulièrement, sont des moyens efficaces d'introduire l'énergie dynamique et purificatrice de l'eau dans la maison. Le son doux de l'eau en mouvement a un effet apaisant prouvé sur le système nerveux, aidant à réduire le stress, à stabiliser les émotions et à rafraîchir l'atmosphère de l'environnement. Cependant, il est important que le son soit agréable, constant et non excessivement fort ou intermittent. Les fontaines bruyantes, mal positionnées (par exemple, dans les chambres, où elles peuvent perturber le sommeil, ou dirigeant le flux vers l'extérieur de la maison) ou avec de l'eau sale et stagnante produisent l'effet contraire : elles génèrent anxiété, bruit mental, sensation de blocage ou perte d'énergie. L'eau, pour être bénéfique, doit être propre, claire et en mouvement harmonieux.

Un aquarium bien entretenu, avec des poissons sains et un environnement équilibré, peut également fonctionner comme un puissant activateur de Chi et une ancre visuelle pour la contemplation. Les mouvements gracieux des poissons, le ballet subtil des plantes aquatiques, le reflet de la lumière sur la surface liquide créent une micro-atmosphère relaxante et méditative. Cependant, il est fondamental de se rappeler qu'un aquarium exige responsabilité et soin constant. Les poissons et autres êtres aquatiques ne sont pas de simples objets décoratifs ; ce sont des vies qui dépendent entièrement de notre attention, de notre zèle et de notre respect. Un aquarium sale, à l'eau trouble ou avec des poissons malades, devient une source d'énergie négative.

Même s'il n'est pas possible d'avoir des fontaines ou des aquariums, il existe des formes symboliques et efficaces d'inclure l'énergie de l'eau vive dans l'espace : une carafe en verre transparent avec de l'eau fraîche et quelques feuilles vertes ou fleurs, renouvelée quotidiennement ; un bol en céramique avec de l'eau et des pétales de fleurs flottantes ; ou simplement maintenir l'eau des vases des plantes toujours propre et fraîche. Le geste même de remplir un récipient d'eau propre et de le placer avec intention à un endroit spécifique active déjà l'archétype du flux, de la purification et de la réceptivité.

Outre les plantes et l'eau, il existe d'autres éléments vivants qui, bien que moins évidents, contribuent significativement à la vitalité du foyer. La lumière naturelle qui entre par la fenêtre et réchauffe une surface, créant un jeu dynamique de lumière et d'ombre tout au long de la journée. Le vent qui traverse une fenêtre ouverte, apportant avec lui les sons et les odeurs du monde extérieur et faisant bouger doucement les rideaux ou les mobiles. L'arôme de la terre humide après l'arrosage des plantes. La flamme vivante et dansante d'une bougie allumée avec intention, représentant l'élément Feu sous sa forme la plus pure et transformatrice. Tout cela est nature vivante en dialogue constant avec la maison. Ce ne sont pas des objets statiques, mais des manifestations de vie en mouvement, qui modifient la perception sensorielle et énergétique de l'espace.

Et, bien sûr, il y a les êtres vivants qui partagent activement l'espace avec nous : les animaux de compagnie. Un chien qui remue la queue en nous accueillant, apportant joie et mouvement. Un chat qui ronronne sur les genoux, offrant calme et présence. Un oiseau qui chante à l'aube, saluant le nouveau jour avec mélodie. Ils ne doivent pas être vus comme de simples instruments pour activer l'énergie du Feng Shui, mais comme des membres de la famille, des êtres sensibles avec une âme, une volonté propre et des rythmes particuliers. Ils apportent principalement l'énergie Yang – active, dynamique, sociable, transformatrice – au foyer. Ils exigent présence, soin, responsabilité et écoute attentive de leurs besoins. En échange, ils offrent un amour inconditionnel, de la compagnie et nous enseignent la loyauté, la simplicité et la joie de vivre l'instant présent. L'interaction avec les animaux de compagnie réduit de manière prouvée le stress et améliore le bien-être émotionnel.

Même pour ceux qui, pour diverses raisons, ne peuvent pas avoir d'animaux, de plantes vivantes ou de fontaines à la maison, il est toujours possible de créer un espace qui résonne avec l'énergie de la vie. S'ouvrir à la présence de la nature qui existe déjà alentour est le premier pas. Observer consciemment comment la lumière du soleil se déplace dans l'environnement au fil de la journée. Sentir la chaleur du soleil sur la peau quelques minutes près de la fenêtre. Percevoir l'odeur du vent après la pluie. Introduire à l'intérieur de petits trésors trouvés dans la nature lors d'une promenade : une branche sèche à la forme intéressante, une pierre lisse trouvée sur la plage, un coquillage parfait, une feuille sèche aux couleurs automnales vibrantes. La nature est partout, sous ses formes les plus diverses – il suffit de développer la sensibilité pour l'écouter et l'accueillir.

Lorsque ces éléments vivants – qu'il s'agisse de plantes, d'eau, de feu, d'air, d'animaux ou de symboles de la nature – sont intégrés consciemment au foyer, quelque chose de fondamental change dans son atmosphère. L'air semble plus léger et frais. Le temps semble ralentir, invitant au calme. Le corps se détend plus facilement. L'esprit trouve plus de silence. L'âme sourit en reconnaissance. Parce que la vie reconnaît et répond à la vie. Et quand la maison est vivante, vibrante, connectée aux cycles naturels, elle cesse d'être un simple abri physique et fonctionnel. Elle devient un champ fertile pour la croissance personnelle, un nid qui accueille et protège, une pépinière de possibilités où de nouvelles idées, émotions et expériences peuvent germer.

S'entourer d'éléments vivants est, en essence, un acte de se souvenir de sa propre vitalité. C'est reconnaître que nous aussi, nous grandissons, respirons, nous transformons en cycles constants. C'est dissoudre la rigidité de la forme construite et permettre à la nature – celle qui habite en nous et autour de nous – de trouver une demeure accueillante et expressive au sein de ce que nous appelons foyer.

Chapitre 18
Son et Arôme

Dans un foyer qui respire l'harmonie, l'expérience transcende ce que les yeux peuvent capter. Tandis que la lumière danse sur les surfaces, révélant formes et couleurs, et que les objets occupent leurs places dans la chorégraphie de l'espace, il existe des couches encore plus subtiles, presque éthérées, qui vibrent et se meuvent bien au-delà de la portée de la vue. Elles planent dans l'air comme des présences invisibles, pénètrent la peau sans demander permission, traversent nos sens en silence profond ou en mélodie douce, en fragrance délicate ou en souvenir olfactif puissant. Ces couches sont tissées par le son et l'arôme, deux voyageurs intangibles qui agissent comme de véritables alchimistes de l'environnement domestique. Ils possèdent la capacité unique de transformer l'atmosphère sans rien toucher physiquement, exerçant un pouvoir mystérieux et profond : celui de modifier l'âme d'un espace, l'humeur de ses habitants et la qualité de l'énergie vitale, souvent sans que nous percevions consciemment d'où le changement est parti ou quel en a été l'agent transformateur.

Commençons notre exploration par l'univers des sons, qui résonnent non seulement à travers les murs et les structures de la maison, mais qui vibrent directement dans les états internes de chaque personne qui y vit. Il y a des maisons qui semblent murmurer calme et tranquillité, où le silence est rempli de sons doux et naturels. D'autres semblent crier la tension, immergées dans des bruits constants et dissonants. Certaines vibrent au tintement harmonieux de carillons éoliens stratégiquement positionnés, tandis que d'autres sont étouffées par des bruits épais, répétitifs et monotones – le bourdonnement des appareils électroménagers, le bruit du trafic, le son incessant de la télévision – qui, à force d'être constants, deviennent presque imperceptibles à la conscience, mais continuent d'affecter le système nerveux. Le Feng Shui, dans son approche holistique, n'ignore pas ce champ sonore ; au contraire, il y reconnaît un courant puissant d'énergie en mouvement, capable d'élever et d'harmoniser le Chi (énergie vitale) ou de le contaminer et de le faire stagner, selon sa nature et son intensité. Les sons agréables, harmonieux et naturels fonctionnent comme des ouvreurs de chemins invisibles ; ils dissolvent les rigidités énergétiques accumulées dans l'air, brisent les schémas de stagnation et restaurent l'équilibre vibratoire de l'environnement, agissant comme une brise fraîche qui souffle sur des eaux dormantes, apportant mouvement et clarté.

    Pour travailler consciemment avec le son, le premier pas est de développer l'écoute attentive de la maison. Essayez de fermer les yeux dans différentes pièces et à différents moments de la journée, en vous concentrant uniquement sur les sons présents. Où résonnent les tensions ? Où le silence semble-t-il dense et lourd ? Où existent des bruits agressifs ou irritants qui ont été normalisés par la routine ? Le bourdonnement persistant d'un transformateur électrique dans la rue, le bruit constant du trafic routier, le goutte-à-goutte oublié d'un robinet dans la salle de bain, le ronflement bas des appareils électroniques en veille, le grincement d'une porte ou d'un plancher – tout cela compose le paysage sonore du foyer et agit, silencieusement, sur l'architecture énergétique de l'espace. L'esprit, même s'il ignore rationnellement ces sons répétitifs, les absorbe au niveau subliminal comme une forme d'agression ou de perturbation constante. C'est comme essayer de méditer ou de se détendre profondément avec une petite pierre dans sa chaussure : quelque chose empêche toujours la plongée complète dans la quiétude, maintenant le système nerveux dans un état subtil d'alerte.

La solution pour un environnement sonorement désharmonieux ne réside pas toujours dans l'élimination complète de tous les sons. Le silence absolu, dans certaines atmosphères ou pour certaines personnes, peut même être oppressant ou inconfortable. La clé réside dans la curation sonore, dans l'introduction consciente de sons qui favorisent le bien-être et neutralisent les bruits indésirables. Les sons curatifs, en particulier ceux qui imitent la nature, possèdent une capacité remarquable à réorganiser et à élever le champ vibratoire de la maison. L'eau courante, par exemple, comme mentionné dans le chapitre précédent, porte une signature sonore associée à la pureté, au flux et au renouvellement. Lorsqu'elle est présente dans de petites fontaines d'intérieur (avec des pompes silencieuses) ou des aquariums bien entretenus, elle crée une toile de fond auditive douce et constante qui réduit de manière prouvée les niveaux de stress, augmente la sensation de fraîcheur et de tranquillité, et active symboliquement le flux de la prospérité et des émotions saines.

Quant aux carillons éoliens, lorsqu'ils sont choisis avec soin (en matériaux produisant des sons harmonieux, comme le bambou, le métal de bonne qualité ou la céramique) et positionnés stratégiquement (généralement dans des zones extérieures comme les balcons ou près des fenêtres où il y a une brise douce, mais jamais en excès ou dans des endroits où le son devient irritant), ils produisent des résonances légères et agréables. Ces vibrations aident à déplacer le Chi stagnant, en particulier dans les coins, les longs couloirs ou les entrées, dispersant les énergies arrêtées et invitant l'énergie fraîche à circuler.

Une autre ressource sonore extrêmement puissante est la musique. Mais pas n'importe quelle musique. La sélection musicale doit être faite avec intention, en cherchant à harmoniser et à élever l'énergie du foyer. Les musiques instrumentales douces (comme le piano, la guitare classique, la harpe), les chants grégoriens ou les mantras (qui portent une intention spirituelle et des vibrations spécifiques), les sons binauraux (conçus pour induire des états de relaxation ou de concentration), les compositions classiques équilibrées (comme celles de Mozart ou Bach) ou les musiques de la nature (sons d'oiseaux, pluie, vagues de la mer) sont d'excellentes options. Chaque environnement peut avoir sa bande sonore spécifique, adaptée à sa fonction et à l'énergie souhaitée : au bureau, des musiques favorisant concentration et clarté mentale ; dans le salon, des mélodies évoquant confort, détente et convivialité harmonieuse ; dans la chambre, des silences profonds ou des sons naturels très doux conduisant au repos réparateur.

Cependant, le véritable pouvoir de guérison et d'harmonisation du son réside non seulement dans la source sonore externe, mais dans l'intention et la vibration émises par les habitants eux-mêmes. Lorsque l'on joue d'un instrument de musique avec passion et présence, lorsque l'on chante à la maison (même faux, mais avec joie), ou même lorsque l'on pratique le silence avec révérence et pleine conscience, quelque chose dans le champ énergétique de l'espace se purifie et s'élève. Le son, dans ce sens plus large, n'est pas seulement ce que les oreilles captent, mais la vibration intrinsèque avec laquelle on habite un espace. Les mots dits avec amour et gentillesse, les rires partagés lors de moments de joie, les prières murmurées avec foi au début de la journée ou avant de dormir – tout cela résonne sur les murs, dans l'air, dans les objets, imprégnant le foyer de significations invisibles et créant une atmosphère de positivité et d'accueil.

Si le son agit comme une onde qui se propage et déplace l'énergie, l'arôme agit comme une brume subtile qui enveloppe et pénètre sans préavis. L'odorat est l'un de nos sens les plus primordiaux et puissants, possédant une connexion directe et immédiate avec le système limbique du cerveau – la région responsable du traitement des émotions, des souvenirs et des instincts. Une simple odeur peut nous transporter instantanément vers des moments oubliés de l'enfance, évoquer la présence d'un être cher, déclencher des larmes sans motif apparent ou provoquer un sourire involontaire de plaisir et de bien-être. Une maison qui possède un parfum propre, agréable et accueillant, qui reflète la personnalité et l'intention de ses habitants, a déjà franchi une étape fondamentale pour devenir un véritable sanctuaire, un refuge pour le corps et l'âme.

L'arôme, tout comme le son, est l'un des grands sculpteurs de l'invisible dans le Feng Shui existentiel. Il a la capacité d'élever la vibration d'un environnement, de purifier énergétiquement des espaces qui semblent lourds ou chargés, d'induire des états de relaxation ou de vigilance, d'activer des mémoires positives, de stimuler la créativité ou de faire taire l'esprit agité. Dans la recherche d'un foyer aromatiquement harmonieux, le choix des fragrances doit suivre le principe de naturalité et de subtilité. Il faut éviter les odeurs synthétiques, les parfums artificiels trop intenses ou les désinfectants chimiques agressifs, qui ne font souvent que masquer les mauvaises odeurs sous-jacentes et peuvent même porter des énergies déséquilibrées ou provoquer des réactions allergiques. Les arômes les plus bénéfiques sont ceux qui émergent de sources vivantes et naturelles : herbes fraîches ou sèches, fleurs fraîchement cueillies, résines aromatiques d'arbres sacrés, copeaux de bois odoriférants, écorces d'agrumes.

Les huiles essentielles, extraits purs et concentrés des plantes, sont l'une des formes les plus efficaces et polyvalentes de travailler avec les arômes dans le foyer. Un diffuseur ultrasonique avec quelques gouttes d'huile essentielle de lavande dans la chambre, par exemple, est une aide puissante pour favoriser un sommeil tranquille et réduire l'anxiété. Les huiles d'agrumes comme l'orange douce, le citron de Sicile ou le pamplemousse, diffusées dans le salon ou la cuisine, aident à remonter le moral, à purifier l'environnement et à stimuler la joie et la sociabilité. L'huile essentielle de romarin, une plante associée au soleil et à la clarté mentale, est indiquée pour les bureaux (aidant à la concentration) ou les salles de bain et cuisines (pour son arôme frais et ses propriétés purifiantes). Le bois de santal, avec sa note boisée, profonde et spirituelle, est idéal pour l'espace sacré de la maison, favorisant la méditation, l'introspection et la connexion avec le divin.

L'encens, utilisé depuis des millénaires dans diverses cultures à des fins rituelles et thérapeutiques, joue également un rôle important dans l'harmonisation aromatique et énergétique, à condition qu'il soit de bonne provenance (fait avec des résines et des herbes naturelles, sans additifs synthétiques). La fumée de l'encens, en montant, ne parfume pas seulement l'environnement, mais est vue comme un véhicule qui porte les intentions et les prières, purifiant l'espace des énergies denses et élevant la vibration spirituelle. Des résines comme l'oliban (frankincense), la myrrhe, le copal ou le breuzinho sont particulièrement puissantes pour les nettoyages énergétiques profonds.

La bougie aromatique, quant à elle, combine le pouvoir de l'arôme avec la présence vivante de l'élément

Feu : sa lumière réchauffe, éclaire et crée une atmosphère d'intimité et de présence, tandis que le parfum se répand doucement dans l'air. Le simple fait de cuisiner avec des épices naturelles – comme la cannelle, le clou de girofle, le gingembre, la cardamome, la noix de muscade – laisse également de merveilleuses traces olfactives dans la maison, qui non seulement aiguisent le palais, mais nourrissent l'esprit de souvenirs affectifs et de sensations de confort et de nutrition.

Chaque pièce de la maison peut avoir son « arôme guide », aligné sur sa fonction et l'énergie souhaitée. La cuisine, naturellement riche en odeurs provenant de la préparation des aliments, peut être équilibrée par la fraîcheur d'herbes comme le basilic ou la menthe en pots, ou par l'arôme d'agrumes d'un bol de citrons et d'oranges sur le plan de travail. La salle de bain bénéficie d'arômes qui transmettent propreté et fraîcheur, comme l'eucalyptus, la menthe, le pin ou l'arbre à thé (melaleuca). Le salon peut recevoir des notes plus accueillantes et sociables, comme celles de résines (oliban), de bois (cèdre) ou de floraux légers (géranium, ylang-ylang), invitant à la permanence et à la convivialité harmonieuse. Dans la chambre, les arômes doivent être principalement apaisants et enveloppants, mais pas excessivement sédatifs – lavande, camomille, marjolaine, rose ou jasmin créent une atmosphère propice à la détente, à l'intimité et au sommeil réparateur.

Cependant, il est fondamental de se rappeler qu'avant d'introduire tout arôme, il y a quelque chose d'encore plus important : la qualité de l'air. Un environnement peut avoir les parfums les plus exotiques et chers, mais si l'air est vicié, lourd, étouffant ou chargé d'humidité et de poussière, toute tentative d'harmonisation aromatique sera superficielle et inefficace. Ouvrir les fenêtres quotidiennement, permettre la ventilation croisée, laisser la brise circuler librement, renouveler l'oxygène fréquemment – tout cela est aussi essentiel, voire plus, que n'importe quelle huile essentielle ou encens. De plus, comme déjà mentionné, certaines plantes d'intérieur possèdent la capacité naturelle de filtrer les toxines de l'air, agissant comme des purificateurs silencieux et efficaces.

Son et arôme sont donc les fils invisibles qui tissent l'âme sensorielle de la maison. Ils sont présents même lorsque personne ne les perçoit consciemment, mais leurs effets sur notre énergie, notre humeur et notre bien-être sont profonds et indéniables. Ils ne décorent pas seulement l'espace ; ils l'habitent d'une présence vibratile. Ce sont des qualités sensibles qui peuvent accueillir la fatigue de celui qui arrive en fin de journée, bercer le sommeil de celui qui repose, inspirer le geste de celui qui crée ou simplement rendre l'acte d'être chez soi une expérience plus riche et plus agréable. Lorsqu'ils sont ajustés avec conscience et intention, son et arôme deviennent des alliés silencieux dans la construction d'une demeure véritablement vivante, qui parle et nourrit tous nos sens.

Et, enfin, le secret réside dans la syntonie fine entre le stimulus externe et l'écoute (ou l'odorat) intérieur. Il ne s'agit pas seulement de savoir quelle musique joue, mais de comment cette musique résonne en vous. Ce n'est pas seulement quel parfum exhale dans l'air, mais quels souvenirs, émotions ou sensations il éveille dans votre âme. Le foyer qui parvient à accorder ces fréquences subtiles, qui cultive un paysage sonore et olfactif harmonieux, se transforme en plus qu'un simple abri physique – il devient un champ vibratoire de guérison et de bien-être, où chaque note sonore et chaque molécule d'arôme collaborent pour équilibrer non seulement l'environnement, mais, principalement, l'être qui l'habite.

Chapitre 19
Art Intentionnel

Toute maison révèle une narration. Une histoire silencieuse se manifeste à travers les choix décoratifs, les objets qui reposent sur les étagères, les tableaux qui ornent les murs. Le Feng Shui existentiel nous montre le foyer comme un journal intime discret, où tout ce qui est exposé au regard dévoile des fragments de l'identité de celui qui y réside. Il existe la possibilité, profondément transformatrice, de décider en pleine conscience quelles histoires l'on souhaite raconter. L'art transcende la fonction ornementale, se convertissant en outil d'expression. L'espace acquiert un langage propre, la décoration devient un miroir reflétant des intentions intimes.

L'art intentionnel germe de l'acte d'observer l'environnement avec présence, en se demandant : « Ceci me représente-t-il ? » ou « Ceci parle-t-il pour moi ? ». De nombreux objets sont des héritages, des cadeaux reçus, des achats impulsifs. Ils occupent des places de choix par simple habitude, portant des histoires qui ont perdu leur sens ou, dans des scénarios moins favorables, sabotent silencieusement le flux positif de la maison. Un tableau transmettant l'angoisse, une statuette brisée oubliée, un miroir reflétant ce qui devrait rester caché –

ces éléments, apparemment inoffensifs, construisent des atmosphères. Ces atmosphères, à leur tour, façonnent les sentiments quotidiens avec une puissance plus grande qu'on ne l'imagine habituellement.

Une maison qui embrasse l'art intentionnel respire la vérité. Elle se passe de pièces rares, coûteuses ou signées par des noms célèbres. Les œuvres les plus puissantes surgissent fréquemment du travail manuel, imprégnées d'affection, de mémoire. Un dessin d'enfant, un collage créé lors d'un après-midi introspectif, un mandala peint comme exercice méditatif – tout ce qui naît du geste créatif sincère porte déjà une énergie d'authenticité, résonnant à la fréquence de l'âme.

Ce type d'art ne vise pas à impressionner. Il cherche à représenter. Représentation, dans ce domaine, signifie accorder des symboles avec des significations profondément personnelles. Une image de montagne peut symboliser la force, la stabilité pour une personne ; pour une autre, évoquer le défi, le dépassement. Une sculpture d'oiseau peut éveiller des sensations de liberté, de légèreté, ou peut-être de nostalgie. Chaque individu doit explorer ce qui active son propre univers symbolique. L'intention est la clé maîtresse.

En sélectionnant ce qu'il faut exposer, réfléchissez à ce que cet objet éveille en vous au contact quotidien. Y a-t-il beauté ? Soulagement ? Connexion ? Ou inconfort, étrangeté, poids ? C'est le filtre initial de l'art intentionnel. Un foyer ne fonctionne pas comme une galerie neutre. C'est un sanctuaire vivant ; chaque élément en lui doit contribuer à sa sacralité quotidienne, à l'élévation de l'esprit de celui qui l'habite.

Le pouvoir du positionnement de chaque pièce est indéniable. L'emplacement influence directement l'énergie que l'objet irradie dans l'environnement et, par conséquent, dans la vie des habitants. Un symbole de courage, par exemple, peut trouver sa place idéale dans le hall d'entrée. Là, il fonctionnera comme un gardien invisible, offrant force et protection tant à celui qui entre qu'à celui qui sort, marquant le seuil entre le monde extérieur et le refuge personnel par une affirmation de détermination. Un mandala représentant l'équilibre, avec ses formes géométriques harmonieuses et symétriques, peut reposer sur la tête de lit. Sa vibration réparatrice agira pendant les heures de sommeil, période où l'esprit subconscient est le plus réceptif, favorisant des rêves tranquilles, un repos profond et un réveil plus centré. Une photographie capturant un moment authentiquement heureux – un sourire partagé, une célébration familiale, une réussite personnelle – peut être stratégiquement positionnée de manière à être le premier aperçu du matin. Elle fonctionnera comme un rappel matinal de gratitude, établissant un ton positif avant même que les exigences de la journée ne commencent à se présenter. L'emplacement de chaque objet est, en soi, un acte chargé d'intention, une manière de programmer l'espace pour soutenir les aspirations et le bien-être.

Il ne s'agit pas de surcharger les environnements d'une profusion de symboles de tous côtés. L'excès, comme exploré dans diverses approches d'harmonisation spatiale, tend à faire stagner le flux énergétique, créant du bruit visuel et mental. La recherche est celle d'une présence significative, non d'une accumulation. Moins de pièces, plus de dessein. La qualité de l'intention dépasse la quantité d'objets. Un unique tableau contenant des mots inspirants, soigneusement choisis pour leur pouvoir évocateur, peut être plus transformateur qu'un mur entier couvert d'images génériques, sans connexion personnelle profonde. Une bougie sculptée avec des symboles d'amour, comme des cœurs entrelacés ou des nœuds infinis, peut transformer un coin autrefois oublié du salon en un point focal de reconnexion émotionnelle, un rappel silencieux de l'importance des liens affectifs. L'art intentionnel opère par la résonance, par la qualité de l'énergie qu'il émane, non par son ostentation.

La manifestation de l'art intentionnel peut se produire dans les détails les plus subtils du quotidien. Une assiette peinte à la main avec des mandalas colorés, utilisée non seulement pour servir, mais laissée sur la table de la cuisine comme un point de beauté fonctionnelle. Un paravent avec des motifs évoquant la nature – feuilles, bambous, vagues – utilisé pour séparer des pièces, qui, outre sa fonction pratique, évoque une sensation de protection, de délimitation douce des espaces. Une pièce de céramique artisanale, avec ses imperfections visibles, une petite fissure réparée selon la technique *kintsugi* (réparation à l'or), qui renforce la beauté philosophique du Wabi-Sabi, célébrant l'histoire et la résilience de l'objet. Chaque choix visuel, aussi petit soit-il, constitue une opportunité de raconter, avec délicatesse et conscience, l'histoire que l'on souhaite vivre, les valeurs que l'on chérit, l'énergie que l'on veut cultiver dans le foyer.

Il est crucial de rappeler que l'énergie ne réside pas seulement dans la forme ou l'image représentée. Elle pulse puissamment dans l'acte même de choisir. En sélectionnant une pièce parce qu'elle symbolise une valeur que vous chérissez – comme l'amour, le courage, la créativité, la foi, la joie, le silence – l'environnement commence à vibrer à la fréquence de cette valeur spécifique. L'espace devient un champ résonant, amplifiant et nourrissant cette qualité dans votre vie. L'amour peut être évoqué par des images de couples, par des couleurs rosées, par des objets en paires. Le courage peut être représenté par des figures d'animaux forts, par des tons rouges vifs, par des symboles de dépassement. La créativité peut être stimulée par l'art abstrait, par des couleurs vives, par des objets invitant à l'interaction. La foi peut être ancrée par des symboles religieux ou spirituels, par des images de lumière, par des pierres ayant une signification spéciale. La joie peut être apportée par des couleurs solaires, par des images ludiques, par des objets rappelant des moments heureux. Le silence peut être cultivé à travers l'art minimaliste, les couleurs neutres, les représentations de paysages tranquilles. Ces sentiments peuvent être évoqués par l'art, non comme de simples slogans décoratifs, mais comme des présences subtiles, quasi subliminales, qui agissent dans le champ invisible, nourrissant l'âme et dirigeant l'énergie du foyer.

Face à cela, tout objet mérite d'être vu avec un nouveau regard, un regard investigateur et présent.

Faites l'exercice de parcourir votre maison comme si vous étiez un visiteur attentif, curieux de l'histoire que cet espace raconte. Observez ce qui est accroché aux murs, ce qui repose sur les meubles, ce qui s'accumule dans les coins. Questionnez-vous honnêtement : cet objet représente-t-il quelque chose que je désire encore cultiver dans ma vie ? Résonne-t-il avec qui je suis aujourd'hui ? Ou n'est-il qu'un écho d'un temps révolu, le rappel d'une douleur déjà surmontée, un fragment d'une version de moi qui est restée derrière, n'étant plus pertinente pour mon chemin actuel ? L'honnêteté radicale dans cette analyse personnelle est le premier pas fondamental pour transformer la décoration, auparavant peut-être automatique ou héritée, en un puissant acte de guérison, d'alignement et de création consciente de son propre environnement.

En faisant de la place physiquement, en retirant avec gratitude ce qui ne résonne plus avec votre énergie présente, un champ fertile se crée pour que de nouvelles pièces, de nouveaux symboles, de nouvelles intentions puissent surgir et trouver leur place. Il n'est pas nécessaire de remplir cet espace immédiatement. Le vide, en soi, est aussi un puissant acte d'intention. Laisser un mur libre peut signifier une ouverture au nouveau, une disponibilité à l'inconnu, une confiance dans le flux de la vie. Un autel minimaliste, ne contenant qu'une pierre trouvée dans la nature et une fleur fraîche, peut avoir plus de puissance symbolique, plus de force énergétique, que des dizaines d'objets accumulés sans dessein clair, juste pour remplir l'espace. La clarté émotionnelle d'un environnement commence par le discernement, par la capacité de choisir ce qui reste et ce qui part, basé non pas sur des règles externes, mais sur l'écoute intérieure et la résonance du cœur.

Pour ceux qui ressentent l'appel à créer leurs propres pièces, le foyer se transforme aussi en atelier, en laboratoire d'expression de l'âme. Il n'est pas nécessaire de posséder des compétences artistiques formelles ou de se considérer comme un « artiste » au sens conventionnel. Il suffit d'être vrai avec soi-même. Peindre, dessiner, réaliser des collages avec des découpes de magazines ou de vieilles photos, écrire des poèmes et les exposer dans des cadres simples, composer une courte musique et la laisser jouer doucement de temps en temps – toutes ces actions activent la force créatrice inhérente à chaque être humain. Cette force créatrice, une fois éveillée et exprimée, irradie à travers la maison comme une lumière douce, une énergie vibrante et authentique. Ce qui naît des mains avec affection, avec intention, avec présence, demeure dans l'environnement comme une bénédiction, une signature énergétique personnelle qui élève la vibration de l'espace.

L'art intentionnel n'a pas besoin d'être littéral ou figuratif. Il peut être abstrait, symbolique, géométrique. L'essentiel est qu'il représente quelque chose que l'habitant reconnaît comme sien, comme faisant partie de son langage intérieur. Une spirale peut symboliser la croissance continue, l'évolution, le voyage. Un cercle peut représenter l'union, la totalité, les cycles. Un simple point au centre d'une toile peut être la manifestation du silence que vous souhaitez cultiver au milieu du bruit incessant du monde. Lorsqu'on abandonne le besoin de plaire au regard d'autrui, de suivre les tendances passagères, la véritable expression authentique émerge. C'est cette expression authentique qui remplit la maison d'âme, de personnalité, de vie.

Même les objets purement fonctionnels peuvent porter une dimension artistique et intentionnelle. Une lampe en papier artisanal, qui filtre la lumière de manière douce et organique. Un sous-verre avec des motifs géométriques évoquant la nature ou des symboles sacrés. Un abat-jour dont vous avez teinté le verre vous-même, lors d'un après-midi créatif. Tout peut porter une intention, si cela est ainsi choisi, modifié ou créé. L'art cesse alors d'être une catégorie isolée, restreinte aux tableaux et sculptures, et commence à imprégner la vie quotidienne de manière intégrée. Une serviette de bain brodée de symboles que vous aimez, transformant un acte routinier en un petit rituel. Une petite sculpture, représentant peut-être un animal de pouvoir, cachée sur l'étagère comme un secret personnel, une source de force discrète. Une collection de pierres trouvées lors de voyages significatifs, disposées sur un plateau comme des souvenirs tactiles du chemin parcouru, des expériences vécues.

Ainsi, le foyer devient un portrait vivant non pas de ce que vous possédez matériellement, mais de qui vous êtes en essence. Ou, plus précisément, de qui vous devenez chaque jour. À chaque nouveau choix conscient, à chaque remplacement d'un objet qui a perdu son sens par un autre qui résonne avec le moment présent, à chaque symbole placé avec présence et intention, vous façonnez activement l'environnement. L'espace se met à vous inspirer, vous accueillir, vous diriger subtilement sur votre chemin de croissance. La maison se transforme simultanément en boussole et en nid. Elle ne protège pas seulement physiquement, elle guide énergétiquement. Dans le silence éloquent des formes, dans les couleurs qui vibrent sur les murs comme des notes de musique, dans les textures que les yeux caressent avant même que les mains ne les touchent, l'art se révèle comme une prière silencieuse, une méditation visuelle continue. Le foyer se transforme alors en autel quotidien. Un lieu où la routine est imprégnée de sacralité, où chaque objet parle la langue profonde de l'âme, où chaque image exposée révèle le chemin qui se déploie de l'intérieur vers l'extérieur. Telle est la proposition transformatrice de l'art intentionnel : rendre visible, dans l'environnement externe, ce qui, à l'intérieur de vous, désire être rappelé, nourri, célébré tous les jours. Non pas pour impressionner l'autre, non pas pour suivre les modes. Mais pour ne pas s'oublier soi-même, pour ancrer sa vérité dans l'espace que vous appelez foyer.

Chapitre 20
Espace Libre

Une présence invisible imprègne de nombreuses maisons, souvent inaperçue. Elle se cache derrière des meubles inutilisés, repose dans des tiroirs encombrés de papiers oubliés, plane au-dessus d'armoires abritant des vêtements qui ne vêtent plus ni le corps ni l'âme. C'est la stagnation. Elle s'installe avec subtilité, transformant ce qui semblait une simple accumulation en une véritable prison énergétique, limitant le flux vital dans l'environnement et dans la vie des habitants. L'absence d'espace libre révèle plus qu'un problème esthétique ; c'est un reflet direct de la difficulté humaine à laisser aller, à lâcher le passé, à faire confiance au devenir.
Créer de l'espace libre est, fondamentalement, un acte de courage. Le vide, pour beaucoup, effraie. Il nous confronte à l'impermanence de la vie, à l'incertitude de l'avenir, à l'inconfort de ne pas savoir ce qui viendra remplir cet endroit. C'est pour cette raison que tant de personnes préfèrent conserver des objets qui ont déjà complètement perdu leur sens : ils représentent une histoire qui, bien que terminée, offre encore l'illusion du contrôle, de la sécurité dans le connu. Une maison remplie d'excès n'accueille pas le nouveau. Elle se transforme en un musée de versions passées de

l'habitant, une archive poussiéreuse d'identités qui ne servent plus. Aucun être ne peut véritablement grandir, évoluer, tout en habitant le décor d'un temps révolu, piégé énergétiquement dans des circonstances dépassées.

Le Feng Shui existentiel traite l'espace libre comme un territoire sacré, essentiel à la vitalité. C'est là, dans les vides, dans les zones désencombrées, que le Chi, l'énergie vitale, circule en plénitude, renouvelant et nourrissant l'environnement. C'est dans le vide que la respiration du foyer se fait sentir, que l'environnement peut inspirer et expirer librement. Tout comme le corps physique a besoin de pauses entre les mouvements pour maintenir l'équilibre, pour reprendre son souffle, l'environnement domestique a besoin d'intervalles, de respirations visuelles, de clairières énergétiques pour soutenir l'harmonie. L'espace libre est, dans son essence, un espace vivant, vibrant, plein de potentiel.

Il ne s'agit pas de vider pour vider, de rechercher un minimalisme stérile ou impersonnel. La proposition ne réside pas dans l'imposition d'un idéal esthétique externe, mais dans l'écoute attentive de la maison, dans la perception sensible d'où l'excès étouffe, où l'énergie se sent bloquée, où l'environnement réclame la libération. Une étagère débordant de livres qui ne seront plus jamais relus, accumulant poussière et culpabilité silencieuse, peut devenir un poids invisible, une ancre qui empêche le flux de nouvelles idées. Une étagère remplie de bibelots qui ne communiquent plus rien au cœur, qui ont perdu leur charme ou leur signification, bloque le regard, fatigue l'esprit. Une armoire débordant de vêtements qui ne traduisent plus qui vous êtes aujourd'hui, qui appartiennent à des phases antérieures de la vie, restreint les mouvements, non seulement physiques lors de la recherche de quoi porter, mais aussi existentiels, empêchant l'expression de l'identité actuelle.

La pratique du désencombrement, lorsqu'elle est réalisée avec une intention claire et une présence, se révèle l'une des formes de transmutation énergétique les plus puissantes disponibles dans le domaine domestique. Chaque objet retiré consciemment, avec gratitude pour le service rendu, représente une libération interne correspondante. En faisant de l'espace physique à l'extérieur, on fait simultanément de l'espace mental et émotionnel à l'intérieur. C'est comme lâcher des amarres invisibles, une par une, permettant à l'âme de flotter plus légère, plus libre d'explorer de nouveaux horizons. Il n'est pas rare qu'après un grand nettoyage et une grande organisation, des prises de conscience inattendues surviennent, des décisions qui étaient reportées deviennent claires comme du cristal, et même la qualité du sommeil s'approfondisse de manière significative. L'espace qui s'ouvre dans la maison est le même espace qui s'ouvre dans l'esprit, dans le cœur, dans les possibilités de la vie.

Ce processus de libération, cependant, doit être mené avec un profond respect pour sa propre histoire et les émotions impliquées. Il y a des objets qui portent des couches denses de signification émotionnelle, des souvenirs de temps importants, des affections tissées dans le silence des souvenirs familiaux ou personnels.

On ne doit pas forcer la libération de quoi que ce soit qui soit encore authentiquement vivant en vous, qui nourrisse encore votre âme d'une manière positive. L'honnêteté envers soi-même est cruciale. Garder un cadeau de quelqu'un avec qui un lien douloureux a été rompu, par exemple, peut être un fil invisible qui vous retient énergétiquement à cette souffrance passée, empêchant la guérison et l'ouverture à de nouvelles relations. Conserver des objets cassés, empilés dans un coin sous l'excuse vague de les réparer « un jour », peut être une métaphore inconsciente du propre sentiment d'inadéquation, de la difficulté à gérer les « parties brisées » de soi que l'on veut éviter d'affronter.

Ce qui ne sert plus, ce qui a déjà accompli son cycle, doit partir pour que le nouveau puisse arriver. Cela ne représente pas une négligence du passé ou un manque de respect pour l'histoire ; au contraire, c'est un acte de révérence envers l'avenir, un vœu de confiance dans la continuité de la vie. C'est déclarer, par des gestes concrets et symboliques, qu'il y a de la place dans votre vie pour ce qui est à venir, pour de nouvelles expériences, de nouvelles personnes, de nouvelles opportunités. Que vous faites confiance à l'abondance intrinsèque de la vie et n'avez plus besoin de garder des choses par peur de la pénurie, par crainte que quelque chose puisse manquer. C'est l'un des plus grands pièges psychologiques et énergétiques de l'accumulation : la croyance limitante que si vous ne conservez pas tout, vous ferez inévitablement face au manque. Le véritable flux de l'abondance, à tous les niveaux, s'établit lorsque l'on cultive la foi que l'essentiel trouvera toujours son chemin jusqu'à vous, que l'univers pourvoit au nécessaire au moment opportun.

Commencez petit, pour ne pas vous sentir submergé. Choisissez un tiroir. Une étagère spécifique. Une boîte de vieux papiers. Regardez élément par élément, en tenant chacun dans vos mains, si nécessaire. Demandez-vous sincèrement : cela me représente-t-il encore ? A-t-il encore un usage pratique ou une signification pertinente dans ma vie actuelle ? M'apporte-t-il encore de la joie en le regardant ou en l'utilisant ? Si la réponse est un « non » clair à toutes ou à la plupart de ces questions, remerciez l'objet pour la fonction qu'il a remplie et lâchez-le. Donnez-le à quelqu'un qui pourrait en avoir besoin, recyclez-le si c'est le cas, transmettez-le à des amis ou à la famille qui pourraient l'apprécier. Si l'objet est cassé, demandez-vous avec une honnêteté absolue s'il sera vraiment réparé dans un avenir proche. Si la réponse est incertaine ou négative, c'est peut-être le moment de le jeter. S'il est taché de manière irréversible, déchiré au-delà de toute réparation, périmé, peut-être attend-il juste votre courage de le laisser partir, de libérer l'espace qu'il occupe physiquement et énergétiquement.

Au fur et à mesure que l'espace physique s'ouvre graduellement, un nouveau regard sur soi-même et sur ses besoins réels commence à naître. Vous commencez à percevoir, peut-être avec surprise, que vous n'avez pas besoin de tant de choses pour vous sentir entier, en sécurité ou heureux. Que l'énergie circule beaucoup mieux, tant dans l'environnement que dans votre propre vie, avec moins d'obstacles physiques et mentaux. Que la beauté se révèle souvent dans les interlignes du vide, dans la simplicité, dans la clarté. Et que la maison, en étant libérée du superflu, commence à respirer avec plus de douceur, plus de légèreté, devenant un environnement plus accueillant et revitalisant.

L'espace libre ne se limite pas seulement aux zones visibles de la maison. Il est également nécessaire dans les espaces cachés : à l'intérieur des armoires, dans les tiroirs profonds, dans les débarras, les garages ou ce fameux « débarras ». Cette pièce au fond, souvent pleine de boîtes dont vous ne vous souvenez même plus du contenu, porte une charge énergétique particulièrement dense, stagnante. Elle fonctionne comme une zone d'ombre dans le foyer, un dépôt physique pour les pensées reportées, les « je verrai plus tard », les « un jour j'utiliserai », les « je ne veux pas m'en occuper maintenant ». Chacune de ces pensées, même si elles opèrent au niveau inconscient, génère un blocage subtil dans le flux général de la maison – et, par reflet, dans le flux de la vie elle-même.

Dans le Feng Shui, l'encombrement, le désordre accumulé, possède un poids vibratoire considérable. Il tend à abaisser la fréquence énergétique de l'environnement, à générer de la stagnation, à entraver la circulation saine du Chi. Il empêche l'énergie vitale de se déplacer avec légèreté, nutrition et clarté. En faisant de l'espace dans ces lieux oubliés, on ne nettoie pas seulement physiquement – on nettoie principalement l'énergie stagnante accumulée là, libérant de vieux schémas, des émotions piégées, des projets inachevés qui drainaient la vitalité. Souvent, en vidant complètement une pièce auparavant encombrée, il est possible de percevoir un changement palpable dans l'atmosphère : une odeur différente dans l'air, une lumière qui ne semblait pas si intense auparavant, ou même une sensation physique de soulagement inexplicable, comme si un poids avait été retiré des épaules.

Créer et maintenir de l'espace libre implique également une réévaluation consciente des habitudes de consommation et d'attachement. Acheter par impulsion, accumuler des objets sans réel besoin ou signification, avoir du mal à se détacher de ce qui a clairement rempli sa fonction. Tout cela contribue à la saturation de la maison, au blocage du flux. Un foyer en harmonie vibratoire n'est pas celui rempli de choses belles ou chères, mais plutôt celui où chaque chose présente a un pourquoi clair, une fonction définie, une signification personnelle. Où il y a de l'espace pour que le regard se repose sans être bombardé d'informations excessives, pour que le corps se meuve librement sans heurter d'obstacles, pour que l'esprit se sente vraiment chez lui, accueilli par la clarté et l'ordre.

Il faut cependant maintenir cet espace conquis. Le désencombrement ne doit pas être vu comme un événement isolé, une tâche ardue réalisée une seule fois. C'est une pratique continue, un état d'attention et de soin. Quelque chose que l'on fait régulièrement, avec amour, discernement et légèreté. À chaque changement de saison, un nouveau cycle commence, offrant une opportunité naturelle de revoir armoires, tiroirs, objets. À chaque changement interne significatif – un nouvel emploi, la fin d'une relation, une nouvelle phase de la vie – une nouvelle révision externe s'impose pour aligner l'environnement avec le moment présent. La maison doit accompagner votre évolution personnelle. Et, pour cela, elle doit être toujours prête à changer avec vous, à refléter qui vous êtes maintenant.

Il existe aussi l'espace libre symbolique – celui qui ne se perçoit pas avec les yeux physiques, mais se ressent avec l'âme. Un coin intentionnellement vide peut être une invitation à la contemplation, à la méditation, au silence intérieur. Un mur sans tableaux, vaste et clair, peut fonctionner comme une pause nécessaire pour l'esprit surchargé de stimuli. Un sol libre de tapis ou de meubles en excès peut être une invitation au mouvement spontané, à la danse, à l'expression corporelle. Le silence visuel apaise profondément les sens. Et c'est dans ce silence, dans ce vide fertile, que l'intuition fleurit, que la voix intérieure se fait entendre plus clairement.

En libérant la maison de l'excès matériel, vous vous libérez simultanément des répétitions automatiques de comportement, des attachements émotionnels qui n'ont plus de sens, des peurs inconscientes qui empêchent le flux naturel de la vie. Vous déclarez, à travers l'organisation de votre espace physique, que vous êtes ouvert à vivre de manière plus légère, plus consciente, plus connectée au moment présent.

En fin de compte, l'espace libre n'est pas synonyme d'absence ou de privation. C'est, en réalité, une présence élargie. C'est le territoire fertile où le nouveau peut germer, où les opportunités peuvent trouver un lieu pour se manifester. C'est l'autel invisible de la confiance en la vie. Parce que seul celui qui fait confiance à l'abondance intrinsèque de l'univers est capable de laisser aller, avec gratitude, ce qui a déjà rempli son rôle. Et lorsque cette confiance s'installe profondément, le foyer se transforme radicalement. Il cesse d'être un simple dépôt d'objets accumulés au fil du temps et devient un champ vibrant de possibilités. L'énergie circule librement. Le regard se repose. Le corps se détend. L'esprit respire soulagé. Le cœur s'ouvre. Dans cet espace libre, retrouvé et cultivé, réside la liberté. Et avec elle, la vie peut danser sous sa forme la plus pleine, légère et authentique.

Chapitre 21
Nettoyage Énergétique

L'énergie d'une maison transcende ses murs physiques. Elle ne se limite pas aux meubles disposés, ni même à l'air qui circule dans les pièces. Elle s'infiltre subtilement dans les interstices, repose dans les coins les plus oubliés, résonne dans les objets chargés d'histoire, s'étendant comme un champ invisible, une aura qui embrasse chaque environnement. Lorsque l'espace physique est touché par des émotions intenses, des souvenirs marquants, des événements significatifs, il absorbe ces marques comme un miroir silencieux, enregistrant les vibrations de tout ce qui s'y passe. Le nettoyage énergétique émerge, dans ce contexte, comme un rituel essentiel de renaissance pour le foyer. Non seulement il élimine les résidus subtils accumulés, les énergies denses ou stagnantes, mais il rend à la maison sa pureté essentielle, sa vibration originelle, lui permettant de redevenir un sanctuaire de paix et de vitalité.

Vivre est un acte continu de débordement d'énergie. La joie qui résonne en rires contagieux, les pleurs silencieux d'une nuit difficile, la peur paralysante, la colère explosive, l'émerveillement devant la beauté. Chaque émotion ressentie et exprimée à l'intérieur du foyer laisse une trace énergétique dans l'environnement. Tout comme la poussière s'accumule physiquement sur les meubles, les charges émotionnelles et mentales se sédimentent dans les couches invisibles de l'espace, créant une atmosphère qui peut devenir lourde ou disharmonieuse avec le temps. C'est pour cette raison que certaines maisons, même impeccablement propres et organisées physiquement, semblent lourdes, oppressantes. Et d'autres, même très simples et modestes, accueillent comme une étreinte chaleureuse, transmettant une sensation immédiate de bien-être. La différence réside dans la fréquence énergétique qui y vibre – une fréquence qui peut, heureusement, être consciemment renouvelée et élevée.

Il n'est pas nécessaire qu'un événement grave ou traumatisant se soit produit pour justifier la réalisation d'un nettoyage énergétique. La dynamique même de la vie quotidienne, avec ses hauts et ses bas naturels, déplace des vagues émotionnelles qui s'impriment constamment dans l'espace. Conflits interpersonnels, périodes de maladie, pertes significatives, mais aussi changements internes profonds comme la fin de relations, le début de nouveaux cycles, des renaissances personnelles – tout laisse des traces énergétiques. Le nettoyage énergétique est un geste de soin subtil, profond. Il ne nettoie pas seulement ce qui est dense, mais honore le cycle naturel de la maison, reconnaissant sa capacité à absorber et à transformer. Il est comparable à tailler une plante pour qu'elle pousse avec plus de vigueur, ou à ouvrir toutes les fenêtres après un long hiver pour renouveler l'air. C'est un acte de revitalisation.

Il existe de nombreuses formes traditionnelles et contemporaines de nettoyer énergétiquement un environnement. Aucune d'elles n'est intrinsèquement « plus juste » qu'une autre. L'efficacité réside moins dans la technique spécifique que dans la présence de celui qui la réalise. L'intention claire de purifier et d'élever l'énergie, le cœur impliqué dans le processus, la connexion authentique avec l'espace. C'est ce champ vibratoire interne du praticien qui active le pouvoir transformateur de chaque geste, de chaque élément utilisé. Ce qui suit ne sont que des chemins possibles, des suggestions basées sur différentes traditions. Mais c'est l'état de conscience en les parcourant qui les rend véritablement sacrés et efficaces.

La fumigation est peut-être le plus ancestral et universel des rituels de purification spatiale. Brûler des herbes sèches est un acte pratiqué par d'innombrables cultures à travers le monde depuis des temps immémoriaux. Les peuples anciens le faisaient autour du feu sacré, lors de cérémonies de passage importantes, pour marquer les naissances, honorer les morts, célébrer les récoltes, réaliser des guérisons. La fumée qui monte des herbes incandescentes est vue comme une prière visuelle, un véhicule qui transporte les intentions de nettoyage vers les plans subtils. Elle a la capacité de transformer ce qui est dense en léger, ce qui est stagnant en fluide. La sauge blanche, connue pour ses propriétés purificatrices intenses ; le romarin, associé à la protection et à la clarté mentale ; la lavande, qui apporte calme et harmonie ; la rue, traditionnellement utilisée pour éloigner les énergies négatives ; la myrrhe et l'oliban, résines sacrées utilisées pour l'élévation spirituelle – chaque plante porte sa propre signature vibratoire, ses propres codes de purification. En brûlant un fagot de ces herbes ou résines et en parcourant la maison, guidant intentionnellement la fumée dans tous les coins, portes, fenêtres et zones de plus grande circulation, c'est comme si nous peignions l'air d'une nouvelle lumière, dissolvant les ombres énergétiques.

Il ne s'agit pas, cependant, de simplement allumer les herbes et de se promener mécaniquement dans la maison. L'âme du rituel réside dans le geste conscient, dans la présence pleine. Avant de commencer, prenez un moment pour respirer profondément. Connectez-vous à l'intention de ce que vous souhaitez nettoyer : ce peut être un poids spécifique que vous ressentez dans l'air d'une pièce, une sensation récurrente de fatigue ou d'irritabilité, une stagnation inexplicable dans un domaine de la vie qui se reflète dans le foyer. En passant la fumée, visualisez ou sentez qu'elle dissout et transmute tout ce qui ne sert plus à l'harmonie de l'espace et de ses habitants. Visualisez qu'elle fait place à l'entrée de la légèreté, de la clarté, de l'amour, de la prospérité. Répétez mentalement ou à voix basse une phrase, une affirmation ou une prière qui résonne avec votre cœur, comme « Que toute énergie dense soit transmutée en lumière » ou « Cette maison est propre, protégée et bénie ». Ou restez simplement en silence, permettant à la sagesse de la plante d'agir à travers la fumée, en faisant confiance à sa capacité de purification.

Un autre instrument puissant pour le nettoyage énergétique est le son. Tout comme la fumée, les vibrations sonores pénètrent là où les yeux physiques n'atteignent pas. Le son vibre, déplace, brise les schémas d'énergie stagnante. Des pratiques simples comme taper vigoureusement des mains dans les coins des pièces, faire tinter des cloches au son clair et aigu, agiter un hochet indigène ou une maraca, ou faire résonner un bol tibétain ou en cristal, peuvent être très efficaces. Chaque son a le pouvoir de déloger des énergies qui étaient piégées, créant du mouvement et dispersant la densité. Les coins de la maison, en particulier ceux qui sont plus sombres, difficiles d'accès ou peu utilisés, tendent à accumuler de l'énergie arrêtée, formant des « poches » de stagnation. En émettant des sons à ces points spécifiques, avec l'intention de briser ces blocages, vous rompez des schémas subtils, ouvrant des fissures pour que le renouvellement énergétique puisse s'écouler.

Le son peut également être vibré par la propre voix. Entonner un mantra sacré avec dévotion (comme le « Om »), chanter une prière ou un hymne avec foi, ou même répéter un simple « merci » ou « je t'aime » avec une intention dirigée vers l'espace. Tout cela résonne sur les murs, dans le champ énergétique du foyer, et le transforme. La maison écoute. Elle absorbe la vibration des mots, des sons. Et répond par une atmosphère plus légère et élevée.

L'eau, élément universellement associé à la purification et au flux, peut également être utilisée avec une grande puissance dans le nettoyage énergétique. Vaporiser dans les pièces un mélange simple d'eau et de gros sel est l'une des pratiques les plus accessibles et efficaces. Le sel, un cristal naturel formé dans la terre, possède la capacité intrinsèque d'absorber les énergies denses et négatives, neutralisant l'environnement et rendant à l'espace sa neutralité vibratoire originelle. On peut préparer une solution en mélangeant de l'eau filtrée (ou de l'eau de pluie, si possible) avec une poignée de gros sel (de préférence non raffiné) dans un vaporisateur propre. Parcourez les pièces en vaporisant doucement le mélange, en accordant une attention particulière aux portes, fenêtres, plinthes, coins et objets qui semblent porter beaucoup de souvenirs ou d'énergies lourdes. Certaines personnes préfèrent placer de petits récipients (comme des soucoupes ou des petits verres) avec du gros sel à des points stratégiques de la maison, comme dans les coins des pièces ou sous des meubles comme le lit ou le canapé. Elles les laissent là pendant quelques jours (généralement de 3 à 7 jours) pour que le sel absorbe les énergies denses, puis jettent le contenu de préférence dans la terre (pour que l'énergie soit transmutée) ou dans l'eau courante (comme dans les toilettes, en visualisant l'énergie s'en aller). Ce geste, simple et ancestral, fonctionne comme une invitation à la renaissance énergétique de l'espace : l'ancien est absorbé et libéré, permettant au nouveau de surgir avec plus de clarté et de vitalité.

La lumière possède également des propriétés purificatrices. Une bougie allumée avec une intention claire de nettoyage et d'élévation fonctionne comme un soleil miniature à l'intérieur du foyer, apportant chaleur, lumière et transmutation. On peut allumer une bougie blanche (couleur associée à la pureté et à la paix) dans chaque pièce, une à la fois, en consacrant quelques instants à faire silence, à sentir l'énergie de l'espace et à intentionner la purification. Il ne s'agit pas seulement d'éclairer physiquement, mais de réenchanter l'espace, d'introduire la présence vivante de l'élément feu pour dissoudre les ombres énergétiques. La flamme, vivante et dansante, a le pouvoir de briser les schémas et d'élever la vibration. Il est également possible d'utiliser des bougies aromatiques, combinant ainsi l'élément feu avec le pouvoir thérapeutique des huiles essentielles, en choisissant des arômes comme la sauge, le romarin ou la lavande pour potentialiser le nettoyage.

Certains utilisent le pouvoir des cristaux, en les positionnant stratégiquement dans des endroits où l'on ressent une énergie plus dense ou désharmonieuse. Le quartz transparent (ou cristal de roche) est connu pour sa capacité à nettoyer et amplifier les énergies. L'améthyste transmute les énergies négatives en positives et favorise la spiritualité. La tourmaline noire est une puissante protectrice contre les énergies denses et électromagnétiques. Chaque pierre possède une vibration spécifique et agit comme une gardienne silencieuse de l'énergie de l'espace. Il est important de se rappeler de nettoyer et d'énergiser régulièrement les cristaux, par exemple en les lavant à l'eau courante, en les laissant sous la lumière de la pleine lune ou du soleil (selon le cristal), ou en les enterrant dans la terre pendant quelques heures pour qu'ils se renouvellent et continuent d'agir efficacement.

Et peut-être la méthode la plus puissante et la plus simple de toutes est-elle simplement de tout ouvrir. Ouvrir fenêtres, rideaux, portes. Laisser le soleil entrer généreusement. Laisser le vent courir librement dans la maison. La nature est la plus grande des guérisseuses. Lorsqu'un environnement est envahi par une lumière naturelle abondante et un air frais circulant, quelque chose de fondamental se réorganise dans son champ énergétique. Le Chi recommence à se déplacer avec vigueur. Les murs semblent respirer. La maison se réveille de sa léthargie.

Au-delà de toutes les méthodes et outils, il existe un secret fondamental. Le nettoyage énergétique le plus profond et durable est celui réalisé avec un amour authentique pour l'espace. Lorsque l'on parcourt un environnement en exprimant de la gratitude – pour l'abri qu'il offre, pour l'histoire qu'il garde, pour les leçons qu'il enseigne, pour les silences qu'il accueille – le champ vibratoire s'élève instantanément. La gratitude purifie. Plus puissamment que n'importe quel rituel externe réalisé mécaniquement.

Après le nettoyage, il est important de sceller le nouveau cycle énergétique, marquant le nouveau départ. Cela peut se faire de manière simple : avec un parfum doux et naturel dans l'air, un diffuseur d'arômes avec des huiles essentielles apportant joie ou paix (comme l'orange ou le géranium), un petit autel renouvelé avec une fleur fraîche et une bougie allumée, une musique douce et élevée jouant en fond sonore. Chaque personne saura, intuitivement, comment marquer ce nouveau départ de manière significative pour elle. Ce qui importe, c'est que le geste soit ressenti, conscient. Qu'il ne soit pas automatique. Qu'il célèbre l'espace maintenant libre, maintenant renouvelé, maintenant prêt à soutenir le prochain mouvement de la vie avec plus d'harmonie et de vitalité.

    La maison, tout comme le corps, a besoin de rituels de soin. Non pas parce qu'elle tombe intrinsèquement malade, mais parce qu'elle vit, respire, absorbe. Et tout ce qui vit, change. Tout ce qui change, accumule des cycles qui doivent être clôturés. Tout ce qui passe par un processus de nettoyage conscient, redevient sacré. En faisant du nettoyage énergétique une pratique récurrente – peut-être à chaque changement de saison, après des événements importants, ou chaque fois que l'on ressent une sensation de lourdeur ou de stagnation – le foyer devient plus qu'un espace physique. Il devient un temple vivant. Et à l'intérieur, celui qui habite se transforme aussi graduellement. Car ce n'est pas seulement l'environnement qui change avec ces rituels. C'est l'être qui se perçoit de plus en plus connecté à tout ce qui l'entoure, sensible aux énergies subtiles. C'est l'être qui apprend, lentement, que nettoyer la maison est aussi une manière puissante de nettoyer sa propre âme. Et, dans cette rencontre profonde entre l'invisible et le geste quotidien, naît la véritable magie de la présence consciente au foyer.

Chapitre 22
Entrée Harmonique

L'énergie d'une maison ne commence pas brusquement en franchissant le seuil. Elle commence à se former bien avant, sur le chemin qui mène à la porte, dans la manière dont le seuil entre le monde extérieur et le refuge intérieur est présenté et entretenu. L'entrée est ce point crucial de transition, l'endroit où le Chi, l'énergie vitale universelle, établit son premier contact direct avec le foyer. La façon dont ce passage initial est organisé, décoré, éclairé et maintenu révèle — et, d'une certaine manière, détermine — une grande partie de la qualité énergétique qui sera vécue dans les environnements intérieurs.

Une entrée harmonique transcende la simple question esthétique ; elle est profondément symbolique. Elle communique à l'univers, aux visiteurs qui arrivent et, principalement, à l'habitant lui-même à son retour, la qualité de présence, d'accueil et de soin que l'on souhaite cultiver dans sa propre vie. Il y a des maisons qui, dès le premier regard, invitent, accueillent. Le son des pas dans le couloir semble ralentir naturellement, l'air autour de la porte paraît plus léger, les épaules se détendent presque involontairement. Dans d'autres résidences, même avant que la porte ne s'ouvre, on perçoit un inconfort silencieux — objets entassés sur le chemin, désordre accumulé sur le porche ou dans le hall, manque de luminosité adéquate, une absence palpable d'énergie de bienvenue. Il n'est pas nécessaire de posséder une connaissance technique approfondie en Feng Shui pour sentir quand un portail d'entrée est en déséquilibre énergétique. Le corps le perçoit instantanément. L'énergie vitale, le Chi, hésite à entrer.

Dans le Feng Shui, la porte principale est souvent appelée la « bouche du Chi ». C'est par elle qu'entre le principal courant d'énergie qui va alimenter et nourrir toute la maison. Si cette entrée est bloquée d'une manière ou d'une autre, que ce soit physiquement ou énergétiquement, si elle est négligée, sale ou désordonnée, le flux de Chi sera inévitablement affaibli dès l'origine. Les environnements intérieurs, par conséquent, refléteront ce blocage initial de manière subtile, mais constante, se manifestant comme une sensation de stagnation, un manque de vitalité ou une difficulté à concrétiser des projets. C'est comme essayer de respirer profondément à travers une paille étroite et écrasée : l'oxygène arrive bien aux poumons, mais pas avec la plénitude et la force nécessaires pour revitaliser tout l'organisme.

La construction de l'harmonie dans l'entrée commence par la garantie d'un espace libre. Le chemin menant à la porte doit être complètement dégagé, permettant une approche douce et fluide. Évitez de positionner de trop grands pots de plantes qui obstruent le passage, des poubelles exposées qui amènent une énergie de déchet près de l'entrée, des objets cassés ou inutilisés, ou tout élément qui cause une sensation de serrement, de constriction. Le parcours jusqu'au foyer doit être comme une rivière s'approchant calmement de sa source, invitant à la tranquillité. La légèreté de ce trajet prépare le champ vibratoire tant du visiteur que de l'habitant lui-même à la transition vers l'espace intérieur, signalant un environnement de paix et d'ordre.

La propreté est un autre point absolument essentiel. Des portes poussiéreuses, avec des toiles d'araignée dans les coins, des paillassons sales ou usés, des zones extérieures adjacentes abandonnées ou mal entretenues non seulement indiquent une négligence physique, mais retiennent également une énergie dense, stagnante, empêchant l'énergie fraîche et nouvelle d'entrer facilement. Nettoyer régulièrement la porte, maintenir les vitres (s'il y en a) brillantes, balayer le trottoir, le couloir d'accès ou le porche sont des gestes qui, au-delà de leur fonction pratique évidente, fonctionnent comme de puissants rituels de renouvellement énergétique. À chaque nettoyage effectué avec intention, l'énergie stagnante est secouée, libérée, et le champ vibratoire de l'entrée se réorganise, devenant plus réceptif et lumineux.

Prendre soin de l'éclairage transforme aussi radicalement l'énergie de l'entrée. Des lumières faibles, des ampoules grillées ou l'inexistence complète d'un éclairage adéquat dans la zone extérieure drainent la vitalité de l'espace, transmettant une sensation d'abandon, d'insécurité ou de mélancolie. Un bon éclairage extérieur, en revanche, transmet sécurité, accueil, présence et soin. Il n'est pas nécessaire que ce soit un éclairage excessivement intense ou coûteux ; il suffit qu'il soit assez clair pour bien éclairer le chemin et la porte, qu'il soit fonctionnel et, idéalement, constant pendant la nuit. Une lumière douce et chaude allumée à l'entrée pendant la nuit peut fonctionner comme un phare intérieur, un signal qui oriente et accueille, communiquant silencieusement : « ici il y a de la vie, ici il y a de la beauté, ici il y a du soin ».

Ce qui est positionné directement en face de la porte principale importe également de manière significative. Évitez l'accumulation d'objets jetables comme les sacs poubelles (même temporairement), les débris de petites rénovations, ou tout élément représentant le désordre, la décadence ou l'énergie Sha (négative). S'il y a une plante décorant l'entrée, assurez-vous qu'elle soit vivante, saine et bien entretenue. Une plante mourante ou malade à l'entrée peut symboliser des blocages ou des difficultés. S'il y a un meuble, comme un banc ou une console, qu'il soit propre, en bon état et, idéalement, avec une fonction claire (comme support pour les clés ou le courrier). Ce point de contact immédiat entre l'extérieur et l'intérieur doit exprimer la qualité de vie, l'ordre et la beauté que l'on souhaite nourrir à l'intérieur du foyer.

Nous arrivons alors à la porte elle-même. Elle représente bien plus qu'un simple élément de sécurité ou un composant structurel de la maison. C'est un symbole puissant de passage, d'opportunité, de connexion entre les mondes. Elle doit s'ouvrir facilement, complètement, sans grincements gênants, sans obstacles derrière elle qui empêchent son ouverture totale. Les portes qui coincent, qui exigent de la force pour s'ouvrir, ou qui heurtent des meubles en s'ouvrant, représentent symboliquement des blocages énergétiques, des difficultés à recevoir de nouvelles opportunités, des obstacles dans le flux de la vie. Le geste d'ouvrir la porte pour entrer chez soi doit être fluide, facile, presque rituel : en ouvrant le foyer, on ouvre aussi le cœur, on ouvre le flux pour que l'énergie vitale entre.

Les couleurs de la porte communiquent également des énergies spécifiques. Dans le Feng Shui traditionnel, chaque direction cardinale a des couleurs recommandées pour la porte d'entrée, basées sur la théorie des Cinq Éléments (par exemple, les portes orientées au Nord peuvent bénéficier de couleurs comme le bleu ou le noir, associées à l'Eau ; les portes orientées à l'Est, de vert ou de marron, liées au Bois). Au-delà de ces correspondances, il est important de choisir des tons qui transmettent le sentiment désiré à celui qui arrive. Des portes aux tons sombres, comme le noir, le bleu marine ou le bordeaux, lorsqu'elles sont bien entretenues et en bon état, peuvent évoquer la profondeur, la protection, le mystère. Des portes aux couleurs claires ou vives, comme le blanc, le jaune, le rouge ou le vert clair, tendent à appeler à la légèreté, à la joie, à la vitalité. Le plus important est que la porte soit toujours propre, sans fissures visibles, avec une peinture intacte et bien conservée. Si possible, personnalisez-la avec une touche représentant l'identité des habitants : une couronne de bienvenue (renouvelée selon les saisons), un symbole de protection discret (comme un œil grec ou un bagua), un numéro bien visible et joli, un ornement qui apporte de la joie.

Le paillasson joue également un rôle plus significatif que le simple nettoyage des chaussures. Il représente symboliquement la transition – l'acte de laisser les énergies du monde extérieur pour fouler le sol sacré du foyer. C'est pourquoi son choix et son entretien méritent attention. Il doit être beau, propre, entier, sans déchirures ni usure excessive. Les paillassons avec des phrases positives (« Bienvenue », « Home Sweet Home »), des symboles auspicieux (comme le nœud infini ou des mandalas) ou simplement une couleur évoquant bien-être et accueil peuvent être de grands alliés à ce point de passage énergétique. Il est fondamental de le maintenir toujours propre – un paillasson usé, taché ou encrassé retient exactement le type d'énergie dense et sale que l'on veut éviter d'introduire dans la maison.

L'intérieur immédiat de la porte, le premier aperçu en entrant, est un autre point clé pour l'harmonie. En ouvrant la porte et en faisant le premier pas à l'intérieur, que voit-on en premier ? Un mur blanc, vide et froid ? Un portemanteau débordant de manteaux, sacs et chaussures désorganisés ? Un meuble encombré de courrier et d'objets aléatoires ? Tout cela communique un message énergétique immédiat. L'idéal est que le premier regard en entrant dans la maison soit empreint d'harmonie, de beauté et d'ordre. Ce peut être un tableau inspirant avec une image qui apporte la paix, une plante vivante et luxuriante dans un joli pot, une œuvre d'art intentionnelle représentant les valeurs de la famille, ou simplement un espace libre et bien éclairé. Ce qui importe, c'est qu'il y ait une sensation de clarté, de bienvenue, de respiration.

Le hall d'entrée, lorsqu'il existe comme pièce ou espace délimité, fonctionne comme une invitation à la transition consciente entre l'extérieur et l'intérieur. Il sépare physiquement le monde public de l'univers privé et intime du foyer. C'est pourquoi il mérite une attention particulière dans sa décoration et son énergie. Il ne doit pas être considéré comme un dépôt temporaire d'objets ou un lieu de passage négligé, mais bien comme un portail énergétique. Une console élégante avec des fleurs fraîches ou une jolie plante, un miroir soigneusement positionné (jamais reflétant directement la porte d'entrée), un diffuseur avec un arôme doux et accueillant – tout cela aide à établir le ton énergétique de la maison dès l'arrivée.

Les miroirs, d'ailleurs, méritent une mention particulière dans l'entrée. Dans le Feng Shui, positionner un miroir directement face à la porte principale est généralement déconseillé, car on pense qu'il peut « repousser » le Chi vers l'extérieur, empêchant l'énergie vitale d'entrer et de circuler dans la maison. Cependant, placé latéralement sur l'un des murs du hall, le miroir peut être très bénéfique : il agrandit visuellement l'entrée, reflète la lumière (naturelle ou artificielle), et crée une sensation de plus grand espace et d'accueil. Tout dépend de la position stratégique et de l'intention derrière son utilisation.

Les carillons éoliens, les mobiles qui bougent doucement avec le courant d'air ou d'autres éléments produisant des sons délicats sont également les bienvenus dans la zone d'entrée (que ce soit à l'extérieur, sur le porche, ou juste après la porte, dans le hall). Ils activent le Chi stagnant, brisent les schémas d'énergie arrêtée et marquent de manière sonore le portail entre les mondes externe et interne. Une cloche qui tinte doucement à l'ouverture de la porte peut fonctionner comme une salutation subtile à l'énergie qui entre, un rappel sonore de la transition. Le son doit être agréable, discret, et l'objet lui-même doit être propre, bien positionné et accordé harmonieusement.

Prendre soin de l'entrée, c'est en essence prendre soin de la narration énergétique de la maison. C'est décider consciemment comment l'histoire commence à chaque fois que quelqu'un – que ce soit un visiteur ou l'habitant lui-même – franchit le seuil. C'est communiquer à l'univers et à soi-même : « ici on entre avec respect, avec légèreté, avec présence ». C'est se rappeler, chaque jour en rentrant, que la vie se déroule dans un échange continu entre l'extérieur et l'intérieur, et que le point de rencontre essentiel est ce petit, mais puissant, portail de l'entrée.

Si la maison ne possède pas de hall formel, si la porte s'ouvre directement sur le salon ou une autre pièce, il devient encore plus important de créer, symboliquement, cette zone de transition. Cela peut se faire avec un tapis de forme ou de couleur différente délimitant la zone d'entrée, un éclairage spécifique à cet endroit, un paravent délicat créant une barrière visuelle douce, ou même un arrangement d'objets significatifs sur un meuble près de la porte. L'important est de marquer le point où l'on arrive, où l'on fait la pause entre le « dehors » et le « dedans ». Le corps et l'esprit ont besoin de cette démarcation, de ce changement de clé énergétique.

Au final, l'entrée harmonique n'est pas seulement le début physique de la maison. C'est le commencement de tout en termes de flux énergétique. C'est là que l'on franchit la frontière subtile entre le chaos potentiel du monde extérieur et l'intimité protectrice de l'être. C'est là que l'on décide, inconsciemment, si l'énergie qui entre sera bien reçue et circulera librement, ou si elle rencontrera de la résistance et se perdra dans la friction initiale. Et, surtout, c'est là que l'habitant lui-même se retrouve, jour après jour, en tournant la clé, en ouvrant la porte et en pénétrant l'espace sacré qu'est son foyer. Que chaque arrivée soit un retour conscient à votre centre. Que chaque entrée soit une bénédiction silencieuse. Que la maison, en commençant par la porte, soit toujours le miroir lumineux et accueillant de qui vous êtes véritablement.

Chapitre 23
Salon Harmonieux

Le salon occupe une position centrale dans la dynamique du foyer, transcendant la fonction d'une simple pièce. C'est le cœur visible de la maison, la scène où les présences des habitants et des visiteurs se croisent, où des silences confortables sont partagés sans besoin de mots, où des conversations significatives construisent des ponts entre des mondes intimes. Dans son essence la plus profonde, le salon représente le cadre primordial des interactions sociales et familiales, des pauses réparatrices, des rencontres spontanées qui n'exigent ni heure fixe ni formalité. Comme tout cœur vibrant, sa santé énergétique et fonctionnelle influence directement le bien-être de tout l'organisme qu'est le foyer. S'il y a de l'harmonie vibrant dans cet espace central, il y a un pouls vital, il y a de la vie circulant avec vigueur et dessein dans tous les autres environnements de la maison.

Un salon véritablement harmonieux ne se définit pas par sa taille physique, l'ostentation de meubles luxueux ou l'adhésion aux dernières tendances décoratives dictées par le marché. Il se reconnaît, primordialement, par la sensation qu'il évoque chez celui qui y pénètre. En entrant, le corps se détend instinctivement. Les yeux trouvent des points de repos visuel, sans être bombardés par un excès d'informations. L'esprit s'installe, se sentant en sécurité et accueilli. Il existe une atmosphère intangible, difficile à expliquer avec des mots, mais facilement perceptible sur la peau : l'espace invite à la permanence, sans être invasif ; il accueille, sans étouffer ; il inspire, sans agiter. C'est un équilibre délicat entre confort, beauté et fonctionnalité énergétique.

La construction de cette harmonie souhaitée commence par la disposition soignée des éléments dans l'espace. L'agencement des meubles, en particulier, détermine non seulement l'esthétique, mais surtout le flux du Chi – l'énergie vitale – et, par conséquent direct, le flux de communication et d'interaction entre les personnes qui utilisent l'environnement. Des canapés et fauteuils positionnés de manière à se faire face, créant un cercle ou demi-cercle de conversation, suggèrent le dialogue, la réciprocité, l'écoute active. Cette configuration encourage la connexion œil dans œil, l'échange d'idées, le partage d'expériences. En revanche, la disposition où tous les meubles sont orientés exclusivement vers un téléviseur indique une centralité dispersée, axée sur le divertissement passif, où l'interaction humaine tend à perdre force et priorité. L'idéal, dans la plupart des cas, est de rechercher un équilibre fonctionnel et énergétique : l'écran peut être présent, comme partie de la vie moderne, mais ne doit pas dominer complètement l'environnement ou être le seul point focal. Il doit rester en état d'attente, silencieux lorsqu'il n'est pas utilisé, tandis que les échanges réels, les conversations significatives, ont lieu autour de lui, peut-être dans un agencement de sièges secondaire ou simplement par la flexibilité de l'usage.

La circulation à l'intérieur du salon doit également être respectée et facilitée. Des chemins obstrués par des meubles mal positionnés, des passages excessivement étroits entre les pièces de mobilier, des meubles disproportionnés par rapport à la taille réelle de l'environnement (qu'ils soient trop grands, causant une sensation d'oppression, ou trop petits, semblant perdus dans l'espace) créent des barrières énergétiques qui, même si elles sont souvent imperceptibles consciemment, affectent le bien-être général. Le corps humain aime circuler dans l'espace sans heurter, sans se sentir contraint. Et le Chi, l'énergie vitale, suit le même principe, cherchant des chemins libres et doux. C'est pourquoi, observez attentivement comment vous vous déplacez dans votre salon. Y a-t-il une fluidité naturelle ? Y a-t-il des interruptions constantes dans le trajet ? Une zone spécifique semble-t-elle être évitée instinctivement par vous ou par d'autres personnes ? Ces réponses silencieuses, observées avec attention, révèlent où l'espace réclame un ajustement, une libération, une réorganisation qui permette un flux plus harmonieux.

Les couleurs choisies pour le salon jouent une autre couche importante dans la création de l'atmosphère souhaitée. Les tons terreux (comme les marrons, beiges, ocres), les beiges neutres, les verts doux (qui rappellent la nature et apaisent) ou les oranges éteints (qui apportent de la chaleur sans agitation) tendent à transmettre une sensation de confort, de stabilité et de bien-être. Cependant, il n'existe pas de règle absolue et universelle. Tout dépend de la vibration spécifique que l'on souhaite cultiver dans cet espace et de la personnalité des habitants. Des couleurs plus vives, comme les jaunes, les rouges ou les bleus intenses, utilisées avec modération, peuvent stimuler des rencontres plus animées, des conversations plus vives, un environnement plus festif. Des tons principalement neutres, en revanche, favorisent l'introspection, le calme, un environnement plus serein et contemplatif. Une combinaison équilibrée est souvent la clé pour contempler les différents moments et humeurs vécus dans le salon. Une touche de rouge vif sur un coussin décoratif, un tableau aux tons bleu profond sur un mur neutre, un plaid couleur moutarde jeté négligemment sur le canapé – ce sont de petites insertions chromatiques qui activent l'énergie, apportent de la personnalité, mais ne dominent ni ne surchargent l'environnement.

La texture est un autre aspect vital, fréquemment sous-estimé, dans la création d'un salon accueillant. Des tissus doux au toucher (comme le velours, le chenille, la laine, le coton peigné), des tapis épais et invitants qui incitent à se déchausser, des plaids et des coussins généreux qui semblent étreindre le corps – tout cela contribue à ce que l'environnement soit ressenti avec le toucher, de manière sensorielle, et pas seulement apprécié avec les yeux. Un salon ne doit pas seulement paraître accueillant sur les photos ; il doit être vécu comme tel au quotidien. Le toucher, dans ce contexte, se transforme en un langage silencieux d'affection, de confort, de soin, communiquant au corps qu'il s'agit d'un lieu sûr pour se détendre et s'abandonner. Des matériaux comme le bois naturel, la pierre, la céramique et les fibres végétales (comme le sisal, la jute, l'osier) contribuent également par leurs textures uniques à enrichir l'expérience sensorielle de l'espace.

    Les éléments naturels sont toujours les bienvenus et hautement recommandés pour apporter vie et équilibre au salon. Une plante de grande taille positionnée dans un coin stratégique, remplissant l'espace verticalement. Des feuilles vertes qui bougent doucement avec la brise entrant par la fenêtre, apportant un sentiment de mouvement naturel. Un vase avec des fleurs fraîches et colorées sur la table basse ou la console, renouvelant l'énergie et apportant une beauté éphémère. La nature, lorsqu'elle est introduite dans l'environnement construit, brise la rigidité, introduit le rythme organique du monde naturel dans la linéarité souvent stérile du béton et des matériaux industrialisés. Et cela, invariablement, guérit, apaise, reconnecte. Même une seule plante, à condition qu'elle soit bien entretenue et saine, est déjà capable de changer significativement la fréquence énergétique de l'environnement. La présence du vert équilibre l'énergie vitale (Chi), aide à purifier l'air (dans certains cas), adoucit les formes architecturales et invite au calme, à la contemplation.

    L'éclairage, comme dans d'autres pièces, demande sensibilité et planification dans le salon. Des lumières excessivement blanches et intenses, typiques des environnements commerciaux, peuvent agiter excessivement, créer une atmosphère froide et impersonnelle. Des lumières trop faibles ou mal distribuées, en revanche, peuvent obscurcir la vitalité de l'espace, le rendant sombre ou mélancolique. L'idéal est qu'il y ait différents points de lumière, avec des intensités et des températures de couleur variées, qui puissent être activés et combinés selon le moment et le besoin. Une lumière générale, peut-être au plafond, pour les moments de plus grande activité ou pour recevoir des visites. Une lumière jaune douce, plus basse, provenant de lampes de chevet ou d'appliques, pour créer un climat accueillant en fin d'après-midi ou la nuit. Une bougie allumée ou une lampe avec une lumière très délicate pour les conversations nocturnes, les moments de détente ou pour regarder un film. La lumière, lorsqu'elle est bien positionnée et contrôlée, a le pouvoir de dessiner des atmosphères distinctes au sein du même espace. Et chaque atmosphère créée communique et induit un état interne spécifique.

Le centre du salon, dans la perspective du Feng Shui, est souvent considéré comme un point de concentration et de distribution d'énergie, lié à la santé et à l'équilibre général (associé à l'élément Terre dans le Bagua). Idéalement, il doit être relativement libre, propre, permettant à l'énergie de respirer et de circuler sans obstructions. Il n'est pas nécessaire que ce soit un espace complètement vide, mais il est essentiel qu'il ne soit pas alourdi par des meubles trop grands ou un excès d'objets. Une table basse et de proportions adéquates, peut-être avec peu d'objets significatifs dessus (un livre, une bougie, un petit arrangement floral), un tapis qui délimite la zone de séjour sans l'emprisonner visuellement, un espace où le regard peut se reposer tranquillement sans être interrompu par un excès d'information visuelle – tout cela contribue à la stabilité et à l'harmonie du centre énergétique du salon.

Les murs racontent des histoires silencieuses à travers ce qui y est exposé. Et ici entre à nouveau l'importance de l'art intentionnel, comme déjà exploré dans un chapitre précédent, mais appliqué spécifiquement au cœur social de la maison. Des tableaux représentant visuellement ce que l'on souhaite ressentir et cultiver dans cet espace – paix (paysages tranquilles), joie (couleurs vives, scènes ludiques), union (images de groupes, mandalas). Des photographies ramenant à la surface des souvenirs heureux et significatifs de la famille ou des amis. Des textures sur le mur (comme un revêtement en bois, en pierre ou un tissu) rappelant le toucher accueillant de la nature. Il est important d'éviter les images transmettant des sentiments denses (tristesse, angoisse, solitude), l'art abstrait en excès qui pourrait générer confusion mentale, ou des éléments apportant des émotions conflictuelles ou des souvenirs désagréables. Ce qui est sur les murs entre constamment par le regard et résonne subtilement dans le corps et le champ émotionnel des occupants.

Évitez également l'accumulation généralisée d'objets. Des étagères bondées de livres et de souvenirs sans signification actuelle, des bibliothèques remplies d'objets décoratifs juste pour remplir l'espace, des tables d'appoint ou basses avec un excès d'ornements. Le regard humain a besoin de respirations, de pauses visuelles pour ne pas se fatiguer. Le vide est aussi important que la présence des objets ; il fonctionne comme le cadre invisible qui valorise ce qui a été choisi pour être là. Une unique pièce de céramique artisanale avec une histoire, une sculpture simple avec une signification personnelle, un livre cher négligemment laissé sur la table – ces détails soigneusement sélectionnés parlent beaucoup plus à l'âme qu'une collection entière d'objets oubliés, accumulés sans critère.

L'arôme du salon compose également sa personnalité invisible. Un diffuseur électrique ou à bâtonnets avec de l'huile essentielle de lavande (pour le calme), de géranium (pour l'équilibre émotionnel) ou d'orange douce (pour la joie). Un encens de bonne qualité brûlé occasionnellement (comme le bois de santal ou l'oliban pour l'élévation). Des bougies aromatiques aux parfums doux et naturels. Tous ces éléments créent des pistes olfactives qui restent dans la mémoire affective associée au foyer. L'odeur du salon est souvent la première impression sensorielle en y entrant. Et elle doit être douce, agréable, mais présente. Quelque chose qui communique, silencieusement : « ici c'est sûr, ici il fait bon être, détendez-vous ».

Des musiques douces jouant en fond sonore à faible volume, le son délicat de carillons éoliens venant du balcon ou de la fenêtre, ou même le murmure de l'eau d'une petite fontaine de table – toutes ces ressources auditives peuvent être utilisées pour créer un salon qui écoute aussi, qui berce, qui respire en harmonie sonore avec ses habitants.

Le mobilier doit être, avant tout, fonctionnel et confortable, mais peut aussi porter une dimension symbolique. Une étagère de livres bien organisée n'est pas seulement un lieu de rangement ; elle montre ce qui nourrit intellectuellement les habitants, quels sont leurs intérêts, leurs passions. Une petite table d'appoint avec un journal ouvert, une tasse de thé encore tiède, une bougie allumée – ce n'est pas seulement une décoration aléatoire, c'est une petite narration visuelle sur les habitudes et les rituels de celui qui y vit. Le salon doit raconter l'histoire de celui qui y réside, mais raconter cette histoire de manière légère, organisée, avec des pauses et des respirations. Comme un bon livre, où chaque chapitre a sa place et son importance, mais où il y a de l'espace blanc entre les lignes pour que le lecteur puisse respirer, réfléchir et absorber le contenu.

Et, enfin, mais non moins important, il y a la présence invisible accumulée dans l'espace. Ce qui ne se voit pas directement, mais se ressent profondément. Les conversations qui s'y sont déroulées, les silences partagés avec complicité, les émotions qui ont débordé – joies, tristesses, peurs, espoirs. Tout cela forme une couche énergétique, une atmosphère subtile qui imprègne l'environnement. Prendre soin du salon, c'est aussi prendre soin de cette mémoire subtile. C'est réaliser des purifications énergétiques régulières avec intention (en utilisant fumée, son, sel, visualisation). C'est ouvrir les fenêtres quotidiennement, permettant au soleil et à l'air frais de toucher tous les coins. C'est renouveler périodiquement la disposition des meubles, réorganiser les objets, percevoir quand quelque chose ne vibre plus avec l'énergie actuelle et le remplacer par quelque chose de nouveau, de vrai, de nécessaire pour le moment présent.

Le salon, lorsqu'il est harmonisé et entretenu continuellement, devient le cœur vivant et vibrant du foyer. Il pulse. Et chaque battement de cette pulsation est une célébration silencieuse de la présence, de la vie qui s'y déroule. Un espace pour recevoir l'autre avec générosité, mais aussi pour se recevoir soi-même, pour s'accueillir dans les moments de solitude ou d'introspection. Un territoire fertile où l'on cultive la coexistence harmonieuse, le repos réparateur, la joie simple d'être ensemble, d'appartenir. Que votre salon dise au monde qui vous êtes, de manière authentique et belle. Qu'il accueille vos moments de partage et vos nécessaires silences créatifs. Que chaque coin de celui-ci soit une invitation permanente à la rencontre – avec l'autre et, fondamentalement, avec soi-même. Parce que dans l'harmonie de l'espace physique, fleurit l'harmonie de la vie. Et tout commence, et renaît toujours, au cœur de la maison.

Chapitre 24
Cuisine Nourricière

Un feu sacré réside au cœur de la maison. Sa nature transcende le simple symbolisme ; il réchauffe physiquement, transforme la matière, nourrit le corps et relie les âmes. Ce feu primordial habite la cuisine, cet espace vital où les éléments de la nature – terre, eau, feu, air, métal – se mélangent en une alchimie constante, où des arômes évocateurs montent dans l'air éveillant mémoires et appétits, où l'invisible de l'intention se fond au tangible des ingrédients dans le geste fondamental de nourrir.

La cuisine est, dans son essence énergétique, le ventre du foyer. C'est le lieu où la matière brute se convertit en soutien vital, où l'alchimie quotidienne transforme de simples ingrédients en complexes mémoires affectives, en traditions familiales, en santé. Quand la conscience imprègne cet espace, il cesse d'être un simple environnement fonctionnel, un lieu de tâches domestiques, et devient un véritable temple de la nutrition, un centre irradiant d'abondance, de soin et d'amour manifesté. Cuisiner, lorsque réalisé avec présence et intention, est un acte d'amour profond – pour soi-même et pour les autres. Mais cet amour commence à être semé bien avant que la casserole n'aille sur le feu.

Il débute dans le regard attentif porté sur l'espace même où la magie opère.

Dans le Feng Shui existentiel, la cuisine est vue comme le centre vital de la maison, intimement liée à la santé, à la prospérité et à la vitalité des habitants. Son organisation impeccable, sa propreté constante et son harmonie énergétique générale ont un impact direct et significatif sur l'énergie de tous ceux qui partagent ce foyer. Une cuisine négligée ou chaotique peut, subtilement, miner la santé et entraver le flux de l'abondance. Une cuisine soignée et vibrante, en revanche, nourrit à tous les niveaux.

La présence marquée de l'élément feu, si essentiel et caractéristique dans cette pièce, ne doit jamais être négligée. La cuisinière en est le point focal indiscutable. Bien plus qu'un simple appareil électroménager, elle représente symboliquement le pouvoir de transformer – tant les aliments crus en repas nutritifs que, métaphoriquement, la réalité même de ceux qui vivent là, à travers l'énergie de l'action et de la manifestation. Une cuisinière maintenue propre, bien entretenue, avec tous les feux et le four fonctionnant parfaitement, est un symbole actif et puissant de prospérité, de capacité à générer subsistance et chaleur vitale. La négligence sur ce point spécifique n'est pas seulement une question pratique d'hygiène ou de fonctionnalité ; elle résonne énergétiquement comme un signe de pénurie, de négligence envers sa propre source de nutrition, de stagnation dans la capacité de transformer et de créer. Maintenir la cuisinière propre et fonctionnelle, c'est symboliquement maintenir vivant et honoré le feu sacré de la maison.

Chaque flamme qui s'allume sur la cuisinière, chaque casserole qui chauffe dessus, chaque aliment qui y est préparé porte en lui une intention, même inconsciente. C'est pourquoi l'état d'esprit, les pensées et les sentiments de celui qui cuisine pendant la préparation des repas influencent aussi directement le résultat final, non seulement sur le goût, mais sur la qualité énergétique de l'aliment. La cuisine demande une attention pleine, une présence. Elle rejette naturellement l'automatisme, le stress, la hâte, l'impulsion négligente. Nourrir est un geste de création, de don d'énergie. L'aliment, par sa nature réceptive, absorbe l'énergie du moment de la préparation. Une soupe simple faite en silence, avec calme et amour, peut guérir plus profondément que beaucoup de mots. Un gâteau cuit avec une joie authentique, avec l'intention de célébrer, réchauffe plus l'âme que n'importe quelle couverture.

La disposition des meubles et objets dans la cuisine mérite également une attention particulière pour garantir un flux harmonieux. Des plans de travail dégagés, propres et organisés, transmettent une sensation de fluidité, facilitent le mouvement et permettent une préparation plus consciente et agréable des aliments. Lorsque l'espace est libre, les mouvements tendent à devenir plus lents, plus soigneux, plus respectueux des ingrédients et de l'acte même de cuisiner. En revanche, l'accumulation excessive – d'appareils électroménagers rarement utilisés sur le plan de travail, d'ustensiles suspendus partout, de pots oubliés dans les coins – crée du bruit visuel, rend le nettoyage difficile et bloque la circulation douce du Chi. L'invitation ici est à la simplicité fonctionnelle, à la valorisation de ce qui est véritablement nécessaire, utile et, idéalement, beau. Organiser les placards et tiroirs, jeter ce qui n'est plus utilisé, regrouper les articles similaires, optimiser l'espace, contribue énormément à la sensation d'ordre et d'efficacité.

Le réfrigérateur est un autre point de pouvoir énergétique dans la cuisine. Souvent négligé dans son organisation interne, il est le dépositaire de l'énergie vitale qui sera ingérée par le corps. Des aliments périmés, oubliés au fond des étagères, détériorés ou mal conservés n'occupent pas seulement un espace physique précieux – ils portent une vibration de stagnation, de gaspillage et d'énergie « morte ». Maintenir le réfrigérateur constamment propre, organisé, avec des aliments frais, visibles et facilement accessibles, c'est comme purifier la source d'où l'énergie vitale sera distribuée aux habitants. Utiliser des boîtes transparentes, étiqueter les restes, faire une révision hebdomadaire du contenu sont des pratiques qui aident à maintenir ce flux d'énergie de manière saine.

Le même principe s'applique au garde-manger ou aux placards où sont conservés les aliments secs. Des étagères débordant de paquets et de boîtes, des emballages ouverts depuis des mois perdant leurs propriétés, des produits empilés sans but ni organisation logique – tout cela empêche l'aliment d'être traité avec respect et le flux d'abondance de circuler consciemment. Un garde-manger organisé, avec les articles regroupés par type, des récipients hermétiques pour les grains et farines, et une visibilité claire de ce que l'on possède, fonctionne comme une carte de la nutrition de la maison. Il révèle les habitudes alimentaires, ce qui est réellement consommé, ce qui peut être en excès, ce qui manque. C'est aussi une expression symbolique de l'inconscient collectif de la maison. Quelqu'un qui accumule excessivement des aliments, bien au-delà du nécessaire, peut nourrir une peur silencieuse du manque, une insécurité par rapport à la provision. Quelqu'un qui garde tout caché, désorganisé, peut symboliquement nier ou entraver l'accès à sa propre abondance et nutrition.

Les couleurs présentes dans la cuisine influencent directement l'appétit, l'humeur et la disposition à cuisiner et à manger. Les tons chauds – comme les jaunes solaires, les oranges vifs, les rouges stimulants (utilisés avec modération) et les tons terreux accueillants – évoquent vitalité, joie, énergie et stimulent l'appétit. Cependant, ils ne doivent pas être utilisés en excès, pour ne pas créer un environnement agité ou lourd. Un équilibre avec des couleurs neutres (blanc, gris clair, beige) ou claires (bleu pâle, vert menthe) permet à la lumière de s'étendre, à l'espace de respirer et à la sensation d'être celle de propreté et de fraîcheur. Un mur peint d'une couleur vive comme point focal, une nappe ou des torchons imprimés et colorés, un vase de fruits frais sur le plan de travail – ce sont de petits points de couleur qui activent le champ vibratoire de la cuisine sans opprimer les sens, apportant joie et dynamisme.

L'arôme est un autre allié puissant dans la création d'une cuisine nourrissante. L'odeur incomparable du café fraîchement préparé le matin, des herbes fraîches coupées sur la planche, de l'ail et de l'oignon dorant doucement dans l'huile d'olive – tout cela anticipe la nutrition, prépare le corps et l'esprit à recevoir l'aliment, avant même qu'il n'arrive à la bouche. Les arômes non seulement activent le palais, mais éveillent aussi des émotions profondes, des souvenirs affectifs, des sensations de confort et d'appartenance. C'est pourquoi, utilisez les arômes avec intention. Un brin de romarin frais dans un verre d'eau au coin de l'évier apporte protection et vitalité. Un petit pot de menthe ou de basilic sur la table ou le rebord de la fenêtre offre fraîcheur et connexion à la terre. Une infusion d'épices comme la cannelle et le clou de girofle bouillant doucement sur le feu les jours froids apporte du réconfort. Chaque odeur naturelle a le pouvoir de reconnecter à l'ancestralité, à l'enfance, à la générosité de la nature.

En parlant de nature, on ne peut négliger l'importance de la présence vivante des aliments *in natura* dans la cuisine. Des fruits frais et colorés exposés dans une belle corbeille sur la table ou le plan de travail, des légumes visibles dans des paniers aérés (si approprié pour leur conservation), des herbes fraîches poussant dans de petits pots à la fenêtre. Tout cela ne décore pas seulement, mais invite à une alimentation plus consciente, plus connectée aux cycles naturels, plus organique. La vie engendre la vie. Et lorsque cette vie se rend visible et accessible dans la cuisine, il y a un rappel quotidien et puissant que nourrir n'est pas seulement un acte mécanique d'ingérer des calories – c'est vivre en harmonie avec la terre, avec les saisons, avec l'énergie vitale des aliments.

Le lieu où les repas sont pris doit également être honoré et entretenu. Une table dressée avec attention et affection, même de manière simple pour le quotidien, transforme le repas d'un acte banal en un petit rituel sacré. Des serviettes en tissu au lieu de papier, une bougie allumée au centre de la table (même pendant la journée), un petit centre de table avec des fleurs, des feuilles ou des fruits de saison. Manger avec beauté, avec attention aux détails, est une forme d'exprimer sa gratitude envers l'aliment, envers tous ceux qui ont participé à sa production, envers son propre corps pour sa capacité à le recevoir et à le transformer en énergie. Évitez de manger à la hâte devant la télévision, debout dans la cuisine, ou l'esprit dispersé par des préoccupations. Ces habitudes diluent l'énergie de la nutrition, fragmentent la présence et transforment l'acte sacré de se nourrir en pur automatisme. La digestion, tant physique qu'énergétique, est compromise.

S'il y a un coin repas ou un espace repas intégré à la cuisine, qu'il soit un prolongement de ce soin et de cette intention. Pas question d'accumuler des factures, du courrier, des vêtements à repasser ou des objets déconnectés sur la table à manger. L'énergie de l'aliment doit pouvoir circuler librement, sans interférences d'autres activités ou préoccupations. L'ordre externe facilite la digestion interne et l'appréciation du moment présent.

Les mots prononcés pendant la préparation des aliments et pendant les repas ont également un poids énergétique qui influence la qualité de ce que l'on consomme. Plaintes constantes, discussions animées, jugements sur la nourriture ou sur les autres – tout cela est absorbé énergétiquement par l'environnement et, par conséquent, par l'aliment. L'environnement de la cuisine, par sa nature alchimique et transformatrice (liée à l'élément Feu), fonctionne comme un amplificateur énergétique. Utilisez ce champ avec sagesse et conscience. Cuisiner en écoutant une musique douce et joyeuse, en entonnant un mantra de gratitude, ou simplement en silence méditatif, permet à l'énergie de l'aliment d'être élevée, le rendant plus nutritif à tous les niveaux.

Il est également possible de créer un petit autel dans la cuisine, un point focal d'intention et de gratitude. Il n'est pas nécessaire que ce soit quelque chose d'ostentatoire ou de nécessairement religieux. Ce peut être juste un coin discret sur une étagère ou un plan de travail, avec une belle pierre trouvée dans la nature, une petite plante, une image évoquant la gratitude pour l'abondance (comme un épi de maïs, une image de Déméter ou Lakshmi), ou simplement une bougie. Un endroit où, avant de commencer à préparer les aliments, on puisse respirer profondément un instant et offrir une intention silencieuse, comme : « Que cet aliment me nourrisse à tous les niveaux – corps, esprit et âme » ou « Gratitude pour l'abondance sur ma table ». La cuisine, ainsi traitée, ritualisée, se transforme véritablement en un espace de bénédiction.

Lorsque la cuisine est un espace partagé avec d'autres habitants, il est fondamental que tous participent, d'une manière ou d'une autre, au maintien de son harmonie. Partager les responsabilités du nettoyage et de l'organisation, nettoyer avec joie et coopération (plutôt qu'avec ressentiment), préparer des repas ensemble chaque fois que possible. Ces pratiques renforcent les liens familiaux ou communautaires, dissolvent les tensions et transforment les tâches quotidiennes en moments de convivialité significative et nourrissante.

Rappelez-vous toujours : il ne s'agit pas de rechercher une perfection inaccessible ou de transformer la cuisine en un décor de magazine. La cuisine nourrissante est un espace réel, vivant, dynamique, changeant. Il y aura des jours de vaisselle accumulée dans l'évier, de fatigue menant à des repas improvisés, de restes réchauffés. Et ce n'est pas grave. L'important est que l'énergie de base, l'intention prédominante, soit celle du soin, de la présence, du respect pour ce qui s'y passe – le miracle quotidien de la transformation de la matière en vie. Parce que se nourrir est l'un des actes les plus intimes, fondamentaux et puissants qui existent. C'est, littéralement, incorporer le monde extérieur. C'est faire de ce qui est dehors une partie essentielle de soi. Lorsque ce processus est entouré de conscience et de beauté, la cuisine devient non seulement une pièce de plus dans la maison, mais un cœur chaud et vibrant, pulsant une énergie de vie, de santé et d'abondance pour tout le foyer. Et dans cette pulsation harmonieuse, le corps physique se renforce. Les relations interpersonnelles se réchauffent. L'âme se reconnecte à la source de la nutrition universelle. La cuisine nourrissante n'est alors pas seulement l'endroit où l'on mange. C'est là où l'on apprend, tous les jours, à vivre avec plus de conscience, plus de plaisir sensoriel et une plus profonde gratitude. Où l'aliment est reconnu comme graine, feu et fleur — tout à la fois. Où le foyer se révèle, peut-être plus que dans tout autre espace, comme le véritable centre de guérison et de vitalité.

Chapitre 25
Chambre Tranquille

Le corps recherche incessamment le repos, un port sûr où il peut jeter l'ancre après les traversées quotidiennes. L'esprit aspire au silence, un espace libre des turbulences de la pensée incessante, où la quiétude puisse enfin s'installer. L'âme, quant à elle, cherche le recueillement, un refuge intime pour traiter les expériences vécues, rêver et simplement être. C'est dans la chambre que ces trois dimensions essentielles de notre être trouvent, ou du moins devraient trouver, un abri capable de les accueillir, de les nourrir et de les régénérer profondément.

Cette pièce transcende la simple fonctionnalité d'être un lieu pour dormir ; elle se configure comme l'espace sacré où nous dissolvons les couches du monde extérieur, où les bruits de l'existence quotidienne cessent enfin, où les yeux se ferment non seulement à l'obscurité physique, mais pour que le vaste univers intérieur puisse se révéler dans sa plénitude.

Une chambre véritablement tranquille ne représente pas un luxe superflu, mais bien une nécessité vitale. Lorsque l'espace dédié au repos vibre en harmonie, toute la tapisserie de la vie se met à pulser à un rythme différent, plus serein, plus connecté, plus vivant. La chambre fonctionne comme un sanctuaire personnel, un territoire intime et inviolable. Qu'il s'agisse d'un espace partagé ou solitaire, c'est là que la vulnérabilité trouve la permission d'exister sans masque, où les rêves les plus profonds sont gestés dans les brumes de l'inconscient, où la fatigue accumulée de la journée se défait en soupirs longs et libérateurs.

La sagesse du Feng Shui reconnaît dans cet environnement un rôle central et irremplaçable dans le maintien de la santé physique, mentale et énergétique. L'énergie que nous cultivons dans cet espace résonne dans tous les autres domaines de notre existence. La chambre mérite donc un soin qui dépasse de loin la simple préoccupation esthétique. Elle doit être consciemment construite et maintenue comme un nid accueillant, un cocon protecteur où la métamorphose du repos peut avoir lieu, un temple intime où chaque élément invite au détachement conscient du monde extérieur et à la plongée profonde dans l'univers intérieur.

Le premier pas concret pour transformer une chambre ordinaire en un authentique espace de sérénité réside dans la compréhension que le repos est une expérience sensorielle complète et intégrée. Il ne s'agit pas seulement de fermer les yeux et d'attendre que le sommeil vienne. Le corps ressent, la vision absorbe, l'ouïe enregistre, la respiration s'approfondit ou s'agite, le toucher perçoit, la sensation générale s'installe. Absolument tout ce qui compose l'environnement – les couleurs qui peignent les murs et habillent le lit, les textures qui caressent la peau, les sons qui remplissent le silence ou le perturbent, les odeurs qui flottent dans l'air, la disposition des meubles qui guident le flux d'énergie – influence directement la qualité et la profondeur du repos. Chaque détail communique, même dans la pénombre ou l'obscurité totale. Chaque élément est une note dans la symphonie du sommeil. L'attention à ces détails est donc fondamentale.

Cela commence par le lit, qui est bien plus qu'un simple meuble ; c'est l'autel sacré du sommeil, la scène où l'inconscient met en scène ses drames et révélations. Sa position dans la chambre est d'une importance cruciale. Idéalement, la tête de lit doit être solidement adossée à un mur ferme, sans vides ni instabilités, et jamais directement sous des fenêtres, car cette configuration transmet une sensation de sécurité énergétique fondamentale pour la relaxation profonde. Le mur solide derrière la tête fonctionne comme un bouclier protecteur, permettant au corps de s'abandonner au repos sans le besoin inconscient de vigilance. Il est également fortement recommandé que, depuis la position allongée, il soit possible de visualiser la porte d'entrée de la chambre, bien que sans y être directement aligné. Être face à la porte peut générer un flux d'énergie trop direct et agité, tandis qu'être complètement dos à elle crée une vulnérabilité. La vision oblique de la porte offre un sens subtil de contrôle, de soutien et de protection, apaisant le système nerveux même sans que nous en ayons conscience.

La structure physique du lit doit être ferme, stable et, surtout, confortable, proportionnelle à la taille de l'espace disponible. Un lit excessivement grand dans une petite chambre peut générer une sensation claustrophobique d'oppression, rendant la détente difficile. Un lit trop petit dans un environnement très vaste peut, en revanche, transmettre une sensation d'insécurité ou d'abandon. L'équilibre dimensionnel est la clé. Le matelas, ce territoire intime du repos profond, mérite une attention particulière. Il doit être de bonne qualité, offrant le soutien adéquat à la colonne vertébrale et au corps. Son remplacement périodique doit être envisagé, non seulement en raison de l'usure physique, mais parce qu'il absorbe, nuit après nuit, non seulement le poids du corps, mais aussi les charges émotionnelles, les tensions et les préoccupations de la routine. Il devient un enregistrement énergétique de nos nuits.

Un point fréquemment négligé, mais d'un grand impact énergétique, est l'espace sous le lit. Évitez catégoriquement d'y ranger des objets. Valises de voyage, boîtes de vieux documents, chaussures accumulées, vêtements hors saison : tout cela crée un blocage dans le flux d'énergie vitale (le Chi) qui devrait circuler librement sous le corps pendant le sommeil. Ce flux ascendant nourrit et restaure le corps énergétique. Le vide sous le lit permet au Chi de circuler sans entraves, favorisant un repos véritablement profond et réparateur. L'accumulation, même invisible aux yeux pendant la journée, crée un champ persistant de stagnation énergétique qui se projette sur la qualité du sommeil, pouvant entraîner des nuits agitées, des rêves perturbateurs ou une sensation de fatigue au réveil.

Le linge de lit fonctionne comme une peau symbolique qui enveloppe le corps pendant l'état le plus vulnérable du sommeil. Les tissus naturels, comme le coton de bonne qualité, le lin ou la soie, permettent à la peau de respirer et créent une expérience tactile de pur confort et bien-être. Les couleurs douces et tranquilles – comme les tons pastel de bleu, lavande, vert clair, beige, rose pâle ou blanc – induisent visuellement la tranquillité et la relaxation. Évitez les imprimés trop vifs, les couleurs excessivement stimulantes (comme le rouge ou l'orange intense) ou les tissus synthétiques, qui peuvent générer une chaleur excessive, une irritation de la peau et interférer avec la sensation d'accueil naturel. Le lit doit être une invitation visuelle au repos. Son image doit évoquer douceur, confort et paix.

Les murs de la chambre, également, doivent participer à ce dialogue avec le silence et le calme. Évitez les couleurs trop intenses ou sombres, qui peuvent être oppressantes ou trop stimulantes pour un environnement de repos. Les tableaux avec des images perturbantes, excessivement abstraites ou évoquant le conflit doivent être déplacés vers d'autres espaces de la maison. L'excès d'objets visuels sur les murs ou les étagères crée du bruit mental. La chambre est, par excellence, le territoire du calme visuel. C'est l'endroit où les yeux doivent trouver le repos avant même de se fermer pour le sommeil. Une ou deux images qui soient véritablement inspirantes, un symbole personnel évoquant paix et protection, un objet cher apportant une mémoire affective positive – cela suffit. L'excès, une fois de plus, se révèle comme l'ennemi sournois du repos profond.

La présence d'appareils électroélectroniques dans la chambre mérite une attention spéciale et redoublée. La télévision, bien qu'une habitude courante pour de nombreuses personnes, interfère directement avec la qualité du sommeil et l'énergie de l'environnement. Même éteinte, la présence physique de l'appareil continue d'émaner un champ électromagnétique qui peut perturber le champ énergétique humain pendant le sommeil. Elle fonctionne aussi comme un portail symbolique vers le monde extérieur, plein de stimuli, d'informations et de dispersion, exactement l'opposé de ce que l'on recherche dans un sanctuaire de repos. Idéalement, la télévision ne devrait pas faire partie du mobilier de la chambre. Si son retrait est irréalisable, créez des rituels pour minimiser son impact : couvrez-la d'un tissu léger et opaque pendant la nuit, débranchez-la de la prise (évitant la petite lumière de veille) et établissez une heure limite pour son utilisation, en l'éteignant au moins une heure avant de dormir.

Les téléphones portables, tablettes et ordinateurs portables suivent la même logique. Ces appareils devraient, idéalement, dormir hors de la chambre, chargeant dans une autre pièce. La tentation de vérifier les notifications ou de naviguer sur internet avant de dormir ou dès le réveil est l'un des plus grands saboteurs du repos réparateur. Si garder le téléphone portable dans la chambre est une nécessité (comme réveil, par exemple), placez-le le plus loin possible de la tête de lit, de préférence en mode avion ou complètement éteint. N'utilisez jamais ces appareils au lit immédiatement avant de dormir. La lumière bleue émise par les écrans interfère drastiquement avec la production de mélatonine, l'hormone naturelle qui régule le sommeil, prolongeant la veille mentale même lorsque le corps implore déjà une pause.

L'éclairage de la chambre doit être pensé pour suivre le rythme naturel du soleil : plus intense et clair pendant la journée, si possible en profitant de la lumière naturelle, et devenant progressivement plus doux et chaud au crépuscule, culminant dans l'obscurité quasi totale pendant la nuit. Des luminaires avec variateur d'intensité (dimmer), des lampes de chevet avec des ampoules à lumière chaude (jaunâtre), des bougies (utilisées en toute sécurité) ou des ampoules de teinte ambrée créent une atmosphère qui signale au corps et à l'esprit qu'il est temps de se détendre et de ralentir. La lumière fonctionne comme un langage subtil et puissant. Le corps comprend instinctivement quand elle dit : « maintenant, c'est le temps de la pause, du recueillement ».

L'obscurité complète pendant la nuit est essentielle pour un sommeil réparateur. Les rideaux de type occultant sont d'excellents alliés pour bloquer la lumière extérieure provenant des lampadaires, des phares de voitures ou des immeubles voisins. Ce blocage lumineux permet au cycle circadien du corps de se réguler avec plus de précision, optimisant la production de mélatonine et l'entrée dans les phases les plus profondes et réparatrices du sommeil. Dormir dans des environnements clairs ou avec des lumières allumées, même faibles, dérègle le rythme biologique naturel, affecte négativement la qualité du sommeil profond et peut, à long terme, interférer avec l'immunité et d'autres processus physiologiques. Lorsqu'il n'est pas possible de garantir l'obscurité absolue, les masques de sommeil en tissu doux et confortable peuvent être de grands alliés.

Le son compose également l'architecture invisible du repos. Les bruits externes constants ou intermittents doivent être minimisés autant que possible. Calfeutrer les interstices des fenêtres, utiliser des tapis épais qui absorbent le son ou réorganiser les meubles peuvent aider. Lorsque l'élimination du bruit externe n'est pas viable (comme dans les zones urbaines très animées), l'utilisation de bruit blanc (un son constant et neutre qui masque d'autres sons), de sons de la nature enregistrés (pluie, vagues de la mer, vent doux) ou de musiques de fréquence spécifique pour la relaxation (comme les sons binauraux ou la musique d'ambiance douce) peut aider à créer un paysage sonore plus propice au sommeil. Le silence absolu, lorsqu'il est présent et confortable, doit être célébré. Cependant, le plus important n'est pas l'absence totale de son, mais la création d'un environnement auditif qui berce et apaise, au lieu d'alerter ou de perturber.

La ventilation adéquate est un autre élément vital pour une chambre saine. Un environnement sans circulation d'air devient énergétiquement épais, dense, étouffant – tant physiquement, par l'accumulation de dioxyde de carbone et d'humidité, qu'énergétiquement, par la stagnation du Chi. Chaque fois que possible, maintenez une fenêtre ouverte pendant une partie de la journée pour permettre le renouvellement de l'air. Le matin, ouvrez les rideaux et les fenêtres pour que le soleil entre et purifie l'espace. Au crépuscule, avant de dormir, permettez à une brise douce de circuler, nettoyant les résidus énergétiques de la nuit précédente et préparant l'environnement pour un nouveau cycle de repos. L'air en mouvement est fondamental pour maintenir le champ invisible de la chambre propre et vibrant.

La présence de plantes dans la chambre est bienvenue et bénéfique, à condition qu'il y ait une ventilation adéquate pour garantir l'échange gazeux pendant la nuit. Des espèces comme la lavande (dont l'arôme est prouvé relaxant), le jasmin, le lys de la paix (qui aide à filtrer les toxines de l'air) ou la populaire langue de belle-mère (connue pour sa capacité de purification et de protection énergétique) non seulement purifient l'air, mais apportent aussi la douceur et la vitalité de la nature à l'environnement de repos. Évitez cependant un excès de plantes ou des espèces aux arômes très forts et stimulants. Dans la chambre, le mot d'ordre est délicatesse et équilibre.

Il ne faut pas oublier le sol qui nous accueille au réveil. Des tapis doux et confortables positionnés à côté du lit font une grande différence dans la transition du sommeil à la veille. Le premier contact des pieds en sortant du lit doit être accueillant. Une surface chaude, agréable, symbolise le contact initial de la journée avec le monde physique. Que ce contact soit un geste de tendresse et de confort, et non un choc de froideur ou de rugosité.

À la tête du lit, la simplicité doit régner. Conservez peu d'objets, mais significatifs. Un livre inspirant, une pierre à l'énergie apaisante (comme l'améthyste ou le quartz rose), une image évoquant paix et sérénité, un petit diffuseur avec un arôme doux et relaxant (lavande, camomille, bois de santal sont d'excellentes options). L'excès d'information visuelle ou d'objets accumulés à côté du lit fragmente le champ vibratoire du sommeil et peut maintenir l'esprit agité. La simplicité à cet endroit est le chemin le plus sûr vers la tranquillité.

Enfin, considérez les symboles présents dans la chambre. L'environnement doit contenir des éléments qui soutiennent les intentions les plus profondes du cœur de celui qui y dort. Un couple peut choisir de conserver une image représentant l'union, la passion équilibrée, la camaraderie et le respect mutuel. Quelqu'un en quête d'une relation amoureuse peut opter pour un symbole d'accueil, d'ouverture à l'amour, de renforcement du mérite et de l'amour-propre. Une personne vivant seule peut souhaiter avoir à proximité des représentations du soin de soi, de la connaissance de soi, de la paix intérieure. L'essentiel est que l'espace de la chambre reflète, de manière symbolique et intentionnelle, ce que l'âme désire nourrir et attirer dans sa vie.

Une chambre tranquille n'est pas un décor statique et immuable. Elle se transforme organiquement avec l'habitant. Elle a besoin d'être revisitée, réorganisée, réénergisée chaque fois qu'un changement interne significatif se produit, que ce soit une nouvelle phase de la vie, un processus de guérison ou un changement de perspective. La chambre est le reflet le plus intime de l'état intérieur de l'être. Il n'existe donc pas de formules magiques ou de règles universelles. Il existe le besoin d'une écoute sensible, d'une présence attentive, d'une intention claire. Lorsque tous ces éléments sont alignés, la chambre transcende sa fonction physique et se transforme en un véritable utérus énergétique. Un lieu où l'on entre chargé par les exigences de la journée et d'où l'on sort renouvelé par l'alchimie du repos. Où le sommeil n'est pas seulement une pause physiologique, mais une profonde renaissance quotidienne. Où les rêves trouvent un espace sûr pour communiquer leurs messages. Où le corps s'abandonne avec confiance. Où l'esprit trouve un repos véritable. Où le silence, enfin, dit tout.

Que chaque nuit passée dans votre chambre soit un retour conscient à l'essentiel. Que là, vous puissiez véritablement laisser le monde à l'extérieur et vous souvenir, dans la quiétude et l'obscurité les plus profondes, de la lumière inextinguible qui pulse toujours en vous. Parce que, en fin de compte, la chambre tranquille n'est pas seulement un espace physique bien agencé. C'est un état d'âme cultivé et reflété.

Chapitre 26
Salle de Bain Revigorante

Entre le premier contact revitalisant de l'eau avec la peau le matin et la dernière plongée dans le silence réparateur de la nuit, il existe dans la maison un espace singulier de transition qui, lorsqu'il est dûment harmonisé, se transforme en un véritable portail de renouvellement. La salle de bain, fréquemment négligée dans son importance énergétique ou traitée seulement comme une pièce strictement fonctionnelle, est, en réalité, l'épicentre où se dissout ce qui ne sert plus à notre être. C'est dans cet environnement intime que le corps physique se nettoie des impuretés de la journée, mais c'est aussi là que l'esprit trouve l'opportunité de se renouveler, libérant charges et tensions accumulées. Elle représente l'espace sacré de l'évacuation énergétique, de la purification physique profonde et de la libération symbolique de poids invisibles. Lorsqu'elle est comprise et vécue sous cette perspective plus large, la salle de bain transcende sa fonction basique et devient un sanctuaire personnel de reconnexion, un spa de l'âme intégré au foyer.

L'ancienne sagesse du Feng Shui reconnaît dans la salle de bain un point particulièrement délicat dans la dynamique énergétique de la maison. C'est là que l'énergie vitale, le Chi, tend à s'écouler, à se dissiper. Littéralement, à travers les siphons, les chasses d'eau, les canalisations et le flux constant d'eau lui-même, l'énergie qui devrait nourrir le foyer peut être involontairement drainée. Pour cette raison fondamentale, tout soin apporté à cet environnement ne se résume pas à une simple question d'hygiène ou d'esthétique – il se configure comme une stratégie énergétique cruciale pour le maintien du bien-être général de la résidence et de ses habitants. Une salle de bain négligée, sale, désorganisée ou avec des problèmes hydrauliques fonctionne comme un siphon énergétique, drainant subtilement le Chi de toute la maison, ce qui peut se manifester par de la fatigue, un manque de prospérité ou une sensation de stagnation dans la vie des habitants. En contrepartie, une salle de bain traitée avec révérence, maintenue propre, organisée et vibrante, transforme ce flux naturel d'écoulement en un courant puissant de nettoyage spirituel, émotionnel et vital, bénéficiant à tout le système du foyer.

    Le premier geste concret de respect et de soin envers cet espace est de le maintenir impeccablement propre. Et cette propreté va au-delà de l'apparence superficielle ; elle doit être profonde et consciente. Les carreaux doivent briller, reflétant la lumière et la pureté. La cuvette des toilettes, symbole principal de l'évacuation, doit être toujours impeccable et avec l'abattant baissé lorsqu'elle n'est pas utilisée, minimisant la perte d'énergie. Les miroirs, portails vers l'image de soi, doivent être sans taches, reflétant avec clarté. La cabine de douche doit être exempte de moisissures, de résidus de savon ou d'accumulations qui dénotent la stagnation. Le nettoyage de la salle de bain ne doit pas être considéré comme une tâche routinière quelconque, mais bien comme un rituel périodique de purification. À chaque nettoyage, non seulement on élimine la saleté physique, mais on retire aussi consciemment les énergies denses qui s'y sont imprégnées : les pensées négatives, les résidus énergétiques que le bain a emportés, les poids émotionnels qui se sont symboliquement écoulés avec l'eau.

L'eau, élément central et définissant cet environnement, est la protagoniste. Elle court, lave, purifie, emporte ce qui n'est plus nécessaire. Mais elle a aussi le pouvoir de renouveler, de revitaliser, d'apporter la vie. Il faut donc veiller attentivement à son flux. Robinets qui gouttent incessamment, douches avec des fuites constantes, vannes coincées ou difficiles à manœuvrer : tout cela symbolise, énergétiquement, des pertes invisibles, des usures continues, un gaspillage d'énergie vitale et de ressources. Une salle de bain avec des fuites suggère, sur le plan symbolique, que quelque chose de précieux est drainé de la vie des habitants sans qu'ils en aient conscience – cela peut être du temps, de l'argent, de l'énergie créative, de la vitalité physique ou émotionnelle. Réparer promptement ces points de fuite est bien plus qu'un simple entretien hydraulique – c'est un acte de réparation symbolique de la propre capacité à retenir et à nourrir l'abondance sous ses diverses formes.

La disposition des éléments et l'organisation à l'intérieur de la salle de bain parlent aussi beaucoup de l'énergie du lieu. Une salle de bain revigorante privilégie l'ordre et la clarté visuelle. Les produits d'hygiène et cosmétiques ne doivent pas être entassés désordonnément sur le lavabo ou empilés dans les coins de la douche. L'accumulation visuelle transmet confusion mentale et énergétique, et chaque flacon qui n'est plus utilisé, mais reste là à occuper de l'espace, retient de l'énergie stagnante. La philosophie ici est claire : moins c'est plus. Conservez seulement l'essentiel, ce qui est beau à vos yeux, ce qui est authentiquement nécessaire pour vos rituels de soin. Ce qui ne correspond pas à ces critères doit suivre un autre chemin – être jeté, donné ou déplacé.

Les placards et tiroirs doivent refléter cette même organisation. Ouvrir un tiroir et y trouver des articles périmés, de vieilles brosses à cheveux cassées, des cosmétiques desséchés par le temps, des serviettes défraîchies ou déchirées – tout cela porte non seulement un désordre visuel, mais une vibration appauvrie et de négligence. La salle de bain fonctionne comme un miroir direct de notre soin de soi, de notre estime de soi. Ce que nous y conservons, même caché à la vue des autres, révèle intimement comment nous percevons notre propre valeur et notre mérite. Faire de l'espace physique, éliminer l'inutile, réorganiser les articles restants avec beauté et fonctionnalité, c'est comme déclarer, sans besoin de mots : « Je prends soin de moi, je me valorise, je m'accorde de l'importance et je mérite un espace qui reflète mon essence et mon bien-être ».

L'éclairage joue, une fois de plus, un rôle essentiel dans la création d'une atmosphère revigorante. Chaque fois que possible, la lumière naturelle doit être invitée à entrer. Une salle de bain avec fenêtre est un véritable cadeau énergétique. Le soleil a des propriétés naturelles de nettoyage et de purification, il élève la vibration de l'environnement. Même si ce n'est que pour quelques minutes par jour, permettez aux rayons solaires de toucher le sol, les carreaux, les objets. Laissez l'air circuler librement, l'humidité résiduelle du bain s'évaporer, la vie de l'extérieur entrer et renouveler l'espace. Lorsque la lumière naturelle n'est pas une possibilité, l'éclairage artificiel doit être choisi avec critère. Qu'il soit assez clair pour la fonctionnalité, mais aussi doux et accueillant. Évitez les lumières excessivement blanches, froides et agressives, qui rappellent des environnements cliniques et impersonnels. Un éclairage plus chaud (jaunâtre), bien positionné, peut-être avec des points de lumière indirecte ou un variateur pour ajuster l'intensité, peut transformer complètement l'environnement, le convertissant en un refuge de relaxation.

Les couleurs utilisées dans la salle de bain ont également un rôle pertinent dans sa vibration. Les tons clairs, comme le blanc, le beige, le bleu clair ou le vert d'eau, tendent à agrandir visuellement l'espace, à transmettre une sensation de propreté et de fraîcheur. Ce sont des choix sûrs et efficaces pour cet environnement. Cependant, une touche de couleur peut être très bienvenue pour réchauffer et personnaliser l'espace, évitant la monotonie. Une serviette de bain dans un ton terreux vibrant, une plante aux feuilles d'un vert intense, une bougie décorative de cire sombre et parfumée, un petit tableau coloré. L'équilibre entre la base claire et les points de couleur accueillante fait que la salle de bain cesse d'être un espace purement fonctionnel pour être perçue comme un recoin de confort et de beauté esthétique.

Les miroirs sont des points de grande force et signification dans cet environnement. Ils agrandissent l'espace physique, dupliquent la lumière disponible et reflètent notre propre image, influençant notre perception de soi. C'est pourquoi ils doivent être toujours impeccablement propres et bien conservés. Un miroir sale, taché ou embué trouble non seulement l'image réfléchie, mais aussi la vibration énergétique du lieu. Évitez les miroirs cassés, ébréchés ou mal positionnés (par exemple, coupant la tête ou reflétant directement la cuvette des toilettes). Que le miroir soit un allié dans la construction de l'estime de soi, montrant le meilleur de celui qui se regarde. Qu'il fonctionne comme un cadre pour la présence consciente, et non comme un portrait de la négligence ou de la fragmentation.

Les plantes peuvent – et doivent – faire partie de la décoration et de l'énergie de la salle de bain, à condition que les conditions de lumière et d'humidité soient adéquates pour l'espèce choisie. Certaines plantes prospèrent particulièrement bien dans des environnements humides et peu lumineux, caractéristiques communes à de nombreuses salles de bain. Les fougères, les pothos, la langue de belle-mère, le lys de la paix et certaines variétés de bambou sont d'excellentes options. Elles apportent l'énergie vivante de la nature à l'environnement, aident à purifier l'air (en absorbant certaines toxines) et élèvent la fréquence vibratoire de l'espace. Une plante bien positionnée, saine et luxuriante, a le pouvoir de revigorer instantanément l'environnement. C'est comme apporter un souffle de forêt, un fragment de nature sauvage, à l'intérieur de l'espace intime de transition et de purification. Là où il y a du vert vibrant, il y a de la vitalité.

De petits gestes et détails peuvent transformer complètement l'énergie et l'expérience d'être dans la salle de bain. Allumer une bougie aromatique pendant le bain crée une atmosphère de spa et de relaxation. Utiliser un panier joli et organisé pour le linge sale évite la sensation de désordre. Placer une pierre naturelle polie ou un cristal (comme le quartz rose ou l'améthyste) sur le rebord de la baignoire ou du lavabo ajoute une touche d'énergie de la terre. Accrocher un tableau avec une image sereine de la nature (une cascade, une forêt, la mer) peut servir de point focal relaxant. Utiliser un tapis doux et absorbant aux pieds en sortant du bain procure un confort immédiat. Chaque élément, lorsqu'il est choisi et positionné avec une intention claire, transforme ce qui serait banal et routinier en un véritable rituel de soin de soi.

L'arôme est également une partie intégrante et fondamentale de cette expérience sensorielle. Évitez les désodorisants synthétiques et agressifs, qui ne font que masquer les odeurs et peuvent être nocifs pour la santé respiratoire. Préférez les sources naturelles d'arôme : huiles essentielles pures diffusées en petite quantité, sprays d'ambiance faits avec des hydrolats et des huiles essentielles, savons artisanaux aux parfums doux, sachets d'herbes sèches. Des arômes comme la lavande (relaxante), l'eucalyptus (rafraîchissant et purifiant), la citronnelle (revigorante), le romarin (énergisant) sont particulièrement adaptés à la salle de bain. L'odeur de la salle de bain doit suggérer propreté, renouvellement, fraîcheur et pureté. Un diffuseur discret, une poignée d'herbes sèches dans un petit pot, un sachet parfumé suspendu discrètement derrière la porte – ce sont de petits détails qui changent efficacement l'atmosphère et la perception de l'espace.

Et nous arrivons alors au moment culminant du rituel quotidien : le bain. Qu'il soit de douche ou d'immersion, c'est le point culminant de la purification et du renouvellement. Le corps s'abandonne à l'élément eau. L'esprit a l'opportunité de relâcher les tensions. L'eau coule, touche la peau, emporte impuretés physiques et énergétiques. Il est crucial que ce moment soit vécu avec présence et intention. Évitez les bains hâtifs, mécaniques, avec le corps fonctionnant en automatique et l'esprit vagabondant dans les préoccupations ou les planifications. Même si le temps disponible est court, que le geste de se baigner soit entier, conscient. En mouillant le visage, percevez la texture et la température de l'eau. En savonnant les bras, sentez votre propre toucher, le contact de la peau. En rinçant, visualisez ou intentionnez que tout ce qui pèse, tout ce qui ne sert plus, s'en aille aussi avec l'eau qui s'écoule par le siphon. Il ne s'agit pas de pensée magique, mais de diriger l'énergie et la conscience. L'eau nettoie. Le corps répond à cette intention. L'énergie se renouvelle.

Les bains aux herbes peuvent potentialiser encore plus ce processus. Préparer une infusion concentrée avec des herbes comme la camomille (calmante), le basilic (énergisant et protecteur), la lavande (relaxante), le romarin (revigorant et clarifiant mentalement) ou du gros sel (pour un nettoyage profond) et verser cette eau du cou aux pieds après le bain conventionnel est une pratique ancestrale et puissante. Chaque herbe possède sa force et sa propriété énergétique spécifique. Chaque bain peut avoir son intention claire : calmer l'esprit, dynamiser le corps, nettoyer le champ aurique. Ce peut être un cadeau offert de soi à soi-même, un acte de profonde tendresse et de soin énergétique.

S'il y a une baignoire, qu'elle ne soit pas seulement un objet décoratif ou sous-utilisé. Qu'elle soit utilisée, même sporadiquement, comme un temple d'immersion et de relaxation profonde. Un bain chaud avec des sels d'Epsom, des pétales de fleurs, des huiles essentielles choisies intuitivement. Un temps dédié au silence, peut-être avec la lumière principale éteinte et seulement la flamme d'une bougie allumée. Le corps flotte dans l'eau tiède, l'esprit dissout les préoccupations, le cœur ralentit son rythme.

En sortant du bain, le rituel de soin continue et se complète. S'envelopper dans des serviettes douces, propres et, si possible, légèrement parfumées. Enfiler un peignoir qui accueille le corps encore humide. Appliquer une crème ou une huile hydratante avec des mouvements lents et conscients. Se regarder dans le miroir avec un regard de tendresse et d'acceptation. Tout cela nourrit non seulement le corps physique, mais aussi le corps émotionnel et énergétique. La salle de bain revigorante est celle qui permet au cycle de nettoyage et de renouvellement de se clore de manière complète et satisfaisante. C'est l'espace où l'on entre en portant le poids de la journée et d'où l'on sort en se sentant léger, propre, renouvelé. Où l'eau ne lave pas seulement le corps, mais éveille aussi la conscience. Où le silence peut être profond, mais rempli de significations et d'aperçus. Où l'intimité avec soi-même n'est pas vue comme une fragilité, mais comme une source de force et de connaissance de soi. Où le soin de soi transcende la vanité et devient un acte de profonde révérence pour la vie qui habite en nous.

Prendre soin de la salle de bain, c'est en essence prendre soin de son propre rite sacré de renaissance quotidienne. C'est se rappeler, tous les jours, que nous sommes des êtres faits de couches, de cycles, de transformations constantes. Et que, en retirant consciemment ce qui ne nous sert plus, nous ouvrons un espace précieux pour tout ce que nous pouvons encore être, fleurir et manifester. Que chaque bain soit un retour à la source. Que chaque passage aux toilettes soit une invitation à la pause consciente et à la purification. Que chaque nettoyage qui y est effectué soit aussi une profonde purification interne. Et que, dans ce petit espace souvent sous-estimé de la maison, se révèle le grand et transformateur pouvoir de se renouveler – toujours, profondément, véritablement.

Chapitre 27
Bureau Productif

Il existe dans la maison un territoire spécial où l'esprit trouve des ailes pour voler, où les idées abstraites cherchent à prendre forme concrète, où la concentration s'approfondit et trouve demeure pour s'épanouir. Ce lieu, même s'il est souvent improvisé au milieu de la dynamique du foyer, fonctionne comme le point névralgique de connexion entre le vaste monde interne de l'inspiration et le monde externe de l'action manifeste. Le bureau – qu'il s'agisse d'une pièce dédiée exclusivement à cette fonction, d'un bureau stratégiquement positionné dans un coin tranquille du salon ou d'un espace adapté avec créativité à côté d'une fenêtre lumineuse – possède une fonction intrinsèquement sacrée : celle de soutenir et de nourrir l'énergie de la création, de la concentration profonde et de l'expression authentique de notre potentiel.

Dans la perspective du Feng Shui existentiel, le bureau est compris comme le territoire du dessein manifesté, la scène où la vocation trouve voix et action. C'est là que l'on travaille, étudie, écrit, planifie, projette l'avenir souhaité. C'est l'espace où l'intellect trouve la structure nécessaire pour s'organiser et où l'esprit trouve un canal libre pour s'exprimer. Pour cette raison fondamentale, l'énergie de cet environnement doit être soigneusement cultivée, protégée et maintenue à une haute vibration.

Un bureau véritablement productif et inspirant ne se définit pas par la quantité de stimuli visuels, la présence d'équipements de dernière génération ou le suivi des dernières tendances de décoration d'entreprise. Il est, avant tout, un lieu où le silence créatif peut respirer librement, où l'esprit trouve la clarté et où le flux de travail se déroule avec naturalité et plaisir. La productivité authentique, celle qui jaillit de la connexion avec le dessein et non de la pression externe, naît de l'équilibre le plus pur. Il ne s'agit pas de mouvement accéléré et frénétique, ni d'inertie et de procrastination. Il s'agit de fluidité. Et cette fluidité ne peut se manifester pleinement que lorsque l'environnement physique est en parfaite harmonie avec les besoins du corps, de l'esprit et de l'âme de celui qui l'utilise. L'espace de travail doit offrir un soutien ergonomique adéquat au corps physique, mais aussi, et peut-être de manière encore plus cruciale, un soutien émotionnel et énergétique à l'esprit et à l'âme. Il doit accueillir la pensée logique et analytique, mais aussi permettre le vide fertile, l'espace du « ne pas savoir », nécessaire pour que le nouveau, l'inattendu, le véritablement créatif puisse émerger.

Le choix de la position du bureau dans l'environnement est le premier point de force à considérer. C'est l'un des facteurs qui impactent le plus la sensation de sécurité et de contrôle sur son propre travail. Chaque fois que possible, le bureau doit être positionné de manière à permettre à la personne assise de voir la porte d'entrée, ou du moins que le champ visuel périphérique perçoive qui entre dans la pièce. C'est ce qu'on appelle la « position de commandement » en Feng Shui. Il ne s'agit pas d'une question de vigilance ou de méfiance, mais bien de perception énergétique. Travailler dos à la porte génère une sensation inconsciente et constante de vulnérabilité, comme si quelque chose pouvait « attaquer par derrière », ce qui maintient le système nerveux dans un état subtil d'alerte, nuisant à la concentration profonde. En revanche, lorsqu'on est face ou de côté par rapport à l'entrée, il y a une sensation inhérente de clarté, de présence, de contrôle et de sécurité, permettant à l'esprit de se détendre et de se concentrer sur la tâche.

Le dos de la personne assise, idéalement, doit être protégé par une surface solide. Un mur ferme, une étagère de livres bien ancrée et organisée, ou même un paravent stable peuvent remplir cette fonction. Cette protection physique transmet symboliquement stabilité et soutien. Évitez de positionner la chaise de travail avec le dos tourné directement vers de grandes fenêtres ou des couloirs de passage, car le flux d'énergie (Chi) devient très instable et dispersif dans ces configurations. Un bon dossier sur la chaise est plus qu'un support physique pour la colonne vertébrale ; c'est un symbole puissant. Il représente le soutien à ses propres décisions, la base solide sur laquelle les projets et les idées se construisent et se maintiennent.

Le bureau lui-même doit être un reflet de la clarté mentale souhaitée : propre, organisé, mais aussi vivant et inspirant. Évitez l'excès d'objets sur la surface.

L'essentiel suffit généralement : l'ordinateur ou le cahier principal, un stylo spécial qui procure du plaisir à écrire, peut-être une petite plante qui apporte de la vie, et un élément qui soit véritablement inspirant (une photo, une pierre, une citation). Lorsque la surface de travail est encombrée de papiers, de livres, de stylos et d'objets divers, la pensée tend à se disperser avec le regard. Le chaos visuel se traduit inévitablement par un chaos mental. Un bureau libre, avec de l'espace pour respirer, fonctionne comme une toile blanche : il invite à la création, à l'organisation des idées. Et la création, pour s'épanouir, a besoin d'espace physique et mental. Utilisez des organiseurs, des tiroirs bien compartimentés, des dossiers étiquetés : tout doit avoir sa place désignée. Un bureau productif n'a pas besoin d'être stérile ou impersonnel, mais il doit être ordonné. Chaque chose où elle doit être. Le temps précieux ne doit pas être gaspillé à chercher des papiers perdus, des câbles emmêlés ou des livres essentiels. La clarté dans l'organisation externe induit et soutient la clarté interne. Et c'est cette clarté qui nourrit la concentration, la présence, l'engagement total dans le travail.

    L'éclairage est un autre pilier fondamental pour un environnement de travail sain et productif. La lumière naturelle est toujours la meilleure option, car en plus d'être gratuite, elle synchronise notre horloge biologique et améliore l'humeur. Si possible, positionnez le bureau près d'une fenêtre, de sorte que la lumière naturelle arrive latéralement, évitant les reflets directs sur l'écran de l'ordinateur ou l'ombre sur la zone d'écriture. Permettez à la lumière du jour d'accompagner le rythme de vos tâches. Le soleil du matin est particulièrement stimulant, éveillant l'esprit et réchauffant le corps pour le début des activités. Même les jours nuageux, la simple présence de la vue sur l'extérieur apporte une sensation d'amplitude et de connexion bénéfique à l'esprit.

Lorsque la lumière naturelle est insuffisante ou pendant la nuit, choisissez des luminaires offrant une lumière de teinte chaude (jaunâtre), douce et bien répartie dans l'environnement. Évitez les plafonniers trop durs, les néons blancs ou les spots lumineux trop intenses et directs, qui peuvent causer fatigue visuelle et mentale. L'éclairage doit accueillir le regard, faciliter la lecture et la concentration, sans agresser ni fatiguer.

Les couleurs choisies pour le bureau doivent dialoguer avec le type d'activité qui y sera principalement exercée et avec la personnalité de celui qui l'utilise. Les tons clairs et neutres, comme le blanc, le beige ou le gris clair, favorisent la sérénité, l'amplitude visuelle et la continuité de la pensée. Les bleus et verts doux sont connus pour stimuler la concentration, le calme et l'équilibre mental, étant excellents pour les tâches exigeant une concentration prolongée. Une touche stratégique de jaune ou d'orange peut activer la créativité, l'optimisme et la communication. Les tons terreux, comme le marron ou l'ocre, apportent une sensation de stabilité, de sécurité et d'enracinement, bons pour les activités exigeant planification et structure. Le plus important, cependant, est qu'il y ait harmonie dans la palette choisie. Des couleurs excessivement criardes, des contrastes trop forts ou des motifs visuels très agités peuvent briser le rythme interne, générer de l'anxiété et drainer l'énergie mentale.

Les murs du bureau fonctionnent comme des toiles blanches pour l'inspiration. Ils peuvent contenir des images évoquant votre dessein professionnel, des phrases nourrissant votre motivation quotidienne, des symboles représentant des réussites passées ou des objectifs futurs. Mais, encore une fois, rien en excès. Un ou deux éléments bien choisis et significatifs suffisent déjà à soutenir le champ vibratoire souhaité. Un tableau avec un paysage naturel qui apaise l'esprit dans les moments de pause. Un mandala qui aide à organiser le regard et la pensée. Une photographie qui vous relie à votre mission de vie ou à des personnes qui vous inspirent. Le mur doit être un stimulus subtil et positif, non une source de distraction constante ou de pollution visuelle.

Le son ambiant exerce également une influence puissante sur la productivité et le bien-être. Pour de nombreuses personnes, le silence absolu est l'état idéal pour la concentration profonde. Pour d'autres, un fond musical doux peut aider à entrer en état de flux (*flow*), cet état d'immersion totale dans l'activité. Le choix de la musique est crucial : bandes sonores instrumentales (classique, jazz doux, ambient, électronique minimaliste), sons de la nature (pluie, vagues de la mer, forêt) ou même fréquences spécifiques comme les sons binauraux, peuvent favoriser différents états mentaux. Les musiques avec paroles peuvent être distrayantes pour les tâches exigeant une concentration verbale.

L'important est d'expérimenter et de découvrir ce qui fonctionne le mieux pour chaque individu et chaque type de travail créatif, en utilisant le son comme un outil conscient pour façonner l'environnement mental, que ce soit en recherchant le silence ou une mélodie qui inspire et soutient le flux.

Chapitre 28
Espace Sacré

Il existe un point singulier dans la maison, un recoin dont la mesure transcende les mètres carrés. Son essence ne réside pas dans le luxe matériel ou l'exigence d'un silence absolu, et ne se rattache pas non plus à une croyance spécifique, une religion ou une pratique rituelle définie. Ce point fleurit à partir d'une intention pure, se nourrit de la présence attentive et s'épanouit dans la répétition amoureuse d'un geste fondamental : l'acte de s'asseoir en soi-même, de se tourner vers le noyau intérieur. L'espace sacré, lorsqu'il est établi au sein du foyer, se transforme en sol fertile où l'esprit trouve refuge pour se révéler, pour reposer sereinement, pour retrouver la connexion avec cette étincelle divine qui palpite incessamment au-delà du tourbillon des routines quotidiennes et des exigences du monde extérieur. Il devient un refuge intime, une oasis de tranquillité au milieu de l'agitation quotidienne.

La quête d'un espace sacré résonne comme un besoin ancestral profondément enraciné dans l'âme humaine. Depuis les origines de la civilisation, l'être humain a ressenti l'impulsion de délimiter des territoires de transcendance, érigeant des autels simples, formant des cercles de pierre sous le ciel ouvert, dédiant des coins spécifiques à la prière et à la contemplation, ou laissant des marques symboliques sur les parois de grottes reculées. Toutes ces manifestations partageaient un but commun : marquer, sur le plan physique et tangible, la présence palpable de l'invisible, du mystère qui imprègne l'existence. Aujourd'hui, même immergés dans un réseau complexe d'engagements inévitables, bombardés par la technologie omniprésente et pressés par les urgences fabriquées du quotidien, cet appel primordial à la connexion intérieure ne s'est pas éteint ; au contraire, il se fait peut-être encore plus nécessaire. Le foyer, lorsqu'il est véritablement reconnu et honoré comme une extension vivante et pulsante de notre propre être, réclame d'abriter un point de reconnexion, un épicentre de silence et d'introspection. L'objectif n'est pas de créer une fuite aliénante du monde, mais bien d'établir un rappel constant de qui nous sommes réellement dans la quiétude essentielle qui soutient toute manifestation, un phare pour ne pas nous perdre dans la superficialité des apparences et des exigences externes.

La création de cet espace sacré personnel commence par la consécration délibérée d'un territoire au sein de la maison, en le dédiant exclusivement à l'écoute profonde et attentive. Il n'existe pas de règles fixes ou de formules universelles pour sa conception, seulement des principes vivants qui doivent résonner avec la vérité de chaque individu. Le principe le plus fondamental est que ce lieu soit authentiquement vôtre, un reflet de votre quête intérieure. Il doit être intentionnellement réservé aux pauses conscientes, aux moments dédiés à des pratiques qui nourrissent l'esprit, et aux rituels simples qui vous ramènent à votre centre d'équilibre et de sérénité.

Il peut se manifester comme un coin tranquille dans le salon, un tapis soigneusement positionné dans la chambre, un balcon baigné par le silence du matin, ou même un recoin spécial dans le jardin, à l'ombre d'un arbre ami. La taille physique est, en fait, sans importance. La véritable dimension de cet espace réside dans la vibration qu'il émane, cultivée par votre présence dévouée et intentionnelle. Il doit être un lieu qui, rien qu'en étant contemplé, évoque une sensation immédiate de sérénité, une invitation au recueillement. Un environnement où le corps puisse instinctivement ralentir son rythme frénétique, où la perception du temps se dilate, permettant une immersion dans le présent, et où l'esprit agité trouve enfin un point de quiétude et de clarté.

La première étape pratique consiste à choisir soigneusement cet emplacement. Parcourez votre maison avec la sensibilité de celui qui cherche l'endroit idéal pour qu'une graine précieuse germe. Observez attentivement où il y a moins de passage, où la lumière naturelle touche l'environnement avec une douceur particulière, où les bruits du monde extérieur arrivent plus filtrés, presque comme un murmure lointain. Une fois qu'un candidat potentiel est identifié, asseyez-vous là pendant quelques minutes précieuses. Permettez-vous de ressentir l'espace. Percevez les sensations qui émergent dans le corps. Respirez profondément et consciemment. Fermez les yeux un instant, en vous tournant vers l'intérieur. Si le corps répond par la détente, si la poitrine s'ouvre dans une sensation d'expansion, si les pensées commencent à se taire comme des feuilles tombant doucement, alors vous avez probablement trouvé votre point de pouvoir, le lieu idéal pour ancrer votre espace sacré.

Après le choix, cet espace doit être ancré énergétiquement, délimité symboliquement. Cela se réalise par l'introduction soigneuse de symboles qui résonnent avec votre parcours personnel. Un beau tissu étendu sur le sol, peut-être avec des motifs évoquant la tranquillité ou la connexion spirituelle. Un coussin spécial, confortable et invitant, qui sert de siège pour vos pratiques. Une bougie, représentant la lumière intérieure et la flamme de la conscience. Une image qui inspire ou apaise – ce peut être une photographie de la nature, une œuvre d'art abstraite, un symbole géométrique sacré. Une pierre ramassée lors d'une marche significative, un coquillage qui rappelle la mémoire de la mer, une fleur fraîche qui célèbre l'impermanence et la beauté du présent. Chaque objet sélectionné pour habiter cet espace doit porter une signification profonde pour vous. Il doit être placé en pleine conscience, avec une intention claire. La fonction de ces éléments n'est pas purement décorative ; ils agissent comme des gardiens du champ subtil qui sera cultivé et activé à cet endroit, aidant à maintenir l'énergie élevée et concentrée.

Il n'existe pas de manuel sur quels objets sont « justes » ou « faux ». Le choix est profondément personnel et intuitif. Certaines personnes ressentent une forte connexion avec des images religieuses qui représentent leur foi : une statuette de Bouddha, un crucifix, l'image d'un orisha ou d'une divinité hindoue. D'autres préfèrent se connecter à travers des symboles de la nature, ressentant la force tellurique d'un cristal brut, la légèreté d'une plume trouvée par hasard, la solidité d'une pierre polie par la rivière. Il y a aussi ceux qui optent pour des éléments marquant leur trajectoire personnelle : la photographie d'un maître spirituel ou d'un mentor cher, une lettre manuscrite contenant des mots de sagesse, un objet hérité d'un être aimé qui évoque protection et continuité. Le fil conducteur qui unit tous ces objets possibles n'est pas leur forme ou leur valeur matérielle, mais le sens profond qu'ils portent pour l'individu. Ils ne fonctionnent pas comme des amulettes magiques, mais bien comme des rappels constants de notre nature essentielle. Ce sont des ancrages symboliques qui établissent un pont visible entre le monde quotidien et la dimension du mystère, du sacré, du transcendant.

Au cœur de cet espace, la présence d'une bougie allumée pendant les moments de pratique peut être particulièrement puissante. La flamme vivante est un archétype universel de la lumière intérieure, du feu de la conscience qui ne s'éteint jamais complètement, même dans les moments d'obscurité. C'est le même feu primordial qui palpite au centre de notre cœur, l'étincelle divine qui nous anime. La lumière de la bougie, lorsqu'elle est allumée avec intention pendant la méditation, la prière ou le simple silence contemplatif, crée un champ vibratoire de respect, de clarté et de présence focalisée. Elle aide à délimiter l'espace rituel et à concentrer l'énergie, fonctionnant comme un phare pour l'âme.

La pratique à réaliser dans cet espace est également libre et adaptable aux besoins et inclinations de chacun. Il n'est pas nécessaire que ce soit quelque chose de complexe ou de long. Ce peut être une méditation silencieuse de seulement cinq minutes au réveil ou avant de dormir. Ce peut être la récitation d'une prière murmurée avec ferveur. Cela peut impliquer l'écriture intuitive dans un carnet dédié, laissant s'écouler pensées, sentiments et intuitions sans censure. Ce peut être l'acte d'écouter une musique douce et inspirante, les yeux fermés, permettant à la mélodie de toucher les fibres les plus intimes de l'être. Ce peut être l'intonation d'un mantra qui calme l'esprit et élève l'âme. Ou ce peut être, simplement, l'acte de s'asseoir confortablement, de respirer consciemment et de cultiver un sentiment de gratitude pour le moment présent. L'espace sacré est au service de ce qui, à cet instant précis, vous reconnecte à votre noyau essentiel, à votre vérité la plus profonde.

La clé de la vitalité de cet espace réside dans la constance, dans la création d'un rythme régulier de rencontre. Établir une habitude, même brève, de visiter votre espace sacré quotidiennement ou quelques fois par semaine, renforce son énergie. L'âme, métaphoriquement, s'habitue à ce lieu de recueillement. Avec le temps, il se transforme en un champ magnétique de paix et de clarté. Chaque fois que vous vous y asseyez, c'est comme si un voile subtil s'ouvrait, facilitant l'accès à des états de conscience plus profonds.

La respiration tend à changer, devenant plus lente et profonde ; les épaules se détendent, libérant les tensions accumulées ; l'esprit, graduellement, apaise son flux incessant. L'espace commence à « garder » l'énergie de vos intentions, de vos prières, de vos larmes de libération, de vos moments de profonde gratitude. Il devient un miroir silencieux et compatissant de votre voyage intérieur, un enregistrement vivant de votre croissance spirituelle.

La purification régulière de cet espace est donc essentielle pour maintenir sa puissance. Cela inclut tant le nettoyage physique que l'énergétique. Balayez le sol avec attention, nettoyez les objets symboliques avec un chiffon léger et sec, changez les fleurs fraîches lorsqu'elles se fanent, s'il y en a. Ouvrez la fenêtre pour ventiler, laissez la lumière du soleil toucher les éléments, si possible. Utilisez des méthodes de nettoyage énergétique qui résonnent avec vous : passez doucement la fumée d'herbes comme la sauge, le palo santo ou le romarin ; vaporisez une brume d'eau avec quelques gouttes d'huile essentielle de lavande ou d'oliban ; faites résonner une cloche ou un bol tibétain pour dissiper les énergies stagnantes. La méthode spécifique est moins importante que l'intention qui la sous-tend : maintenir le champ vibratoire renouvelé, léger, clair et vivant. Un espace sacré qui accumule de l'énergie stagnante perd son pouvoir de catalyseur. Il a besoin de respirer à l'unisson avec vous.

La musique peut être une alliée puissante dans la création de l'atmosphère souhaitée. Les sons des bols tibétains, connus pour leurs qualités harmonisantes ; les chants dévotionnels de différentes traditions spirituelles ; les enregistrements de sons de la nature, comme l'eau qui court, les oiseaux qui chantent ou le vent dans les arbres ; les mélodies douces de flûtes ou d'instruments à cordes ; les musiques spécifiquement composées pour la méditation ou la relaxation. Le son a la capacité d'élever la vibration de l'environnement et de faciliter des états modifiés de conscience. Cependant, le silence profond possède également une valeur inestimable. Apprendre à être confortablement en silence, sans le besoin de le remplir, est l'une des pratiques les plus puissantes que l'espace sacré puisse offrir. S'asseoir et simplement écouter les sons subtils de son propre corps, le rythme de la respiration, le murmure des pensées qui se dissolvent graduellement dans la quiétude — c'est une nourriture profonde pour l'âme.

L'espace sacré se révèle aussi un refuge puissant dans les moments de transition ou de difficulté. Une journée particulièrement éprouvante au travail. Une nouvelle inattendue qui ébranle les structures internes. La fin d'un cycle important, comme une relation ou un emploi. Un choix difficile à faire, qui exige clarté et discernement. Dans ces moments, se retirer dans son espace sacré, respirer profondément, allumer une bougie, peut-être écrire sur ce que l'on ressent ou simplement se permettre d'être avec l'émotion présente, peut apporter une clarté surprenante. La maison, dans ce sens, se transforme en une alliée thérapeutique. Au lieu d'être juste un abri physique, elle se met à abriter et à contenir aussi les douleurs, les peurs et les charmes de l'âme, offrant un contenant sûr pour le traitement émotionnel.

Pour les familles ou les couples, la beauté de l'espace sacré peut être partagée, créant un point d'union spirituelle. Un petit autel familial où l'on place des objets représentant les valeurs et les intentions communes. Un endroit où tous peuvent se réunir en silence quelques instants, faire une prière ensemble, ou avoir des conversations plus profondes et significatives, loin des distractions du quotidien. Les enfants, en particulier, sont souvent enchantés par ces espaces. Ils comprennent, de manière intuitive et naturelle, qu'il s'agit d'un « coin du cœur », un lieu spécial. Ils perçoivent qu'ici on ne crie pas, on ne court pas désordonnément, on ne rivalise pas. Ici, on écoute avec attention. On ressent avec le cœur. On prend soin l'un de l'autre et de l'espace lui-même.

C'est une expérience commune que, en créant et en cultivant cet espace, les gens expriment un sentiment de surprise : « Je ne savais pas à quel point j'en avais besoin. » Nous vivons à une ère d'excès écrasants – excès d'informations, de stimuli sensoriels, d'exigences externes et internes. L'âme, pour pouvoir s'épanouir en plénitude, a désespérément besoin d'espaces où elle puisse simplement être ce qu'elle est dans son essence : immensité, silence, connexion. Créer un espace sacré au foyer est donc un acte de résistance amoureuse contre la fragmentation et la superficialité. C'est déclarer au monde, et principalement à soi-même, qu'entre le bruit incessant et la hâte contagieuse, il existe un point de silence inviolable, un centre de paix accessible. Un point où tout peut recommencer, à chaque respiration.

Avec le temps et la pratique dévouée, l'énergie cultivée dans cet espace commence à déborder. Il cesse d'être un point isolé et se met à imprégner subtilement le reste de la maison. La cuisine peut gagner une atmosphère de plus grande présence et gratitude. La chambre peut devenir plus sereine et propice au repos réparateur. Le salon, plus accueillant et invitant à la connexion authentique. Le sacré, par sa nature expansive, ne reste pas contenu. Il se répand comme des ondes dans l'eau. Il transforme. Il contamine positivement tout l'environnement.

Et, peut-être le plus profond, l'espace sacré intérieur commence à s'épanouir avec plus de vigueur. La pratique externe nourrit et reflète la pratique interne. Vous commencez à porter cet état de silence et de présence avec vous, même hors de la maison. Au milieu des embouteillages, dans la file du supermarché, pendant une conversation difficile au travail. L'autel essentiel est maintenant en vous. La bougie de la conscience brûle au centre de la poitrine. Le son subtil de la paix intérieure peut être entendu même au milieu du bruit extérieur. La maison remplit alors sa fonction la plus élevée et noble : refléter fidèlement ce qu'il y a de plus essentiel, de vrai et de lumineux chez celui qui l'habite.

Que chaque foyer puisse abriter son propre espace sacré, peu importe sa simplicité ou son élaboration. Qu'il soit vrai, authentique, vibrant de l'énergie de celui qui en prend soin. Qu'il puisse recevoir vos rires de joie, vos larmes de guérison, vos prières d'espoir. Qu'en ce lieu, vous puissiez vous retrouver vous-même, avec le Mystère qui imprègne tout, avec la paix profonde qu'aucune circonstance extérieure ne peut véritablement voler. Parce que là où existe un coin dédié à la présence, fleurit un chemin sûr de retour à la maison — la maison intérieure, qui commence en nous et se reflète, comme un miroir fidèle, dans chaque coin que nous choisissons d'habiter avec l'âme.

Chapitre 29
Jardin Vivant

Il arrive un instant où la structure même de la maison semble aspirer à transcender ses limites physiques, ses murs de maçonnerie. Une respiration plus ample cherche à émerger, un désir latent de se reconnecter avec le pouls vital du monde qui vibre incessamment à l'extérieur. Cette pulsation essentielle de la nature, cependant, n'a pas besoin d'être une réalité lointaine ou inaccessible. Elle peut fleurir là même, dans l'espace adjacent au foyer : dans la cour oubliée, sur le balcon ensoleillé, sur la terrasse avec vue sur la ville, ou même dans le modeste parterre qui orne la fenêtre de la cuisine. Le jardin, dans sa manifestation la plus pure et fondamentale, représente le point de contact sacré où la maison rencontre la Terre – et, simultanément, où l'habitant retrouve et touche sa propre nature primordiale, souvent endormie par la vie urbaine.

La vitalité d'un jardin vivant ne se mesure pas à son étendue ou à la complexité de son projet paysager. Il peut s'agir d'un vaste terrain orné d'arbres centenaires et de chemins sinueux en pierres, ou il peut tenir, avec grâce et abondance, dans seulement trois pots soigneusement cultivés sur le balcon d'un appartement compact. Ce qui définit véritablement un jardin vivant, c'est la vibration qui en émane, l'énergie vitale qui s'y meut de manière dynamique et perceptible. C'est la présence constante de la vie dans son cycle ininterrompu de transformation – le bourgeonnement hésitant d'une nouvelle feuille, la croissance vigoureuse vers la lumière, l'éclosion éphémère et colorée d'une fleur, le séchage naturel des feuilles en automne, et la renaissance résiliente au printemps suivant. Un jardin qui palpite avec cette dynamique naturelle devient un miroir sensible et révélateur de l'âme même du foyer et de ses habitants.

    Le contact direct avec les éléments naturels, même à travers des gestes simples et quotidiens, déclenche des effets profonds et scientifiquement mesurables sur notre bien-être intégral. Des recherches démontrent de manière constante la réduction des niveaux de stress, la régulation bénéfique du système nerveux autonome (diminuant la réponse de « lutte ou fuite »), l'augmentation de la capacité créative et de la clarté mentale, l'amélioration significative de l'humeur et même le renforcement du système immunitaire. La science moderne commence à prouver empiriquement ce que la sagesse ancestrale reconnaissait déjà intuitivement depuis des millénaires : en touchant le vert, en sentant la terre, en observant le cycle des plantes, quelque chose de profond en nous retourne à son état originel d'équilibre et d'appartenance. Émerge une reconnaissance silencieuse, une mémoire cellulaire ancestrale qui murmure : nous appartenons à la Terre, nous en faisons partie intrinsèque.

La création d'un jardin vivant commence par un choix conscient : la décision de permettre à la nature de participer activement à la vie quotidienne, d'ouvrir les portes du foyer à sa présence guérisseuse. Cette permission est, en soi, un geste de profonde humilité, un acte d'écoute attentive aux rythmes naturels et une reddition confiante à la sagesse inhérente aux cycles des saisons. Cela implique de reconnaître que, même en résidant dans une métropole majoritairement grise et artificielle, il existe toujours un espace potentiel pour que la vie germe – à condition qu'il y ait l'intention et la disposition à la nourrir.

Pour ceux qui disposent d'une cour, l'invitation au jardinage se présente de manière plus large et généreuse. Cependant, même dans ces cas, il est courant que l'espace extérieur soit relégué à un état d'oubli, se transformant en dépôt de débris, accumulateur d'objets inutilisés, ou simplement une zone d'abandon énergétique. Inverser cette situation n'exige pas nécessairement de grands travaux d'infrastructure ou d'investissements financiers importants. Elle exige, primordialement, une présence attentive et la volonté d'interagir. Le premier pas concret est le nettoyage : retirer ce qui ne sert plus, enlever les détritus, laisser la terre respirer à nouveau. Ensuite, vient l'observation attentive : où la lumière du soleil frappe-t-elle avec le plus d'intensité ? Où se forment des zones d'ombre fraîche ? Vers où l'eau de pluie s'écoule-t-elle naturellement ? La nature elle-même offre déjà des indices précieux sur où elle désire fleurir avec plus de vigueur. Il suffit d'apprendre à percevoir ses signes subtils.

Le choix des plantes qui composeront le jardin est un processus qui combine connaissance pratique et intuition sensible. Bien sûr, il est fondamental d'observer les conditions spécifiques du lieu – le climat de la région, la quantité de lumière solaire directe ou indirecte, le type de sol et son drainage. Mais, au-delà de ces facteurs techniques, il existe un appel intérieur, une attraction inexplicable qui nous relie à certaines espèces. Certaines personnes se sentent magnétiquement attirées par la résilience et les formes géométriques des succulentes ; d'autres, par le parfum enivrant et les couleurs vibrantes des fleurs ; d'autres encore, par le désir de récolter les fruits d'arbres qu'elles ont elles-mêmes plantés. Il n'existe pas de choix « juste » ou « faux » dans ce domaine. Il existe des affinités vibratoires. Chaque plante, selon diverses traditions, porte un type spécifique de Chi, une signature énergétique unique. Certaines sont connues pour leurs propriétés à remonter le moral, d'autres pour calmer les nerfs, et d'autres encore pour offrir une sensation de protection énergétique à l'environnement. En créant votre jardin, permettez-vous d'écouter avec le corps, de sentir l'énergie des plantes. Laissez-vous guider non seulement par la raison pratique, mais aussi par le ressenti intuitif, en choisissant celles qui résonnent avec votre âme.

Pour ceux qui résident en appartement ou dans des maisons sans espace extérieur, la limitation physique peut sembler un obstacle, mais n'est jamais une barrière infranchissable à la création d'un jardin vivant. La créativité offre des solutions charmantes : un jardin vertical installé sur le mur du balcon, transformant un espace limité en un panneau verdoyant ; des pots de différentes tailles disposés stratégiquement à la fenêtre de la cuisine, apportant vie et couleur à l'environnement ; de petits potagers cultivés dans des jardinières suspendues ou sur des étagères bien éclairées ; des plantes retombantes qui descendent gracieusement des étagères, adoucissant les angles et ajoutant du mouvement. La vie végétale est extraordinairement généreuse et adaptable. Il suffit d'une poignée de terre fertile, d'un accès à la lumière adéquate et d'eau en juste mesure, et elle trouve son chemin pour pousser. Il suffit d'un peu de soin attentif et affectueux, et elle répond par une beauté qui nourrit les sens et l'âme.

    Les herbes aromatiques sont particulièrement adaptées et gratifiantes pour les espaces plus petits. Romarin, basilic, menthe, thym, origan, sauge, ciboulette, persil – la liste est vaste. En plus d'être extrêmement pratiques en cuisine et de parfumer délicatement l'environnement, ces plantes établissent un lien direct et puissant entre la culture et l'aliment. L'acte de cueillir ses propres feuilles fraîches pour préparer une tisane revigorante ou pour assaisonner le plat du jour est un geste ancestral de profonde reconnexion avec les cycles de la terre et avec l'origine de notre subsistance. C'est une manière de rendre à l'acte de nourrir une dignité et une sacralité souvent oubliées dans l'agitation moderne.

Les fleurs, avec leur exubérance et leur délicatesse, jouent également un rôle crucial dans la composition du jardin vivant. Géraniums colorés, lavandes parfumées, œillets aux multiples tonalités, violettes timides. Chaque fleur possède sa couleur unique, son parfum caractéristique, son temps particulier de floraison et de flétrissement. Les fleurs sont comme des messagères de l'impermanence et de la beauté éphémère. Elles nous enseignent l'importance de vivre le présent dans sa totalité, la beauté qui réside dans l'abandon complet au moment. Un jardin qui accueille des fleurs est un jardin qui chante des mélodies silencieuses, qui célèbre la vie sous ses formes les plus vibrantes et transitoires.

Et nous ne pouvons oublier l'élément essentiel des feuillages – fougères aux frondes délicates, monsteras aux feuilles imposantes et découpées, pothos qui s'adaptent et poussent avec vigueur, marantas qui semblent prier au crépuscule. Verts profonds, textures variées invitant au toucher, formes organiques qui se meuvent doucement au moindre souffle de vent. Les feuilles nous rappellent constamment la respiration, l'échange vital entre le monde intérieur et extérieur. Elles symbolisent que tout dans la vie fonctionne en rythme, en pulsation, en flux continu de donner et recevoir.

Intégrer les principes du Feng Shui à la planification et au soin du jardin peut approfondir encore davantage cette connexion énergétique et symbolique. Une grosse pierre solide, représentant l'élément Terre, positionnée harmonieusement à côté d'un petit bassin ou d'une fontaine, qui symbolise l'élément Eau, crée un dialogue visuel et énergétique puissant entre stabilité et fluidité. Un carillon éolien, fait de matériaux naturels comme le bambou ou le métal, suspendu sous l'auvent ou à l'entrée du jardin, active l'élément Air avec des sons doux et curatifs, aidant à mouvoir le Chi stagnant. Une petite statue de Bouddha, d'un animal gardien comme un lion ou une tortue, ou d'une divinité inspirant dévotion et protection, peut ancrer ces qualités dans l'espace, le transformant en un refuge sûr. La lumière douce de lanternes solaires ou de bougies protégées dans des photophores invite à la contemplation nocturne, créant une atmosphère magique et introspective. Un banc simple positionné à l'ombre d'un arbre se transforme naturellement en un autel de repos et de connexion avec la nature. Chaque élément, lorsqu'il est choisi et placé avec une intention claire, transcende sa fonction physique et se transforme en un symbole puissant, chargé de signification.

    Prendre soin d'un jardin est, en essence, une pratique spirituelle déguisée en tâche quotidienne. Cela demande du temps dédié, de la patience pour observer les rythmes lents de la nature, et une écoute attentive aux besoins silencieux des plantes. Cela requiert, surtout, l'acceptation humble qu'il y aura des jours où une plante tombera malade inexplicablement, des feuilles tomberont avant l'heure, des parasites surgiront comme des défis inattendus. La nature n'opère pas selon la logique linéaire de la perfection statique ; elle est processus dynamique, impermanent. Et le jardinier, en interagissant avec ce processus, apprend à accueillir l'impermanence avec plus de sérénité. Il apprend à recommencer après une perte. Il apprend à faire confiance à la force intrinsèque de la renaissance. Il apprend à offrir amour et soin sans garantie de résultats prévisibles.

L'acte d'arroser les plantes, que ce soit le matin ou au crépuscule, constitue l'un des rituels les plus simples et, pourtant, les plus puissants de connexion avec le moment présent. Sentir l'eau fraîche couler entre les doigts, entendre le son doux des gouttes touchant les feuilles et la terre, percevoir l'odeur caractéristique de la terre humide qui monte dans l'air. Chaque geste, lorsqu'il est réalisé en pleine conscience, devient une prière silencieuse, un « merci » humble à la vie qui insiste pour croître, malgré toutes les adversités.

Pour ceux qui, pour diverses raisons – voyages constants, manque de luminosité adéquate, conditions spécifiques de logement – ne peuvent pas avoir de plantes vivantes chez eux, il existe d'autres formes créatives et efficaces d'introduire l'énergie du jardin à l'intérieur. Des tableaux avec des images évocatrices de la nature – paysages sereins, forêts luxuriantes, rivières sinueuses, champs fleuris. Des photographies agrandies capturant la beauté de détails naturels. Des arrangements de fleurs séchées, qui conservent la forme et la beauté des plantes même après la fin de leur cycle vital. Des fontaines d'eau de table reproduisant le son relaxant de l'eau courante. Des diffuseurs aux arômes naturels rappelant la forêt, comme le pin, la citronnelle ou l'eucalyptus. Tous ces éléments peuvent évoquer, même symboliquement, la présence guérisseuse et revitalisante du vert.

Et il existe, enfin, le jardin intérieur. Celui qui ne dépend pas de l'espace physique, mais qui naît de la contemplation attentive et de la culture de la présence. Un coin tranquille de la maison où l'on peut s'asseoir et observer le cycle des plantes que l'on possède, aussi petites soient-elles. Un lieu où l'on peut simplement regarder le ciel par la fenêtre, témoignant de la danse des nuages ou de l'éclat des étoiles. Un espace où l'on allume une bougie et respire profondément, en se tournant vers le silence intérieur. Ce jardin est cultivé dans l'âme, à travers la pratique de la pleine conscience et de la gratitude. Et son énergie, subtile mais puissante, déborde sur toute la maison, l'imprégnant de paix.

Maintenir un jardin vivant, qu'il soit physique ou intérieur, c'est fondamentalement maintenir la relation consciente avec notre propre nature essentielle. La nature, dans sa sagesse intrinsèque, fonctionne comme un miroir de ce que nous sommes en profondeur. Les plantes ne nous jugent pas, ne nous réclament pas de résultats immédiats, ne nous pressent pas dans notre processus. Elles poussent à leur propre rythme, suivant un rythme organique et parfait. Et, en les observant, nous sommes doucement invités à grandir aussi, à nous épanouir sans l'anxiété de la hâte, à lâcher ce qui ne nous sert plus – comme les feuilles sèches qui tombent pour faire place au nouveau – et à renaître avec plus de force et de résilience après chaque hiver intérieur.

Un jardin vivant introduit dans le foyer une énergie vibrante qu'aucun objet décoratif, aussi beau soit-il, ne peut véritablement remplacer. Il purifie l'air que nous respirons. Équilibre l'humidité de l'environnement. Réduit la température les jours chauds. Attire la présence bénéfique des oiseaux, papillons et abeilles, créant un microécosystème d'interdépendance. Établit des liens visibles et invisibles avec l'environnement externe, nous rappelant que nous ne sommes pas isolés. Mais, par-dessus tout, il a le pouvoir de transformer profondément la vibration de la maison, la rendant plus légère, plus aimante, plus authentiquement habitable. Il en fait, enfin, un véritable foyer.

Que chaque maison, aussi modeste soit sa structure physique, puisse trouver et cultiver son coin de verdure. Qu'y puissent germer non seulement feuilles, fleurs et fruits, mais aussi silences fertiles, prières ressenties et espoirs renouvelés. Que le jardin transcende la condition de simple paysage pour devenir un compagnon fidèle dans le voyage de la vie. Qu'il grandisse en harmonie avec la croissance de l'être qui en prend soin : avec lumière et ombre, avec soin attentif et avec une foi inébranlable dans la force de la vie. Parce que dans le contact simple entre la main humaine et la terre généreuse, réside une sagesse profonde qu'aucun mot ne peut contenir complètement – seul le geste vécu en connaît l'étendue. Et c'est dans ce geste primordial de culture et de connexion que le foyer retrouve sa racine la plus profonde et la plus vraie.

Chapitre 30
Santé et Vitalité

Le foyer est bien plus qu'un ensemble de murs et un toit au-dessus de nos têtes ; il fonctionne comme une seconde peau, une extension directe de notre propre corps physique et énergétique. Ce qui nous entoure extérieurement, l'atmosphère que nous respirons à l'intérieur de la maison, les objets que nous touchons, la lumière qui baigne les pièces, tout cela résonne profondément en nous, influençant notre santé, notre humeur et notre vitalité de manières que nous ne percevons souvent même pas consciemment.

Une maison qui tombe malade, qui accumule désordre, poussière, humidité ou énergies stagnantes, tend à refléter cette condition chez ses habitants. Il n'est pas rare de ressentir une fatigue persistante sans cause médicale apparente, un découragement qui traîne, des difficultés de concentration, des nuits mal dormies, une irritabilité constante ou des douleurs qui errent dans le corps. Ceux-ci peuvent être des signes subtils que l'environnement lui-même est déséquilibré, réclamant attention et soin. En contrepartie, un espace qui a été intentionnellement harmonisé, qui respire librement, qui se maintient propre et où l'énergie circule sans entraves, devient une source puissante de nutrition, de régénération et de vigueur. La maison cesse d'être un décor passif et se transforme en une alliée active dans le maintien et la promotion de la santé intégrale. Elle n'accueille pas seulement un corps sain, elle participe activement à sa construction, le façonnant, le soutenant dans ses processus de guérison et de renforcement quotidiens.

Le chemin pour transformer le foyer en un champ fertile pour la santé et la vitalité commence par un changement de perception, un éveil de l'indifférence. Il faut abandonner la vision limitée de la maison comme un simple espace fonctionnel, un dépôt d'objets ou une scène pour la routine. Il est fondamental de la reconnaître comme un organisme vivant, un système interconnecté qui répond, ressent et palpite en harmonie avec ses habitants. Lorsque nous la traitons avec cette révérence, avec cette reconnaissance de sa nature sensible, elle se révèle comme une partenaire puissante dans le voyage vers l'équilibre physique, émotionnel et énergétique. Chaque ajustement fait consciemment, chaque soin dédié à un coin oublié, chaque choix favorisant le flux et la pureté, revient comme un cadeau de bien-être.

La lumière naturelle apparaît comme l'une des principales protagonistes de ce processus de guérison environnementale. Son influence va bien au-delà de simplement éclaircir les espaces. La lumière solaire est un nutriment essentiel pour la vie, régulant notre horloge biologique interne, le fameux cycle circadien, qui commande des fonctions vitales comme le sommeil, le réveil, la production d'hormones et même notre humeur.

L'exposition adéquate à la lumière du jour stimule la synthèse de vitamine D, cruciale pour la santé osseuse et le renforcement du système immunitaire. Les environnements bien éclairés par le soleil tendent à remonter le moral, à combattre la léthargie et à augmenter la disposition générale. Une maison qui ouvre ses fenêtres pour recevoir généreusement les rayons solaires est une maison qui se baigne dans l'énergie vitale, se renouvelant à chaque aube. Des gestes simples comme maintenir les fenêtres dégagées, utiliser des rideaux en tissus légers qui filtrent la lumière sans la bloquer complètement, ou positionner intelligemment des miroirs pour réfléchir la luminosité vers des zones plus ombragées, amplifient exponentiellement le pouvoir thérapeutique du soleil à l'intérieur du foyer. La lumière solaire n'illumine pas seulement, elle purifie, dynamise et équilibre.

Cependant, le soin apporté à la lumière ne s'arrête pas au coucher du soleil. L'éclairage artificiel joue un rôle tout aussi crucial dans le maintien de la santé, surtout pendant la nuit. La culture moderne nous a inondés de lumières blanches et froides, souvent intenses, qui, bien qu'efficaces pour certaines tâches, peuvent être extrêmement préjudiciables à notre rythme biologique naturel. Ces lumières stimulantes, riches en spectre bleu, envoient au cerveau le message qu'il fait encore jour, supprimant la production de mélatonine, l'hormone inductrice du sommeil, et prolongeant l'état de veille mentale et physique. Cela entraîne des difficultés à s'endormir, un sommeil fragmenté et une sensation de fatigue au réveil. En contrepartie, les lumières de teinte chaude – jaunâtres, ambrées, douces – imitent la lumière du crépuscule et du feu de camp ancestral, signalant au corps qu'il est temps de ralentir, de se détendre et de se préparer au repos. L'utilisation stratégique de lampes de chevet avec des ampoules de faible intensité, de luminaires avec variateur pour réguler la luminosité, de bougies (utilisées en toute sécurité) ou de rubans LED de couleur chaude crée une atmosphère accueillante qui invite au repos et respecte la physiologie naturelle du sommeil. La maison, en modulant sa lumière selon le cycle de la journée, devient une extension de la sagesse du corps, et celui-ci, se sentant compris et soutenu par l'environnement, répond par plus d'équilibre et de vitalité.

La qualité de l'air que nous respirons à l'intérieur de la maison est un autre pilier fondamental de la santé, bien que fréquemment sous-estimé. Nous passons une grande partie de nos vies dans des environnements fermés, et l'air qui circule dans ces espaces peut être chargé de polluants invisibles. Composés organiques volatils (COV) libérés par les peintures, vernis, meubles neufs, produits de nettoyage ; formaldéhyde présent dans les bois contreplaqués et certains tissus ; acariens, champignons (moisissures), bactéries qui prolifèrent dans les endroits humides et mal ventilés ; poils d'animaux ; poussière accumulée. Tout cela contribue à une atmosphère interne qui peut déclencher ou aggraver des problèmes respiratoires, des allergies, des maux de tête, de la fatigue et des difficultés de concentration.

La guérison, une fois de plus, commence par la base : la ventilation. Ouvrir les fenêtres quotidiennement, même pendant l'hiver quelques minutes, est essentiel pour renouveler l'oxygène et disperser les polluants accumulés. Créer des courants d'air croisés, en ouvrant des fenêtres sur des côtés opposés de la maison, potentialise ce renouvellement. Prêter une attention particulière aux zones sujettes à l'humidité, comme les salles de bain et les cuisines, en garantissant une bonne évacuation ou ventilation naturelle, est crucial pour prévenir la croissance de moisissures, un déclencheur connu de problèmes de santé. Outre la ventilation mécanique, la nature offre ses propres purificateurs. Des plantes comme la Langue de belle-mère (qui libère de l'oxygène la nuit), le Pothos, le Chlorophytum, le Lys de la paix et l'Aloe Vera sont connues pour leur capacité à filtrer certaines toxines de l'air. Leur présence non seulement embellit, mais contribue activement à un environnement plus sain. L'utilisation de purificateurs d'air avec filtres HEPA peut être envisagée en cas d'allergies sévères ou de forte pollution extérieure. Éviter les produits de nettoyage aux produits chimiques agressifs et opter pour des solutions naturelles (vinaigre, bicarbonate de soude, huiles essentielles) diminue également la charge toxique dans l'environnement. Respirer un air pur à l'intérieur de la maison est l'un des fondements pour maintenir le corps et l'esprit vibrants.

 Le son, ou son absence, joue également un rôle significatif dans notre santé et notre vitalité. Nous vivons immergés dans une cacophonie constante : le bourdonnement des électroniques, le bruit du trafic, les notifications incessantes des téléphones portables, la télévision allumée comme bruit de fond. Cette pollution sonore continue, même si nous nous y habituons, maintient le système nerveux dans un état d'alerte subtil, élevant les niveaux de cortisol (l'hormone du stress), augmentant la tension artérielle et rendant difficile la relaxation profonde. Une maison qui favorise la santé est une maison qui cultive aussi le silence ou, du moins, un paysage sonore harmonieux. Identifier et minimiser les sources de bruit inutile est le premier pas. Débrancher les appareils lorsqu'ils ne sont pas utilisés, réparer les électroménagers bruyants, utiliser des écouteurs pour les activités individuelles. Pour étouffer les bruits extérieurs, l'utilisation stratégique de matériaux absorbants comme des rideaux épais, des tapis moelleux, des étagères de livres et des meubles rembourrés peut faire une grande différence. Dans certains cas, investir dans des fenêtres anti-bruit peut être une solution plus définitive. Introduire des sons curatifs est aussi une manière puissante d'équilibrer l'énergie sonore du foyer. Musiques instrumentales douces, sons de la nature (eau courante, chant d'oiseaux, pluie légère), mantras ou fréquences spécifiques (comme Solfeggio ou battements binauraux) peuvent créer une atmosphère de calme et de concentration. De petites fontaines d'eau intérieures ou des carillons éoliens au son agréable (positionnés où la brise est douce) ajoutent une touche de sérénité. L'important est que le son ambiant soit choisi avec intention, se transformant en un outil de bien-être, une mélodie qui calme les nerfs et élève l'esprit, au lieu d'être une source supplémentaire de stress.

La dimension tactile, l'expérience du toucher, nous relie directement à la sensation de sécurité et de confort, influençant notre état émotionnel et, par conséquent, notre santé. Une maison remplie de surfaces froides, lisses, dures ou synthétiques peut générer une sensation subliminale de distance, de manque de chaleur. Le corps aspire au contact avec le naturel, le doux, le chaud. Incorporer des matériaux comme le bois naturel (dans les meubles, sols ou objets), les tissus organiques (coton, lin, laine) dans les plaids, coussins, rideaux et linge de lit, les tapis en fibres naturelles (sisal, jute, laine) et des éléments comme les pierres ou la céramique artisanale crée une richesse sensorielle qui nourrit le système nerveux. Le simple fait de marcher pieds nus sur un plancher en bois ou un tapis doux peut avoir un effet d'ancrage immédiat. S'enrouler dans un plaid en laine par une journée froide, sentir la texture irrégulière d'un vase en terre cuite, poser les mains sur une table en bois massif – tout cela sont des microdoses de confort qui communiquent au corps : « tu es en sécurité, tu peux te détendre ». Une maison qui prend soin de la santé est une maison qui caresse aussi ses habitants à travers les textures, transformant l'environnement en un nid sensoriel.

L'ordre et la propreté transcendent la simple esthétique ; ce sont des piliers de la vitalité. Un environnement chroniquement désorganisé, avec des objets accumulés, des surfaces poussiéreuses, des articles cassés en vue ou des coins encombrés, génère un fardeau mental constant. Le cerveau humain recherche des motifs et de l'ordre, et le chaos visuel exige un effort cognitif continu pour être traité ou ignoré, drainant une énergie qui pourrait être utilisée pour d'autres fonctions. Le désordre physique reflète ou induit fréquemment le désordre mental et émotionnel. D'un autre côté, un espace propre, organisé, où chaque chose a sa place et où le flux est dégagé, favorise la clarté mentale, le calme et une sensation de contrôle sur son propre environnement. La pratique régulière du nettoyage et de l'organisation, lorsqu'elle est faite avec présence et intention, devient un acte méditatif, une manière de mettre de l'ordre non seulement dans la maison, mais aussi dans les pensées et les sentiments. Libérer ce qui ne sert plus (désencombrer) ouvre un espace physique et énergétique pour le nouveau, pour la circulation de la vitalité. L'énergie économisée en n'ayant pas à gérer le chaos se traduit directement par plus de disposition et de bien-être.

La cuisine, en tant que cœur nourricier du foyer, exerce une influence directe et puissante sur la santé. Ce n'est pas seulement là que nous préparons nos repas, mais là où l'énergie des aliments est transformée et d'où émane la vitalité qui soutient notre corps. Une cuisine propre, bien éclairée, organisée, avec un accès facile à des aliments frais et sains, fonctionne comme une invitation à des habitudes alimentaires plus conscientes. L'état de la cuisinière, du réfrigérateur et du garde-manger sont des reflets directs de notre relation avec la nutrition et, par extension, avec le soin de soi. Une cuisinière propre et fonctionnelle symbolise la capacité de transformer et de nourrir ; un réfrigérateur organisé avec des aliments vivants représente la vitalité disponible ; un garde-manger exempt d'excès et d'articles périmés montre conscience et respect du flux de l'abondance. L'acte de cuisiner, lorsqu'il est réalisé avec calme, présence et intention positive, infuse dans les aliments une énergie curative. L'environnement où les repas sont consommés importe également. Manger dans un espace agréable, à table, sans distractions comme les écrans, en mâchant lentement et en appréciant les saveurs, améliore la digestion et l'absorption des nutriments, transformant l'alimentation en un rituel de santé et de plaisir. La cuisine harmonisée nourrit le corps et l'âme.

Des espaces dédiés au mouvement sont également essentiels pour la vitalité, même dans les petites résidences. Le corps humain a été fait pour bouger, et la stagnation physique mène fréquemment à la stagnation énergétique et mentale. Créer un petit coin invitant à l'étirement, à la pratique du yoga, à la danse ou à toute forme d'exercice physique est fondamental. Ce peut être simplement un tapis que l'on déroule dans le salon, un espace libre dans la chambre, ou un balcon adapté. Avoir cet espace disponible et accueillant facilite l'incorporation du mouvement dans la routine quotidienne. Le corps qui bouge est un corps qui respire mieux, qui fait circuler l'énergie, qui libère les tensions et qui reste plus jeune et disposé.

Le repos réparateur, facilité par une chambre tranquille et harmonisée, est peut-être l'un des piliers les plus critiques de la santé. Comme déjà exploré, un environnement sombre, silencieux, à température agréable, exempt de pollution électromagnétique et avec des éléments invitant à la détente (couleurs douces, textures naturelles, arômes apaisants) est essentiel pour que le corps réalise ses processus nocturnes de réparation cellulaire, de consolidation de la mémoire, de régulation hormonale et de désintoxication. Un sommeil de qualité est la base sur laquelle se construit la vitalité du jour suivant. Négliger l'environnement de la chambre, c'est négliger sa propre capacité de régénération.

Outre les aspects physiques, la dimension spirituelle et émotionnelle du foyer est intrinsèquement liée à la santé. Avoir un espace sacré, un petit autel ou un coin dédié à la méditation, à la prière ou simplement à la quiétude, renforce la connexion avec le but de la vie, avec la paix intérieure et avec la résilience émotionnelle. La santé transcende le corps physique ; elle englobe le bien-être mental, émotionnel et spirituel. Un foyer qui nourrit l'esprit offre un refuge sûr pour traiter les émotions, trouver la clarté et recharger les énergies subtiles. Se sentir émotionnellement connecté au foyer, sentir qu'il vous représente, vous accueille et vous soutient, crée un cycle vertueux de bien-être. La maison devient un miroir positif, reflétant et renforçant la sensation d'appartenance, d'amour et de sécurité.

La santé et la vitalité ne sont donc pas les résultats d'un seul facteur isolé, mais bien d'une symphonie complexe où l'environnement joue un rôle crucial. Le foyer, lorsqu'il est entretenu avec conscience et intention, se transforme en un maestro silencieux, orchestrant les rythmes de la lumière et de l'ombre, la qualité de l'air et du son, le confort du toucher, la pureté de la nutrition, l'invitation au mouvement et au repos, et l'accueil des émotions et de l'esprit. Il devient un champ de régénération active, un sanctuaire personnel où le corps peut guérir, l'esprit peut s'équilibrer et l'âme peut s'épanouir. Que votre foyer soit ce territoire sacré de force et de bien-être, un reflet constant de la vitalité qui pulse en vous et un soutien inébranlable dans votre voyage vers une vie pleine et saine.

Chapitre 31
Créativité Fluide

La maison où nous habitons n'est pas seulement une scène pour nos vies ; elle participe activement à la chorégraphie de nos pensées, de nos sentiments et, fondamentalement, de notre capacité à créer. Elle pense avec nous, murmure des idées dans les coins silencieux, reflète notre clarté ou notre confusion sur les surfaces qui nous entourent. Une maison qui respire, qui a des espaces ouverts et une énergie circulante, devient une alliée puissante de l'esprit, une véritable couveuse où l'imagination peut germer, les idées prendre forme et la créativité s'écouler sans obstacles.

Loin d'être un don réservé aux artistes ou aux inventeurs, la créativité est une impulsion vitale inhérente à chacun de nous, se manifestant dans la manière dont nous résolvons les problèmes quotidiens, dont nous nous exprimons dans le monde, dont nous réinventons notre routine et dont nous donnons couleur et saveur à l'existence. Cultiver un foyer qui nourrit cette créativité fluide, c'est investir dans sa propre capacité d'adaptation, d'innovation et d'expression authentique. L'espace physique, lorsqu'il est harmonisé avec cette intention, cesse d'être un simple contenant pour devenir un catalyseur du potentiel créatif latent en chaque être.

La créativité, dans son essence, aspire à la liberté. Elle ne s'épanouit pas dans des environnements exigus, surchargés d'informations visuelles ou énergétiquement stagnants. Elle a besoin d'air pour respirer, d'espace pour se mouvoir, de silence pour être entendue. C'est pourquoi l'ingrédient primordial d'une maison qui stimule la créativité est, paradoxalement, l'espace libre. Il ne s'agit pas de minimalisme extrême ou de pièces vides, mais bien de l'absence de barrières qui confinent le regard et l'esprit. Une pièce où le regard peut vagabonder sans trébucher sur les excès, une table de travail aux surfaces dégagées invitant à étaler des matériaux, un mur blanc s'offrant comme toile pour un tableau d'inspirations, un tableau noir pour esquisser des idées fugaces, un sol libre où l'on peut s'asseoir pour réfléchir. L'espace physique ouvert reflète et encourage l'ouverture mentale nécessaire pour que la pensée explore de nouveaux territoires, pour que l'intuition se manifeste sans être étouffée par le désordre. La créativité a besoin de ce vide fertile pour pouvoir le remplir avec le nouveau.

Le deuxième élément crucial est la stimulation adéquate, qui diffère radicalement de l'excès d'information. La créativité ne naît pas du bombardement sensoriel, mais de l'enchantement subtil, de la curiosité éveillée, de la question silencieuse qu'un objet ou une image peut évoquer. Il s'agit d'une sélection rigoureuse d'éléments qui inspirent sans distraire. Un objet de design intrigant sur une étagère, un coussin à la texture inattendue invitant au toucher, un livre d'art ou de poésie laissé stratégiquement ouvert, un instrument de musique appuyé contre le mur comme une invitation silencieuse à la mélodie, une boîte de crayons de couleur et de papiers variés, un métier à tisser avec un travail en cours, un morceau de céramique inachevé. Ce sont des étincelles visuelles et tactiles qui allument l'imagination, suggérant des possibilités, invitant à l'interaction, rappelant que le processus créatif est fait d'expérimentation et de découverte. Ces points de stimulation peuvent avoir une place fixe, comme un atelier ou un coin lecture, mais peuvent aussi être dynamiques, migrant dans la maison selon le besoin ou l'inspiration du moment. Un tableau de références qui s'actualise avec les projets ou les saisons, une corde à linge avec des idées suspendues, une collection de pierres ou de coquillages racontant des histoires de voyages, un tableau de vision où les rêves et objectifs sont visualisés – tout cela maintient l'énergie créative en mouvement, nourrissant l'esprit de nouvelles perspectives.

L'éclairage, cette sculptrice invisible d'atmosphères, joue un rôle vital dans la modulation de l'état créatif. La lumière naturelle, avec sa richesse de spectres et sa variation au long de la journée, est incomparable. Elle tend à stimuler une pensée plus légère, expansive, optimiste. Travailler ou créer près d'une fenêtre, avoir un espace de lecture baigné par le soleil de l'après-midi, transformer un balcon ensoleillé en petit studio – tout cela connecte le rythme interne au rythme de la nature, favorisant clarté et inspiration. La lumière solaire, surtout le matin, semble éveiller l'esprit à de nouvelles possibilités. Lorsque la lumière naturelle est rare, l'éclairage artificiel doit être pensé avec sensibilité. Les lumières chaudes et douces sont généralement plus propices au travail créatif prolongé et à l'introspection, tandis que des lumières un peu plus claires peuvent être utiles pour des tâches exigeant du détail ou pour des séances de brainstorming demandant plus d'énergie. L'idéal est d'avoir des options : une lumière générale fonctionnelle, des lampes de bureau orientables, des lampes de chevet à lumière ambrée pour créer une ambiance plus intime et recueillie pendant la nuit. La capacité d'ajuster la lumière permet à l'environnement d'accompagner les différentes phases du processus créatif, offrant le soutien lumineux adéquat pour chaque moment, qu'il soit d'expansion, de concentration ou de réflexion.

Les couleurs, avec leurs fréquences vibratoires distinctes, dialoguent directement avec notre cerveau et nos émotions, influençant la disposition à créer. Il n'y a pas de formule unique, car la réponse aux couleurs est aussi personnelle, mais certaines associations sont fréquemment observées. Le jaune est associé à la clarté mentale, à l'optimisme, à la génération d'idées. L'orange peut apporter enthousiasme et énergie pour démarrer des projets. Le bleu, dans des tons plus clairs, favorise l'imagination, la pensée expansive et la communication, tandis que des tons plus profonds invitent à l'introspection et à l'intuition. Le vert, couleur de la nature, promeut équilibre, calme et croissance, étant excellent pour les environnements où l'on recherche une concentration soutenue. Le rouge, couleur de la passion et de l'action, doit être utilisé avec modération, peut-être en détails, pour fournir une impulsion d'énergie ou briser la monotonie, mais en excès peut générer de l'agitation. Le violet ou le pourpre sont liés à l'intuition, à la spiritualité et à la transformation, pouvant être inspirants pour des travaux plus artistiques ou introspectifs. La clé est de sentir quelle couleur ou combinaison de couleurs résonne avec le type de créativité que l'on souhaite nourrir dans chaque espace, en les utilisant sur les murs, les meubles, les objets ou les œuvres d'art de manière à créer un environnement visuellement stimulant, mais équilibré.

Le paysage sonore du foyer module également la capacité créative. Pour certaines personnes et tâches, le silence absolu est le terrain le plus fertile pour la concentration profonde et l'émergence d'idées originales. Pour d'autres, un fond musical peut aider à entrer en état de flux (*flow*), cet état d'immersion totale dans l'activité. Le choix de la musique est crucial : bandes sonores instrumentales (classique, jazz doux, ambient, électronique minimaliste), sons de la nature (pluie, vagues de la mer, forêt) ou même fréquences spécifiques comme les sons binauraux, peuvent favoriser différents états mentaux. Les musiques avec paroles peuvent être distrayantes pour les tâches qui exigent une concentration verbale. L'important est d'expérimenter et de découvrir ce qui fonctionne le mieux pour chaque individu et chaque type de travail créatif, en utilisant le son comme un outil conscient pour façonner l'environnement mental, que ce soit en recherchant le silence ou une mélodie qui inspire et soutient le flux.

Un aspect souvent négligé, mais vital pour la créativité fluide, est l'acceptation du processus, qui inclut le désordre temporaire. Un foyer excessivement rigide, où tout signe de « désordre » est réprimé, peut étouffer l'expérimentation. L'acte de créer implique fréquemment d'étaler des matériaux, de tester des combinaisons, de griffonner, de se tromper, de refaire. Un espace véritablement créatif accueille cette phase intermédiaire. Cela peut signifier avoir une table de travail résistante aux taches, des surfaces faciles à nettoyer, un bon espace de rangement pour les projets *en cours* (et pas seulement pour les choses finalisées), ou simplement une attitude permissive envers le désordre contrôlé et temporaire. Permettre le « désordre créatif », c'est valider le processus, pas seulement le résultat final.

Tout aussi importante est la valorisation de l'oisiveté et de la contemplation. La créativité ne répond pas bien à la pression constante. Les idées les plus brillantes surgissent souvent dans des moments de détente, lorsque l'esprit conscient se repose et que le subconscient a de l'espace pour travailler. C'est pourquoi créer des « zones de ne rien faire » dans la maison est paradoxalement essentiel pour la productivité créative. Un hamac sur le balcon, un fauteuil confortable tourné vers la fenêtre, un banc dans le jardin, un coin tranquille pour simplement s'asseoir et observer. Ces espaces invitent à la pause, à la rêverie, à l'incubation silencieuse d'où émergent les intuitions les plus inattendues.

La créativité est aussi une expérience corporelle. Le corps pense, ressent et exprime. Un foyer qui encourage la créativité fluide offre de l'espace pour le mouvement. Un salon où l'on peut écarter les meubles pour danser, un couloir où l'on peut marcher en réfléchissant, un coin avec un miroir pour expérimenter des postures ou des expressions, un tapis confortable pour s'étirer. Incorporer des éléments qui stimulent le corps, comme un ballon de Pilates, des bandes élastiques, ou même des instruments de percussion simples, peut libérer des tensions et éveiller de nouvelles manières de penser à travers le mouvement. De même, la présence de matériaux naturels et variés – argile, bois, pierres, tissus de différentes textures, papiers artisanaux, peintures naturelles – stimule les sens et connecte le processus créatif à une expérience plus tactile et organique. Toucher, sentir, ressentir le poids et la température des matériaux peut éveiller des associations et des idées que la pensée purement abstraite n'atteindrait pas.

Fondamentalement, un foyer créatif est celui qui reflète et renforce la croyance de l'habitant en sa propre capacité à créer. C'est un espace exempt de jugements, où l'expérimentation est bienvenue et où l'« erreur » est vue comme faisant partie de l'apprentissage. Décorer avec ses propres créations (même les plus simples), avoir des citations inspirantes en vue, garder des journaux ou des carnets d'idées accessibles, tout cela fonctionne comme un rappel constant du potentiel créatif inhérent. La maison devient un miroir qui dit : « Ici, tu peux être toi-même. Ici, tes idées ont de la valeur. Ici, tu es un créateur. » Lorsque l'environnement externe valide la voix créative interne, la fluidité se produit naturellement. La maison cesse d'être un simple lieu pour habiter et se transforme en un atelier de l'âme, un partenaire actif dans le voyage d'expression, de découverte et de réalisation. Que chaque coin de votre foyer puisse être une invitation silencieuse pour que votre voix unique se manifeste, transformant le quotidien en une œuvre d'art en constante évolution.

Chapitre 32
Équilibre Émotionnel

Il existe une résonance profonde, une conversation silencieuse et continue entre l'espace que nous habitons et l'univers que nous portons en nous. Le foyer et le cœur fonctionnent comme des miroirs interconnectés ; l'état de l'un se reflète inévitablement dans l'autre. Ce qui palpite dans notre intimité – nos joies, nos peurs, nos angoisses et nos espoirs – trouve un écho dans l'atmosphère de la maison, tandis que la vibration de l'environnement, à son tour, résonne dans chaque cellule de notre corps émotionnel, influençant notre humeur, notre résilience et notre capacité à naviguer sur les marées de la vie.

L'équilibre émotionnel, cette quête constante d'un centre stable au milieu des fluctuations de l'existence, ne dépend pas seulement de pratiques internes comme la méditation, la thérapie ou la connaissance de soi. Il est profondément influencé et peut être activement cultivé par l'environnement qui nous entoure. La maison, lorsqu'elle est consciemment harmonisée, transcende sa fonction d'abri pour devenir un véritable sanctuaire émotionnel, un baume invisible qui nous soutient, nous régule et nous porte.

Un foyer qui vibre en équilibre n'élimine pas les difficultés de la vie, mais offre un contenant sûr pour les traiter. Il fonctionne comme cette présence calme et constante d'un ami sage, qui n'a pas besoin d'offrir de solutions, mais dont la simple existence transmet sécurité et sérénité. Les jours de soleil, il célèbre avec nous ; les jours de tempête, il offre refuge et perspective. Il murmure à l'oreille de l'anxiété : « Tout va bien, tu es protégé ici ». Cette sensation de sécurité fondamentale, fournie par un environnement harmonieux, permet au système nerveux de se détendre, aux émotions de s'écouler sans être refoulées et à la récupération après des moments de stress d'être plus rapide et efficace. La maison devient un régulateur externe qui aide à moduler nos états internes.

Le premier pas pour transformer le foyer en ce sanctuaire émotionnel est de développer une écoute sensible, non seulement de l'espace physique, mais principalement de la façon dont nous nous y sentons. Il faut devenir un observateur attentif de ses propres réactions émotionnelles dans différentes pièces ou situations à la maison. Y a-t-il un coin qui évoque constamment irritation ou inconfort ? Existe-t-il un endroit où la respiration semble se bloquer, ou, au contraire, où l'on soupire de soulagement ? Quelles zones sont négligées, évitées sans motif apparent ? Quelles émotions prédominent dans le salon par rapport à la chambre ? Cette cartographie émotionnelle du foyer est cruciale. Elle révèle comment notre champ énergétique interagit avec le champ énergétique de l'environnement, montrant où existent des blocages, des tensions ou, inversement, des points de force et d'harmonie. En apportant de la conscience à cette dynamique, nous pouvons commencer à faire des ajustements intentionnels qui favorisent un plus grand équilibre.

    La lumière, comme nous l'avons vu, est un outil puissant pour moduler l'atmosphère et, par conséquent, les émotions. Les espaces chroniquement sombres ou mal éclairés peuvent intensifier les sentiments de tristesse, d'apathie, de peur ou d'insécurité. La pénombre constante peut peser sur l'esprit. D'un autre côté, la lumière excessivement forte, blanche et artificielle peut générer agitation, anxiété et difficulté à se détendre. L'équilibre réside dans la capacité d'ajuster la lumière aux besoins du moment et à la fonction de l'espace. La lumière naturelle, chaque fois que disponible, apporte vitalité et optimisme. La nuit, la transition vers un éclairage plus doux, chaud et indirect signale au corps et à l'esprit qu'il est temps de ralentir, favorisant calme et introspection. Utiliser des variateurs, des lampes de chevet avec des ampoules de faible puissance, des bougies ou des lampes de sel peut créer des îlots de sérénité qui invitent à la détente émotionnelle. La lumière, utilisée avec intention, devient un langage non verbal qui communique sécurité et accueil.

    Les couleurs qui nous entourent agissent comme des notes dans une mélodie émotionnelle. Chaque tonalité porte une vibration spécifique qui peut nous élever, nous calmer, nous dynamiser ou même nous perturber. Les tons terreux (marrons, beiges, ocres) favorisent une sensation de stabilité, de sécurité et de connexion à la terre, étant excellents pour créer une base de calme. Les bleus, surtout les plus clairs et doux, sont connus pour leur effet tranquillisant sur l'esprit et le système nerveux, idéaux pour les chambres ou les espaces de méditation. Les verts, rappelant la nature, apportent équilibre, fraîcheur et une sensation de renouveau, fonctionnant bien dans les zones de convivialité ou de travail. Les roses pâles et les tons pastel évoquent douceur, tendresse et compassion, pouvant être utilisés pour créer des environnements plus accueillants et affectifs. Les jaunes et oranges, dans des tons équilibrés, peuvent apporter joie, optimisme et sociabilité, mais en excès peuvent être trop stimulants. Le blanc, bien que neutre, peut autant apporter clarté et pureté que froideur, selon la manière dont il est combiné avec des textures et d'autres éléments. Le choix conscient des couleurs, que ce soit sur les murs, les meubles ou dans les détails, permet d'affiner la vibration de l'environnement pour qu'il soutienne l'état émotionnel souhaité.

Les arômes, avec leur connexion directe au système limbique – le centre émotionnel du cerveau –, sont des outils incroyablement efficaces pour influencer l'humeur et le bien-être. Certaines odeurs peuvent instantanément calmer l'anxiété (comme la lavande ou la camomille), remonter le moral (agrumes comme l'orange ou la bergamote), favoriser la concentration (romarin ou menthe poivrée) ou induire un état de relaxation profonde (bois de santal ou ylang-ylang). Utiliser des huiles essentielles dans des diffuseurs, des sprays d'ambiance naturels, des bougies aromatiques de bonne qualité ou même l'arôme naturel de fleurs fraîches, d'herbes ou de la préparation des aliments peut transformer l'atmosphère d'une pièce, créant un environnement olfactif qui soutient activement l'équilibre émotionnel. Éviter les odeurs artificielles et agressives, qui peuvent surcharger le système nerveux, est également important. Le parfum de la maison devient une signature subtile de soin et de bien-être.

De même, le paysage sonore du foyer impacte profondément notre état émotionnel. Les bruits constants, aigus ou imprévisibles génèrent stress et tension. Le son de la télévision allumée en bruit de fond, les discussions fréquentes, les alarmes stridentes – tout cela contribue à une surcharge sensorielle qui rend difficile le maintien du calme intérieur. Cultiver le silence, lorsque possible, est un baume. Sinon, choisir des sons qui favorisent l'harmonie – musique classique douce, sons de la nature, mantras, fréquences de guérison – peut aider à neutraliser le stress sonore et à créer un environnement plus paisible. La qualité du son qui nous enveloppe est un facteur déterminant pour la tranquillité émotionnelle.

L'ordre et l'organisation physique de l'espace ont une corrélation directe avec la sensation d'ordre interne. Les environnements chaotiques, désorganisés, avec accumulation d'objets ou de saleté, tendent à générer une sensation de surcharge mentale et émotionnelle. Le cerveau interprète le désordre externe comme une menace subtile, une tâche en suspens, maintenant le système nerveux dans un état d'alerte de bas niveau. Cela rend difficile la relaxation et la sensation de paix.

Maintenir la maison raisonnablement organisée, avec des systèmes simples pour ranger les objets, des surfaces exemptes d'encombrement et une routine de nettoyage de base, libère l'esprit de ce fardeau invisible. La clarté externe facilite la clarté interne, permettant aux émotions de circuler de manière plus équilibrée.

Cependant, équilibre émotionnel ne signifie pas vivre dans un environnement aseptisé ou nier la complexité de la vie. Une maison qui soutient le bien-être émotionnel est aussi une maison qui accueille la vulnérabilité. Il doit y avoir des espaces où il est sûr de ressentir et d'exprimer toute la gamme des émotions humaines – tristesse, colère, peur, joie. Un canapé confortable où l'on peut pleurer sans jugement, un lit qui offre refuge les jours difficiles, une fenêtre où l'on peut contempler la pluie et ressentir la mélancolie. Le foyer ne doit pas être une scène pour la perfection, mais un nid qui offre une sécurité inconditionnelle pour être qui nous sommes, avec nos lumières et nos ombres. L'acceptation de l'imperfection dans l'environnement reflète et permet l'acceptation de notre propre humanité.

Les images, œuvres d'art et symboles que nous choisissons pour décorer notre maison agissent comme des ancrages émotionnels. Photographies de moments heureux, paysages évoquant la sérénité, citations inspirantes, objets représentant la force ou la résilience – tout cela peut renforcer des états émotionnels positifs et servir de rappels visuels de nos valeurs et aspirations. Il est également important d'être attentif aux objets ou images qui pourraient être chargés d'énergies négatives ou associés à des souvenirs douloureux. Retirer de l'environnement ce qui ne résonne plus avec notre bien-être présent est un acte de soin de soi émotionnel, libérant l'espace (et nous-mêmes) des fardeaux du passé.

Le confort tactile, procuré par les matériaux naturels et les textures agréable, est un autre langage puissant d'accueil émotionnel. La sensation de sécurité et de bien-être que nous expérimentons en nous enveloppant dans un plaid doux, en sentant la chaleur du bois sous nos mains ou en marchant sur un tapis moelleux, active le système nerveux parasympathique, responsable de la relaxation et de la récupération du stress. La maison, à travers le toucher, peut offrir une étreinte constante, un giron invisible qui nous réconforte et nous stabilise.

La connexion avec la nature, même à l'intérieur de la maison, est un restaurateur émotionnel prouvé. Plantes, fleurs, présence d'eau (dans des fontaines ou aquariums), pierres, bois – tous ces éléments nous reconnectent aux rythmes plus lents et résilients du monde naturel, aidant à réguler nos propres émotions. Prendre soin d'une plante peut être un acte thérapeutique en soi, enseignant la patience, les cycles et la beauté de l'impermanence.

L'incorporation de petits rituels quotidiens ou hebdomadaires dans l'espace domestique aide également à ancrer l'équilibre émotionnel. Allumer une bougie en rentrant chez soi, prendre un thé en silence dans un coin préféré, écrire quelques lignes de gratitude avant de dormir, consacrer quelques minutes à la méditation dans l'espace sacré – ces actes répétés avec intention créent des repères de stabilité et de présence au milieu de la fluidité de la vie, aidant à centrer l'esprit et à calmer le cœur.

Finalement, le foyer en équilibre émotionnel est celui qui reconnaît et soutient les moments difficiles. Il ne promet pas un bonheur constant, mais offre un refuge sûr, un sol ferme où nous pouvons traiter la douleur, la perte ou la confusion. Il devient un thérapeute silencieux, un contenant aimant qui nous permet de traverser les tempêtes intérieures en sachant que nous avons un port sûr où retourner. La maison que nous cultivons avec conscience et présence devient ainsi bien plus qu'une adresse physique ; elle se transforme en un miroir de notre âme et un puissant instrument d'équilibre, de guérison et d'épanouissement émotionnel.

Chapitre 33
Harmonie Durable

Le voyage de transformation du foyer, lorsqu'il est entrepris avec conscience et cœur, nous ramène rarement au point de départ. Tout comme une longue marche à travers des paysages inconnus modifie le voyageur, le processus de redessiner l'espace que nous habitons – avec intention, sensibilité et présence – nous transforme profondément. À la fin de cette exploration, le foyer n'est plus le même ensemble de murs et d'objets ; il est devenu un miroir plus net de notre essence actuelle, une expression vivante du présent et une plateforme vibrante pour l'avenir que nous souhaitons construire.

L'harmonie atteinte, cependant, n'est pas un trophée à conserver sur une étagère poussiéreuse. L'harmonie durable est une danse, un état de flux dynamique et continu entre l'être qui habite et l'espace qui l'accueille, un dialogue silencieux qui s'adapte et évolue au rythme des cycles de la vie. Atteindre et, plus important encore, maintenir cette harmonie, c'est comme développer un nouveau niveau d'intimité avec sa propre maison. La phase initiale, peut-être marquée par un effort plus conscient pour réorganiser, nettoyer, désencombrer et décorer avec dessein, cède graduellement la place à une naturalité aimante dans le soin. Il s'agit moins d'« appliquer des techniques » et plus d'« être en relation ». C'est comme le jardinier qui, après avoir préparé le sol et planté les graines, continue d'observer, d'arroser, de tailler et de nourrir le jardin qui a fleuri, sachant qu'il a besoin d'une attention constante pour rester luxuriant. C'est comme les parents qui voient leurs enfants grandir, adaptant les soins aux nouvelles phases, offrant de l'affection, établissant des routines flexibles et maintenant une écoute attentive à leurs besoins changeants. La maison, comme un organisme vivant, n'est pas statique ; elle change parce que nous changeons. Et l'harmonie qui l'imprègne, pour être durable, doit être également fluide et adaptable.

La clé maîtresse de cette permanence harmonieuse réside dans la pratique de l'écoute continue. Harmoniser le foyer n'est pas un événement unique avec un point final. C'est un processus cyclique. La maison vibre en résonance avec les marées internes de l'habitant : changements d'humeur, de santé, de relations, de priorités, de phases de vie. Chacune de ces altérations subtiles ou significatives demande des ajustements dans l'environnement pour qu'il continue à servir de support adéquat. Maintenir vivant l'habitude de « converser » avec la maison est essentiel. Cela peut se traduire par parcourir périodiquement les pièces avec un regard renouvelé, s'asseoir dans différents coins juste pour sentir l'énergie, percevoir s'il y a des zones qui ont commencé à accumuler du désordre ou à sembler stagnantes, questionner si la fonction d'un espace donné correspond toujours au besoin actuel, ou simplement remarquer si quelque chose réclame un changement, un renouveau, d'être libéré.

Cette révision peut être ancrée dans les rythmes de la nature, devenant un rituel saisonnier. À chaque changement de saison, surgit une invitation naturelle à réaligner le foyer. Le printemps, avec son énergie d'expansion (élément Bois en Feng Shui), peut être le moment idéal pour un nettoyage en profondeur, pour introduire plus de plantes et de couleurs vives, pour ouvrir les fenêtres et laisser circuler l'air nouveau. L'été, avec la prédominance de l'élément Feu, invite à simplifier les environnements, à favoriser la ventilation, à créer des espaces de convivialité en plein air. L'automne, régi par le Métal, est propice à l'introspection et au détachement – une excellente période pour organiser les armoires, donner ce qui ne sert plus, préparer la maison à un plus grand recueillement. L'hiver, associé à l'Eau, demande confort, chaleur, introspection – c'est le moment d'ajouter des plaids, des tapis, un éclairage doux, de créer des coins lecture et repos. Aligner le soin de la maison avec les cycles de la nature (et, par extension, avec nos propres cycles internes) aide à maintenir l'harmonie de manière organique et intuitive.

Dans les foyers partagés, l'harmonie durable dépend intrinsèquement de la participation et du respect mutuel. Elle ne peut être imposée par une seule personne ; elle doit être co-créée. Cela exige un dialogue ouvert sur la façon dont chacun se sent dans l'espace, quels sont ses besoins et comment l'environnement peut soutenir le bien-être de tous. Définir des zones de responsabilité partagée, établir des accords sur l'organisation et le nettoyage, créer des espaces personnels respectés et, peut-être, organiser des « réunions de maison » axées non pas sur les problèmes, mais sur la manière d'améliorer la sensation de foyer pour tous, sont des stratégies qui renforcent le lien et l'harmonie collective. Le soin de l'espace devient un acte de soin des relations qui s'y épanouissent.

L'incorporation de petits rituels d'entretien aide également à ancrer l'énergie harmonieuse au quotidien. Ce peut être quelque chose de simple comme consacrer 15 minutes par jour à ranger la maison avant de dormir, choisir un jour de la semaine pour un nettoyage plus conscient (incluant des aspects énergétiques comme allumer un encens ou jouer une musique douce), ou avoir un moment mensuel pour réorganiser un placard ou un tiroir spécifique. Ces rituels transforment le soin du foyer d'une obligation pesante en une pratique *mindful*, un geste d'affection constant qui empêche le désordre et la stagnation de s'installer à nouveau.

L'harmonie durable s'épanouit aussi lorsqu'il y a ouverture au nouveau et au changement. Une maison qui reste immuable pendant des années, malgré les transformations internes de ses habitants, finit par devenir un décor obsolète, un frein énergétique. Permettre au foyer d'évoluer avec nous est fondamental. Cela ne signifie pas un consumérisme effréné ou des rénovations constantes, mais bien la flexibilité de faire de petites modifications qui reflètent qui nous sommes *maintenant*. Changer un meuble de place peut altérer complètement la dynamique d'une pièce. Introduire une nouvelle couleur sur des coussins ou un mur peut apporter une énergie renouvelée. Remplacer une vieille photographie par une plus récente, ou un objet qui a perdu son sens par quelque chose qui inspire au moment présent, sont des gestes qui maintiennent la maison vivante et alignée sur le parcours personnel. L'espace doit être une scène pour le présent et une invitation à l'avenir, pas un musée du passé.

La durabilité, dans ce contexte, se révèle comme une partenaire naturelle de l'harmonie à long terme. Faire des choix conscients – opter pour des matériaux durables et d'origine responsable, préférer des meubles de seconde main ou restaurés, réparer des objets au lieu de les jeter immédiatement, réduire la consommation générale, utiliser des produits de nettoyage écologiques – bénéficie non seulement à la planète, mais aussi à l'énergie du foyer. Moins de gaspillage signifie moins d'énergie stagnante associée aux déchets et à l'élimination. Les choix conscients portent une intention positive qui imprègne l'environnement. Un foyer qui respecte les ressources de la Terre tend à avoir une vibration plus équilibrée, stable et cohérente.

La pratique régulière du nettoyage énergétique, comme exploré précédemment, est un autre pilier essentiel pour maintenir la clarté vibratoire de la maison au fil du temps. Que ce soit par la fumigation avec des herbes, l'utilisation de sons (cloches, bols, mantras), de sprays aux huiles essentielles, de la lumière de bougies avec intention ou simplement en ouvrant les fenêtres au soleil et au vent, il est important de purifier périodiquement l'environnement. Cela élimine les résidus énergétiques accumulés de stress, conflits, maladies ou simplement de l'intensité de la vie quotidienne, garantissant que le Chi puisse circuler librement et que l'atmosphère reste légère et revitalisante.

Et, peut-être l'ingrédient le plus puissant de tous pour une harmonie durable, est la pratique constante de la gratitude. Remercier pour l'abri, le confort, la beauté, la sécurité que le foyer procure. Remercier chaque coin qui nous accueille, chaque objet qui nous sert, chaque repas qui nous nourrit. Cette gratitude, exprimée silencieusement ou à voix haute, élève la vibration de l'espace de manière incomparable. Elle transforme la relation avec la maison d'une possession à un partenariat, d'un droit acquis à une bénédiction reçue. La gratitude est le ciment invisible qui unit tous les éléments et soutient la structure énergétique du foyer.

Lorsque l'on habite une maison où l'harmonie est devenue un état continu, la sensation transcende la simple beauté ou organisation. On perçoit un profond enracinement, une sensation d'« être chez soi » qui imprègne chaque cellule. Le temps semble s'écouler de manière plus amicale. Il y a de l'espace pour être, pour sentir, pour créer, pour aimer, pour se reposer. La tension ne trouve pas de place dans les coins, l'énergie arrêtée ne se cache pas derrière les portes. Il y a une vie vibrante, circulant comme l'air, comme l'eau, comme la lumière. Et cette vitalité se soutient par la présence attentive, le soin constant, le dialogue amoureux entre l'habitant et son espace. La maison, finalement, se révèle non pas comme un décor passif, mais comme une entité vivante qui collabore, répond et guérit.

Que votre foyer continue d'être ce miroir lumineux de votre essence en évolution, un jardin qui fleurit avec vous, soutenant votre chemin avec beauté, simplicité et une harmonie profonde qui, une fois découverte, résonne dans toute votre vie.

Épilogue

Certains voyages n'exigent ni passeport. Ni distance. Ni même bagages. Ils demandent seulement silence, écoute et présence.

Et en arrivant à la fin de cette lecture, peut-être réaliserez-vous que vous avez déjà entrepris l'un de ces périples — non pas vers l'extérieur, mais vers l'intérieur.

Ce ne fut pas seulement un livre sur les maisons. Ce fut une traversée sur l'appartenance, la conscience et la renaissance.

Quelque chose de subtil a changé.

Peut-être ne savez-vous pas encore le nommer. Peut-être est-ce un doux inconfort en regardant le canapé où vous vous asseyez chaque jour.

Ou une sensation de tendresse en passant par l'entrée, désormais conscient qu'elle accueille — ou éloigne — tout ce qui arrive.

Peut-être une envie inattendue d'ouvrir les fenêtres, de déplacer des meubles, de vider des tiroirs.

Ou peut-être quelque chose de plus profond : la certitude silencieuse que votre maison peut, oui, devenir un reflet guérisseur de votre âme.

Ce livre n'a pas apporté de promesses. Il a apporté des possibilités. Et la plus précieuse d'entre elles fut celle de retrouver le lien perdu entre environnement et essence.

Entre forme et fonction. Entre l'invisible et le tangible.

À chaque chapitre, nous avons découvert qu'il n'existe pas d'objet neutre, de mur muet ou d'espace inoffensif. Tout vibre. Tout communique.

Tout façonne — et nous façonne.

Comprendre le foyer comme un organisme vivant est plus qu'une métaphore : c'est une retrouvaille avec le sacré qui s'est perdu dans l'excès, la hâte, la mécanisation de l'habiter.

Redécouvrir la valeur de la lumière naturelle, de la présence des plantes, de la respiration des matériaux, de la fluidité du Chi... c'est se rappeler que le monde extérieur commence à l'intérieur.

Et que l'espace que nous occupons n'est pas seulement notre décor — c'est notre miroir, notre temple, notre oracle.

Peut-être la transformation la plus profonde proposée par cet ouvrage est-elle justement celle-ci : troquer l'automatisme contre l'intention.

Remplacer le « laisser-faire » par le « prendre soin de ». Transformer la routine en rituel.

Et, ainsi, habiter la maison comme on habite sa propre histoire — avec écoute, avec révérence, avec amour.

Si vous êtes arrivé jusqu'ici, quelque chose en vous a déjà bougé. S'est déjà défait d'anciennes structures.

A déjà commencé, même discrètement, à faire la paix avec l'espace qui vous abrite.

Et cela, en soi, est une révolution. Parce que transformer le foyer, c'est aussi assumer le rôle d'auteur de son propre destin.

C'est sortir de la condition de locataire du chaos pour devenir jardinier de l'énergie. C'est déclarer : « Ici, à l'intérieur, la vie fleurit. »

Et la beauté de cette transformation est qu'elle n'exige pas la perfection.

Elle n'impose pas un style idéal, un budget généreux, un environnement instagrammable.

Au contraire : elle naît de l'imperfection accueillie, de l'improvisation avec âme, du geste simple qui porte une intention.

Une bougie allumée avec conscience éclaire plus qu'un lustre exubérant.

Un vase avec une unique plante, soignée avec présence, vibre plus qu'une étagère remplie d'objets sans âme.

Le véritable Feng Shui — tel que révélé dans ces pages — n'impose pas de formules. Il invite à l'écoute.

Il nous rappelle que la vie palpite à des rythmes qui ne peuvent être forcés, et que chaque maison a sa propre personnalité, son histoire, ses silences.

La sagesse consiste à danser avec elle, à converser avec elle, à lui permettre de révéler ce qui doit être vu.

Et plus encore : ce livre a planté la graine d'une éthique plus large. Une éthique du soin.

Car celui qui apprend à prendre soin de son propre espace étend naturellement ce soin à l'autre, au quartier, à la ville, à la planète.

En se reconnectant aux cycles de la nature au sein du foyer, naît aussi le désir de protéger les cycles de la Terre.

C'est ainsi que le petit geste — ouvrir une fenêtre, retirer le superflu, placer une fleur — devient partie d'un grand mouvement.

Que ce livre ne se termine pas ici. Qu'il résonne dans chaque coin réorganisé, dans chaque environnement revitalisé, dans chaque nouvelle respiration que votre foyer inspire.

Que vous continuiez à observer avec des yeux renouvelés, à écouter avec plus de sensibilité, à créer des espaces qui soutiennent votre meilleure version.

Parce que la maison, maintenant vous le savez, n'est pas où l'on loge. C'est où l'on vit.

Et vivre avec présence est le plus grand luxe qui existe.

Le voyage à travers la maison qui guérit ne se termine pas à la dernière page. Il ne fait que commencer.

À chaque nouveau choix, à chaque geste conscient, chaque matin où vous vous réveillez et sentez que cet espace vous accueille — là, une fois de plus, la guérison se produit.

Continuez. Le chemin est ouvert. L'espace est vivant. L'âme est chez elle.

www.ingramcontent.com/pod-product-compliance
Lightning Source LLC
LaVergne TN
LVHW040040080526
838202LV00045B/3412